逸村 裕
竹内 比呂也 ［編］

変わりゆく大学図書館

勁草書房

はじめに

　大学図書館は、今日様々な課題に直面している。図書館が担ってきた役割そのものが変化を強いられている面もあるし、これまで、大学図書館が深く関わりを持たずにすませてきたところに、新たに対応しなければならない事態もある。これらを危機と考えることもできるし、チャンスと受けとめることもできよう。本書は、このような環境下に置かれている大学図書館のあり方について考え、積極的に次の時代を切り開いていこうとしている大学図書館関係者への指針とならんとするものであり、また図書館に関心を持つ人すべてに向けた大学図書館からのメッセージでもある。

　大学図書館に焦点をあてた著作は、これまでにも多数出版されている。体系的なものを年代順にあげるとすれば、岩猿敏生氏による『大学図書館』(1976年)、高鳥正夫氏による『大学図書館の運営』(1985年)、岩猿敏生氏、大城善盛氏および浅野次郎氏による『大学図書館の管理と運営』(1992年)となる。偶然だとは思うが、70年代からの10年を単位とした年代ごとに大学図書館についての代表的な著作が生まれてきたことになる。大学図書館は進歩の速い情報通信技術の影響を他館種よりも強く受けているので、10年を単位とした年代ごとに代表的な著作が生まれるというのは当然と言えば当然かもしれない。わが国の大学図書館の状況をバックランド(M. Backland)の図書館発展過程論を援用して大まかにとらえるならば、1970年代は先進的な大学図書館にコンピュータの導入が始まったものの、まだ従来型の「紙の図書館」が主流の時代、1980年代は「機械化図書館」が本格化し、書誌ユーティリティを基礎にしたネットワークを構築した時代、1990年代は「機械化図書館」が当たり前となり、「電子図書館」に向けた議論と実験が進められた時代と位置づけることができよう。上記の図書には、そのような各年代の状況の反映を見て取ることができるはずである。

2000年代を特徴づけるとすれば、電子ジャーナルに代表されるインターネットを介した電子的な情報源の急増による「電子図書館」的機能の充実の時代と現時点ではいうことができよう。このような状況下で従来行なわれていたサービスが行なわれなくなった、あるいは大幅に変わったという例は、実は少ないかもしれない。しかしながら、新たに行なわれるようになったサービスや扱われるようになったメディアはいくつもあるし、そのようなサービスを支えるためには、マネジメントについても新たに考えるあるいは再検討が求められる点があるはずである。またそれ以上に少子化、学際化、国際化、財政緊縮、評価活動、競争的資金の導入といった大学をめぐる環境の変化が、大学図書館のマネジメント面での変革を求めているようにも感じられる。

　このような考えに基づき、本書では近年の新たなサービスや再検討すべきマネジメント機能をとりあげ、現状と展開可能性に焦点をあてた記述をすることにした。

　本書は、先に掲げた図書とは異なり、大学図書館についての体系的な記述をめざしたものではない。その代わりに各章のタイトルを「トピック」に見立て、その解説をするスタイルをとった。もちろんここで選定されているトピックが、新しいサービスやマネジメント機能のすべてを網羅しているわけではないが、主要なものは含んでいるつもりである。トピックの選択に際してはサービスやメディアを最初に考え、マネジメント機能と大学図書館全体にかかわるものを付加的に選択して全体を構成した。また、現時点では必ずしも定着していなくても今後さらなる発展の可能性があるものについては積極的に取り上げることにした。

　以下に、簡単にではあるが各章の位置づけを述べておきたい。第Ⅰ部は「今日の大学図書館のあり方」と称したが、言わば概論である。第1章「大学図書館の現状と政策」はわが国の大学図書館の現況と政策の展開について、若干の歴史的記述も含めながら概説したものである。第2章「現代日本の大学改革と大学図書館」、第3章「大学図書館組織論」は、大学図書館界の課題に正面から取り組み、問題解決に当たった図書館長による大学図書館論であり、昨今の大学をめぐる社会的動向を踏まえて、大学図書館の今後のあり方を理念と組織の点から記述したものである。

はじめに

　第II部は、新しい機能・サービスと新たなメディアについての記述である。情報リテラシー教育（第4章）、図書館ポータル（第5章）、メタデータ・データベースの構築とそれを活用したサービス（第6章、7章）、機関リポジトリ（第8章）、デジタル・レファレンス（第9章）といったサービスの中には、すでに定着しつつあるものから、少数の先進的な図書館が取り組んでいるものまであるが、いずれも今後の大学図書館サービスを考える上でキーとなると思われるサービスであり、それらの現状と今後の可能性について論じたものである。また、第10章「電子ジャーナル」、第11章「電子図書」は、雑誌と図書という図書館が長年扱ってきた資料の電子化と図書館への導入について、サービスと関連付けながら論じているものである。なお、大学図書館界では「電子雑誌」という表現よりも「電子ジャーナル」という表現が定着している。表現上のバランスという点から言えば「電子図書」を「電子ブック」と言い換えた方が良いようにも思われるが、「電子ブック」という日本語は必ずしも本稿で取り扱う「電子図書」と同義ではないのであえてそのままにした。また第11章では、逆に出版界の事情を考慮し「電子雑誌」という表現をあえて使っていることをご諒承願いたい。

　第III部では、マネジメント機能の中でも最近話題になりかつ重要と思われるトピックについての論考を中心にしている。第12章「地域連携」は、地域における大学のあり方とそのコンテクストにおける大学図書館の機能および図書館の館種を超えた協力という観点から論じられるもので、従来の一般開放からは一歩先へ進んだものである。第13章「図書館コンソーシアム」は、電子ジャーナルの導入とともにわが国でも脚光を浴びたものであるが、今やマネジメントを考える上でなくてはならないメカニズムのように思われる。また大学をめぐる厳しい状況が、第14章「アウトソーシング」、第15章「大学図書館の評価」をより重要なものとしている。限られた資源の中でのマネジメントを考えればアウトソーシングは不可避と思われるものの、それは現状の評価を踏まえて考慮されるべきものであり、ただ単にコストが低いという点のみに着目してそれを行なっても中長期的には失敗するであろうし、逆に感情論で反対しても得るものは少ない。第16章「史料管理」は、これまでの大学図書館のストックを生かしていくことを再考するものである。かつての大学図書館には史料を扱える

図書館員がいたが、そのようなスキルと知識は残念ながら継承されていないし、今日の図書館情報学教育の中で必ずしも重視されていない領域である。

　ここで取り上げたトピックには、相互に関連のあるものも多い。相互に参照ができるように、各章の本文中で、必要に応じ別の章を参照するよう指示をしてある。したがって、興味を引くトピックを扱っている章から読みはじめていただくといった使い方も編者としては歓迎する。

　このような図書を個人、あるいは少人数のグループで作るのは不可能と考えた編者は、それぞれのトピックについて造詣の深い方々に執筆をお願いした。執筆者には図書館や出版の現場で働くものもいれば教員として働くものもいるが、教員の多くはかつて大学図書館で図書館員として働いていた経験を持つものである。図書館情報学が理論と実践を持つ領域である以上それは当然であり、とりたてて言うほどのことでもないが、大学図書館が豊かな実践を持ち、それをベースに研究を深めていった仲間が多くいることを改めて認識するとともに、今日の現場を支え、新たなサービスを展開している優れた人材が大学図書館の現場にいるという事実を改めて実感したことを記しておきたい。

　なお各章は執筆者による成果であるが、全体の調整作業のなかで内容には手を入れた箇所もあり、最終的な責任は編者が負うべきものであると考えている。もとより不十分な点があることは承知しているので、読者諸兄姉からさらなるご意見ご叱責をいただければ幸いである。改訂を重ね、内容をより豊かなものとしていくことができれば望外の喜びであるが、それは大学図書館の実践がより豊かになっていることの証左となるものでもあろう。

　最後になったが、編集の労をとってくださった勁草書房の町田民世子氏に心より感謝申し上げる。編者の段取りが悪く、ずいぶん原稿を待っていただくことになってしまったことをお詫びしたい。

　　2005年4月

　　　　　　　　　　　　　　　　　　　　　　　　逸村　裕・竹内比呂也

変わりゆく大学図書館／**目次**

はじめに

I　今日の大学図書館のあり方

第1章　大学図書館の現状と政策……………………竹内比呂也　3
1　数値で見るわが国の大学図書館　3
2　大学図書館をめぐる政策　9
3　課題と展望　15

第2章　現代日本の大学改革と大学図書館……土屋　俊　19
1　なぜ今の日本で「大学改革」か　19
2　大学改革の中の大学図書館改革　23
3　大学改革を先導する大学図書館改革　26

第3章　大学図書館組織論 ……………………………伊藤義人　29
1　大学図書館組織を考える上での大学図書館をとりまく厳しい環境　29
2　大学図書館機能の再検討　31
3　情報関連組織と図書館との統合について　35
4　大学図書館の内部組織の課題　36

II　新しい機能とサービス

第4章　大学図書館と情報リテラシー教育…野末俊比古　43
1　はじめに　43
2　大学図書館の教育的機能とは　44
3　情報リテラシー教育をめぐる最近の動向　48
4　これからの情報リテラシー教育に向けて　50
5　おわりに　54

第5章　図書館ポータル ………………………………逸村　裕　58

1　図書館ポータルとは　58
2　図書館ポータルの背景　60
3　図書館ポータルの提供するサービス構成要件　62
4　まとめ　64

第6章　メタデータ・データベースの構築 ……………伊藤真理・杉田茂樹　67

1　はじめに　67
2　概要　68
3　NII「メタデータ・データベース共同構築事業」　74

第7章　メタデータ活用サービス ……………伊藤真理　86

1　はじめに　86
2　サブジェクト・ゲートウェイ　87
3　レファレンス・サービス　89
4　その他　92
5　今後の展望　95

第8章　機関リポジトリ ……………尾城孝一　101

1　はじめに　101
2　背景および問題の所在　101
3　機関リポジトリによるソリューション　103
4　実際例　105
5　主な課題　108
6　おわりに　112

第9章　デジタル・レファレンスの特性と課題 ……………齋藤泰則　115

1　はじめに　115
2　デジタル・レファレンスの展開　115

3　デジタル・レファレンスの特性　117
　　　4　協同デジタル・レファレンスの課題　122
　　　5　おわりに　125

第10章　電子ジャーナル……………藏野由美子・中元　誠　127
　　　1　学術雑誌の電子化　127
　　　2　わが国の大学図書館における電子ジャーナルの導入　129
　　　3　電子ジャーナルの利用　131
　　　4　電子ジャーナルをめぐる動向　135
　　　5　今後の課題と展望　137

第11章　電子図書……………………………………植村八潮　140
　　　1　電子図書の背景と課題　140
　　　2　電子図書の現状と先進的事例　142
　　　3　eラーニング図書と大学　144
　　　4　文字情報コミュニケーションにおける図書の課題　148

　Ⅲ　サービスを支えるマネジメント

第12章　地域連携……………………………………逸村　裕　153
　　　1　地域連携とは　153
　　　2　法制度と大学図書館開放　155
　　　3　地域貢献の事例　158
　　　4　今後の展望　160

第13章　図書館コンソーシアム……加藤信哉・中元　誠　163
　　　1　図書館コンソーシアムとは何か　163
　　　2　米国における図書館コンソーシアムの歴史　163
　　　3　図書館コンソーシアムの現状　165
　　　4　事例　170

5　図書館コンソーシアムの評価と課題　174

第14章　アウトソーシング　………………………鈴木正紀　177
　　　1　アウトソーシングとは何か　177
　　　2　大学図書館におけるアウトソーシング　179
　　　3　アウトソーシングの問題点　181
　　　4　アウトソーシングとどう向き合うか　183
　　　5　アウトソーシングの今後　186

第15章　大学図書館の評価　………………………佐藤義則　191
　　　1　大学図書館のマネジメントと評価　191
　　　2　顧客に注目する評価　194
　　　3　電子的サービスの評価　201
　　　4　おわりに　204

第16章　史料管理　…………………………………秋山晶則　209
　　　1　大学図書館と史料　209
　　　2　史料の整理　213
　　　3　史料の保存・修復　215

索　引　………………………………………………………219

I

今日の大学図書館のあり方

第1章　大学図書館の現状と政策

竹内比呂也

1　数値で見るわが国の大学図書館

1.1　大学図書館実態調査に見る大学図書館像

　わが国の大学図書館の現状については、1966年から文部省（現在は文部科学省）によって実施されている「大学図書館実態調査」（以下「実態調査」）によって把握することができる。2003年度実態調査の結果報告[1]によれば、わが国には、2003年5月現在699の大学が存在しており、これらの大学すべてに図書館がある。中央図書館に分館や部局図書館・室を加えると合計1305の図書館・室が設置されている。この調査から明らかになったわが国の大学図書館の基本的な姿は以下の表1-1に示す通りである。なおこの表では調査されている項目を、コレクション構築に関するもの、運営管理に関するもの、サービスに関するものに分けているが、これは著者が便宜的に行なったものである。

　ちなみに、わが国には2759の公共図書館が存在し、およそ3億2000万冊の図書を所蔵している（2003年4月1日現在）。量的には大学図書館を凌駕しているが、年間の経常的資料費は324億8000万円（2003年度予算額）[2]であり、大学図書館のほぼ半額である。このことから、わが国全体の図書館資源の構築という観点で見た場合、大学図書館の貢献度の高さが容易に理解できる。

　さて、上記の1大学当たり平均値（一部はサービス実施館当たりの平均値）は、大規模大学から単科大学までを含み、また設置母体（国立、公立、私立）で区

表1-1　わが国の大学図書館の現状

	項目	全国合計	1大学当たり	備考
コレクション	蔵書冊数	270,794,056冊	387,402冊	2002年度末現在
	所蔵雑誌種類数	3,565,496種類	5,101種類	〃
	視聴覚資料	4,588,565点	6,564点	〃
	電子ジャーナル	596,546種類	853種類	〃
	年間図書受入数	7,442,968冊	10,648冊	2002年度
	年間雑誌受入数	1,489,590種類	2,131種類	〃
管理運営	図書館総経費	172,947,250千円	247,421千円	〃
	（大学総経費に占める割合）		1.8%	
	うち資料費	74,784,558千円	106,988千円	〃
	（大学総経費に占める割合）		1.4%	
	専任職員数	7,334人	10人	2003年5月1日現在
	臨時職員数	5,986人	9人	〃
	書架収容力	298,605,465冊	427,190冊	〃
	閲覧席数	329,996席	472席	〃
	アウトソーシングの実施	630大学		2002年度
サービス	開館日数		257日*	〃
	平日延長開館実施	556大学		
	土曜開館実施	353大学		
	休日開館実施	263大学		〃
	館外貸出冊数	27,052,448冊	21,201冊**	〃
	レファレンス	2,178,302件	2,030件**	〃
	文献複写	12,835,907件	11,379件**	〃
	相互協力（現物貸出）	152,354冊	146冊**	〃
	相互協力（現物借受）	107,451冊	103冊**	〃
	相互協力（複写受付）	1,472,663件	1,411件**	〃
	相互協力（複写依頼）	1,222,048件	1,171件	〃

*　　2003年4月以降にサービスを開始している大学を除く。
**　 2002年度にサービスを実施していた館における平均値

別した上で計算したものではないので解釈には注意を要する。例えば図書館資料費を見ると全体の平均は1億円強であるが、国立の大規模大学（8学部以上、16大学）の平均は約7億6000万円であり、一方私立の単科大学（239校）の平均は約3370万円である。このように図書館資源について大学間の相違は大きく、これは資料費のみならず他の指標についてもおおむねあてはまることである。

1.2　大学図書館の経年変化

　表1-1に示される数値は概ね2002年度の実態ではあるが、近年の大学図書館の状況を理解するためには経年変化を見る必要がある。気谷[3]は、1980年から2002年までの大学図書館サービスの展開状況について、「実態調査」をもとに11の項目を選び出して分析を行なっている。この研究では、上記の表に含まれる指標について平準化するために大学構成員（教職員および学生）あたりの数値を算出し、それを指数化して比較検討を行なっている。その結果、コレクションの指標である年間の図書受入冊数や雑誌受入タイトル数は1988年にピークを迎えるがその後減少傾向にあること、またサービスの指標である相互貸借における借受件数や学外への文献複写依頼件数が、特に1994年頃から急激に増加していることが明らかになっている。このことは、各図書館でのコレクション構築が弱体化していく中で、サービスを提供する上で文献複写を含む図書館相互貸借（ILL）への依存が高まってきたことを示している。しかしながら、その後国立大学を中心に電子ジャーナルの大規模な導入があり、ILLの動向に大きな変化が見られるようになってきた（第10章「電子ジャーナル」参照）。

　管理運営やサービスの状況について、「実態調査」をもとに別の指標を用いてさらに分析を行なうことにする。管理運営を考える上で職員は非常に大きな要因である。職員1人当たりの構成員数（教職員数と学生数）について1989（平成元）年度から2003年度の推移をみると概ね増加しており、1989年度を100とした場合2003年度は113となる。専任職員だけに限定すれば、1989年度を100とすると2003年度は143となり、より大きな変化が見られる。このことから言えるのは、専任職員の大幅な削減とそれを埋め合わせる形での非専任職員の増加ということになるが、専任職員が欠けた分に見合うだけの補充がなされている訳ではないのは明白である。また経費については、本来は物価変動等の

要因を加味した分析が必要であるが、単純化するために大学の総経費における図書館経費の割合および図書館資料費の割合の推移を見ると、1989年度がそれぞれ、3.5％、1.9％であったのに対し、これらは徐々に減少して2002年度には1.8％、1.4％にまで落ち込んでいる。ただし、全学的に措置された電子ジャーナルの導入に関する経費など図書館経費として計上されていないが実質的に図書館のために使われた予算がある可能性はある。

　次にサービスの状況をいくつかの指標をもとに見てみよう。平均開館日数については一時期減少傾向にあったが、この数年で1989年度の水準に戻っている。平日の時間外開館については、実施館の割合が68.2％（1989年度）から81.3％（2002年度）に増加しただけではなく、4時間以上時間外開館を行なっている大学の割合が14.0％から31.9％に増加している。これらのことから、少なくとも大学単位でとらえた場合、学内のどこかの図書館が開館している時間は長くなる傾向にあると考えることができる。また、休日開館している大学の割合も年々増加している。その他のサービス指標についても、1989年度から2002年度への推移を見るために、年度ごとに職員1人当たりのサービス量を算出し、さらに1989年度を100とする数値に換算した[4]。その結果を示したのが図1-1であるが、この図からは、職員1人当たりが担うべきサービス量が増えていることがわかる。

　大学図書館間に様々な点で格差がある中で平均的な数値だけに基づいて結論を出すことには慎重でなければならないが、これらのことから、1989年度から2002年度までの間に大学図書館におけるサービス提供の量的拡張があったことと、それに反比例する形での管理経営に必要な資源の縮小という現象が起きているとは言えるだろう[5]。一般には経営資源の縮小は提供されるサービスの縮小につながると考えられるが、大学図書館の現状を見る限りにおいては必ずしもそうはなっていない。それどころか、後述するように、電子図書館的機能への対応など従来のサービスに加え新たな機能を持つようになってきている。このような動きに対応できるだけの資源のゆとりが大学図書館にあったとは考えづらいが、ちょうどこの時期に積極的に進められてきた図書館業務の機械化が、上記のようなサービスを可能にするだけの業務合理化の効果をもたらしたのかもしれない。あるいはアウトソーシング（第14章参照）が積極的に進められた

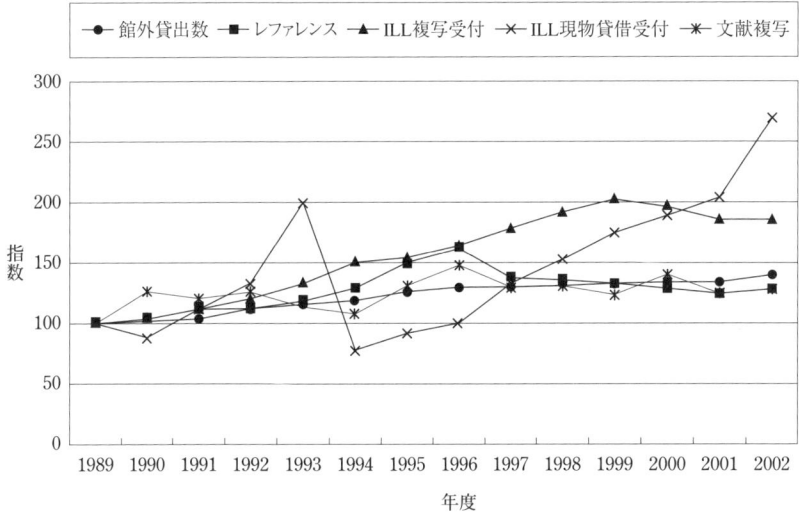

図1-1 職員1人当たりのサービス供給量（1989年度を100とする）

結果、実現したことなのかもしれない。それとも、サービスの質が大幅に低下したのだろうか。あるいは図書館員による献身的な努力に依存しているのであろうか。これらの要因が複合的に関わっているようにも思われるが、この点については、さらなる精緻な分析と検討に基づく評価が必要である（大学図書館の評価については第15章参照）。

またサービスごとに推移を観察し、変動があるとすればその理由を検討する必要がある。例えばレファレンス・サービスの件数は図1-1に示されるように1996年度以降減少傾向にある。北米の大規模な大学図書館が主要な構成員となっている研究図書館協会（Association of Research Libraries: ARL）の統計でも1998年からレファレンス件数が減少しはじめ、2000年には1991年の水準に戻ってしまったことが報告されており、その原因の一部にはオンライン目録、各種二次データベースや全文データベースへのリモート・アクセスの実現があると考えられている[6]。わが国のレファレンス件数の減少についても、そもそも米国の研究図書館に比べレファレンス件数がまさに桁違いに少ないものの同様の理由が考えられるし、インターネットにおける検索エンジン利用の普及も無視することができないだろう。また、利用者教育プログラムの充実、情報リテラ

シー教育への積極的な参画、あるいはメールやホームページを使ったサービスなどレファレンス・サービスそのものの変容にも留意する必要がある（情報リテラシー教育については第4章、デジタル・レファレンスについては第9章参照）。

1.3 電子化の進展

わが国の図書館における機械化あるいは電子化の歴史を回顧すると、1980年代を書誌ユーティリティを中心とした目録情報の電子化と提供の時代、1990年代以降をインターネットの活用と電子図書館的機能の拡充の時代と総括することができるだろう。電子図書館的機能の拡充に至る過程では、その時々の技術的進展にあわせた電子化が検討されてきた。1980年代後半から1990年代前半にかけて実現した電子化に関連することがらとしては、CD-ROMなどの電子媒体資料の収集・利用とキャンパス情報ネットワーク（学内LAN）上でのサービスの展開、高速・高品質ファクシミリを用いたILLなどをあげることができる。CD-ROMの学内LAN経由でのサービスは現在も続いてはいるが、高速・高品質ファクシミリについては、電子ジャーナル掲載論文の図書館間の電子ファイルの転送について出版社との合意がなされるなどの環境の変化があり、歴史的には技術の進歩の過程における過渡的なサービスであったという位置づけになろう。

インターネットの活用については、図書館ホームページの開設とそれを介した情報サービスが徐々に浸透した。2002年度には、図書館ホームページを持つ大学の数は622に達している。このうち、目録所在情報を提供しているのが580大学、利用案内を提供しているのが598大学となっており[7]、これらはサービスとして完全に定着したといってよい。

電子図書館的機能については、先駆的な試みとして1992年から奈良先端科学技術大学院大学で研究開発が始まっており[8]、1995年以降、奈良先端科学技術大学院大学のほか15の国立大学に対して電子図書館化推進経費などの名称で予算措置がなされた。これらの図書館では一次資料の電子化等が進められてきたが、対象となったのは著作権が消滅している貴重書などが中心であり、当初は一部に学内出版物の電子化と発信が見られたにすぎない。しかしながら、その様相は、技術的、社会的環境の変化によって短時間のうちに大きく変容した。

2002年度には、紀要等の学内生産物を図書館ホームページで提供している大学は129となり、電子ジャーナルを提供している大学は335にのぼっている[9]。電子ジャーナル導入は電子図書館的機能の充実という点からみてもインパクトが大きく、それによってごく一部の特殊な資料が電子的に利用できるという状態から、日常的に利用する資料を電子的に利用できるということが今日では当たり前の状況となった。またホームページを利用した学外への情報発信だけでなく、電子媒体資料と紙媒体資料が混在している、いわゆるハイブリッドな図書館環境において、学内利用者に対してより高度な図書館サービスを提供するための開発に注意が向けられるようになってきている[10]。メディアとしても電子図書（第11章参照）へと広がりを見せているし、サービス窓口としての図書館ポータル（第5章参照）やメタデータ活用サービス（第7章参照）、それを支える基盤としての機関リポジトリ（第8章参照）やメタデータ・データベースの構築（第6章参照）などがあり、これらの動向はこれからの大学図書館サービスを考える上で目を離すことができないものである。

2 大学図書館をめぐる政策

2.1 大学図書館の政策的基盤と歴史的背景

　図書館政策とは、「図書館にかかわる国際機関、国際団体、１国の政府、地方自治体、民間の団体などが、図書館の進むべき方向や採るべき方策等を定めたもの」と定義される[11]。大学図書館にはこれまでどのような政策があったのだろうか。わが国の大学図書館は1877年の東京大学の設立とほぼ同時に生まれたものであり[12]長い歴史を持っているが、ここでは第２次世界大戦後の新制大学の発足以降に限定して考えてみることにする。新制大学の発足後、新たな教育体制に適合した図書館サービスが必要とされたことから、「国立大学図書館改善要項」（1952年）、「私立大学図書館改善要項」（1956年）、「公立大学図書館改善要項」（1961年）が次々と出され、新たな図書館サービスのあり方が示されてきた。慶應義塾大学や国際基督教大学におけるレファレンス・ルームの設置、当時の館長の名前を冠して「岸本改革」と呼ばれる東京大学附属図書館における改革、そして慶應義塾大学北里記念医学図書館における一連のサー

ビスの展開など注目すべき実践もこの時期にあった。しかしながら、これらの先駆的な実践は単発的なものに過ぎず、同様のサービスが全国的に急激に普及するということはなかった。その原因としてはさまざまなことがらをあげることができるだろうが、国レベルでの大学図書館の機能についての共通理解とそれを実行に移す政策的枠組みが存在しなかったことが最大の要因であると思われる。

　図書館に関わる政策のうち、政府が行なうものについては、法や基準などを枠組みとして予算上の措置を行なうなど何らかの行政的判断によって、図書館のあり方に対して何らかの意思を反映させるための手段と考えられる。施策を立案しそれを実行に移す際、最も強力なよりどころになるのは一般には法律である。しかしながら図書館に関わる法としては、公共図書館の設置根拠となる「図書館法」、学校図書館の設置根拠となる「学校図書館法」はあるが、大学図書館についてはそれらに類する大学図書館全体を包括するような「大学図書館法」は存在しない。国立大学については、かつては「国立学校設置法」第6条において附属図書館の設置が定められており、それが設置根拠となっていたが、国立大学の法人化に伴ってこの法律は廃止された。公立、私立大学については、「大学設置基準」（文部省令）第36条において大学に備えるべき施設として図書館があげられていることがかねてより設置の根拠となってきた。かつての「大学設置基準」においては、大学図書館が備えるべき図書の冊数などが学部の種類や数によって明確に定められていたが、1991年のいわゆる大綱化によってそのような数値基準は消滅した。また大綱化にあわせて、第38条において、大学図書館が備えるべき資料、図書館施設、職員、図書館間協力について言及されるようになった。

2.2　わが国の大学図書館行政

　わが国における大学図書館行政は、1965年度に文部省大学学術局（当時）に情報図書館課が設置されたことに始まると言ってよいのではないかと雨森[13]は指摘している。情報図書館課は、その設置の翌年から大学図書館マネジメントの基礎データ収集のために大学図書館実態調査を開始し、1971年度予算での国立大学附属図書館へのコンピュータ導入経費の計上、1972年度に始まったレ

表1-2　大学図書館に関わる主要な政策文書

1973.7.25	「学術情報流通体制の改善について（報告）」(学術審議会学術情報分科会)
1980.1.29	「今後における学術情報システムの在り方について（答申）」(学術審議会)
1990.1.30	「学術情報流通の拡大方策について（報告）」(学術審議会学術情報資料分科会学術情報部会)
1993.12.16	「大学図書館機能の強化・高度化の推進について（報告）」(学術審議会学術情報資料分科会学術情報部会)
1996.7.29	「大学図書館における電子図書館機能の充実・強化について（建議）」(学術審議会)
2002.3.12	「学術情報の流通基盤の充実について（審議のまとめ）」(科学技術・学術審議会研究計画・評価分科会情報科学技術委員会デジタル研究情報基盤ワーキング・グループ)

ファレンス業務担当職員定員の全国立大学への配分といった大学図書館近代化のための施策を打ち出していく。また1973年以降、学術審議会から大学図書館に直接関わる答申や報告が出されており（表1-2）[14]、実質的にこれらが大学図書館に関する施策の枠組みとなっている。以下に、学術情報システム構想と電子図書館的機能の拡充という、この四半世紀におけるわが国の大学図書館にとって重要な2つの政策について概要を述べる。

(1) 学術情報システム構想

　今日のわが国の大学図書館を含む学術情報システム構築の基礎となったのが1980年の学術審議会答申「今後における学術情報システムの在り方について」（以下「答申」）であるという点においては衆目の一致するところであろう。この「答申」に先立って、1973年には「学術情報流通体制の改善について」（報告）およびその内容をそのまま取り込んだ「学術振興に関する当面の基本的施策について」（学術審議会第3次答申）が出されている。この報告では、従来の図書館システムの改善策として計画的な資料収集と相互にネットワークを組んで利用を図ること、すなわち分担収集による資源共有を提案し、また従来の図書館システムでは対応できない情報ニーズに対応するために第2図書館システムと呼ばれる電子計算機および通信回路を利用した学術情報流通システムの構築が構想されていた。しかしながらこれは実現しないままに立ち消えとなった。

　「答申」において提案された学術情報システムは、資源共有の考え方の下に

構想されたものであり、大学図書館には学術情報システムの重要な構成要素としての機能を発揮することが求められた。具体的には、拠点図書館を中心とした一次資料の体系的・計画的収集と提供、学術情報システムの窓口・ターミナル機能としてのサービスの改善・強化、相互協力の推進、新しい形態の一次資料の収集が挙げられている。この「答申」の成果は多方面にわたっていると考えるべきであるが、大学図書館からみれば学術情報センター（NACSIS、2000年4月より国立情報学研究所（NII））の設置とわが国初の書誌ユーティリティであるNACSIS-CATの稼働が最大のものと言えるのではないだろうか。NACSIS-CATが稼働しはじめた1984年には、OCLCやUTLASといった海外の書誌ユーティリティがすでにわが国で活動を始めておりいくつかの私立大学が参加していた。NACSIS-CATとこれらの海外の書誌ユーティリティは競合関係にあったわけだが、国家的政策として始められたNACSIS-CATがその後圧倒的優位に立ち、国立大学のみならず数多くの公立、私立大学を参加館として発展を遂げてきた。NACSIS-CATへの接続は、2005年2月現在で644大学に上っており[15]、登録されている書誌レコードは図書696万件、雑誌27万件、所蔵レコードは図書7753万件、雑誌410万件（2005年5月2日現在）となっている[16]。NACSIS-CATと連動しILL業務を支援するシステムであるNACSIS-ILLは1992年度から稼働しており、2002年度統計によれば、大学図書館が依頼するILL文献複写の79%がNACSIS-ILL経由でなされている[17]。また、1990年の「学術情報流通の拡大方策について」（報告）では、ILLサービスの向上のために、高速・高品質ファクシミリの導入が提案されている。

　しかしながら、より重要と思われるのは、拠点図書館を中心とした一次資料の計画的・体系的収集の実現である。拠点図書館は「答申」に先立つ1977年度から指定されているもので、医学・生物学、理工学、農学の3分野について、わが国に欠落している一次情報、とりわけ国際的な二次資料の収録対象となっていながらわが国には所蔵されていない資料の収集整備を図るために文部省（当時）が自然科学系外国雑誌を購入する経費を予算化して実現したものである。当時は英国図書館貸出部門（British Library Lending Division: BLLD、現在のBLDSC）がすでにサービスを行なっており、その成功が広く知られていたと考えられるが、「答申」本文において「一元的な一次情報の全国センター機

関を設置するのは効率的ではなく、むしろ、既存の大学図書館等の機能の充実と再編成等によって全国的なネットワークを形成」することが明記されたことからもわかるように、英国図書館を範とするのではなく、大学図書館を基盤とした分散型の全国的な資源構築を目指したのである。拠点図書館は後に外国雑誌センターと称されるようになり、上記の3分野に加えて人文・社会科学分野のセンターが1985年度および1986年度に相次いで指定され、4分野9図書館体制となった。外国雑誌センターについては以後の政策文書の中でも繰り返し取り上げられ、今日に至っている[18]。

(2) 電子図書館的機能の充実・強化

情報通信技術の進歩と相まって大学の情報基盤の整備が進み、その中で大学図書館が、大学における学術研究・教育を支える基盤として、一層の強化・高度化が求められるようになり、1993年に「大学図書館機能の強化・高度化の推進について」（報告）が出された。標題に大学図書館という文言が入った初の学術審議会報告となったこの文書においては、大学図書館の機能強化について様々な方策が取り上げられたが、その1つとして電子図書館的機能の整備充実の促進があった。しかしながら同時に、電子化資料の図書館での利用には未解決の問題があることも指摘されていた。その後の技術的進歩は急速であり、電子図書館化が大学図書館全体にとっての現実の課題であるという状況を踏まえて、1996年に「大学図書館における電子図書館的機能の充実・強化について」という建議がだされた。

この建議では電子図書館を「電子的情報資料を収集・作成・整理・保存し、ネットワークを介して提供するとともに、外部の情報資源へのアクセスを可能とする機能をもつもの」と定義した上で、電子図書館的機能の整備の必要性を述べ、資料の電子化の推進、施設・設備の整備、電子図書館にかかわる研究開発の推進、組織体制の整備、図書館職員の研修の充実、情報リテラシー教育への支援、著作権への対応を電子図書館的機能の整備の方策として示している。既に述べたように1992年から奈良先端科学技術大学院大学において電子図書館構築にむけた研究開発が進められており、また学術情報センター（現国立情報学研究所）においても、1995年からNACSIS-ELSと呼ばれる電子図書館システムの構築・試行サービスが行なわれていた。この建議は、これらの先駆的試

みをさらに促進するとともに各大学における電子図書館プロジェクトを推進することとなった。2001年度には、一次資料の電子化を行なっている大学は、国立大学59.6％、公立大学12.0％、私立大学20.3％となっており[19]、政策的背景を持っていた国立大学とそれ以外では大きな格差が生じることになった。またNACSIS-ELSは日本の学会が発行する雑誌や会議録を電子的に提供するプラットフォームとして機能しており、2004年10月現在、256学会が参加し、575の学会誌を提供している。

　2002年には、科学技術創造立国という国家ビジョンと科学技術基本計画において示された研究情報基盤の整備の必要性を踏まえて、「学術情報の流通基盤の充実について」（審議のまとめ、科学技術・学術審議会研究計画・評価分科会情報科学技術委員会デジタル研究情報基盤ワーキング・グループ）が出された。この審議の背景にはわが国の学術情報流通における様々な問題があるが、大学図書館に直接的に関わるものとしては、価格高騰による国内で収集される海外学術雑誌タイトル数が大幅に減少していること、2002年度よりライフサイエンス関連部局を持つ国立62大学に当該分野の電子ジャーナルを体系的に購読するための電子ジャーナル導入経費が文部科学省によって措置されてはいたものの全国的には電子ジャーナル等の電子的な資料の導入が十分に進んでおらず、諸外国の大学との間で大きな格差が生じていたことが挙げられる。この審議のまとめによって打ち出された方策のうち大学図書館にかかわるものとしては、まず学術情報の体系的な収集があり、資料収集・提供機能の強化、購読契約にかかわる出版者などとの協議を行なう体制の整備、電子ジャーナルを安定的に利用できる体制の整備、外国雑誌センターによる支援があげられた。学術情報発信機能については、大学図書館が学内で生産された学術情報の積極的な発信を行なうほか、情報処理関連施設等との協力により情報発信体制の確立を図ること、情報発信機能の整備に関して総合的な企画・立案を行なうこと、発信される情報のポータル機能を担うこと、目録所在情報の登録を推進すること、システム開発の情報などを共有するための連携の枠組みを構築することが求められている。

　文部科学省では、これを受けて「学術情報の発信に向けた図書館機能改善連絡会」を設置し、電子図書館機能整備のために文部科学省の予算措置を受けた国立大学附属図書館に対して、情報発信機能強化にむけた電子図書館機能の改

善に必要な取り組みを促した。その報告書[20]によれば、学内における情報発信機能強化のための調整機能の強化、学外機関との調整・連携、国立情報学研究所のメタデータ・データベースやメタデータ・ポータル（GeNII、JuNII）との連携、学内情報の電子化と発信について、それぞれの大学で特色ある取り組みが行なわれていることがわかる（それらの取り組みのうち、学外機関との調整・連携については第12章を参照）。

3　課題と展望

　この四半世紀の大学図書館に関わる政策を概観すると、大学図書館に対しては、資源共有の考えに基づいて一次資料を分担収集する機能が一貫して求められてきたことがわかる。そのような一次情報を有効に利用できるようにするための環境整備の一環として総合目録の構築とそれに基づくILLシステムの構築、高速・高品質ファクシミリの導入、文献複写料金徴収に関する事務の効率化などがなされてきた。自発的な図書館間相互協力は当然のことながら古くから存在していたし、それを促進するために学術雑誌総合目録も作られてきた。しかしながら政策によって、自発的な図書館間相互協力から計画的な収集に基づく外国雑誌センター構想へ移行し、分野別に資源分散による全国サービスの実現へと向かったことはきわめて重要である。そのような計画的な収集が意図されていたにもかかわらず、海外学術雑誌の価格高騰によって1990年代後半に国内で利用できる海外学術雑誌のタイトル数が激減した原因については今後さらに検討する必要があろうが、それはさておくとして、そのような状況を危機的と認識し、電子ジャーナル導入経費を措置することによってタイトル数の減少に歯止めをかけようとしてきた事実の方が重要である。この一連の動きには、海外学術雑誌という学術情報資源をナショナル・リソースとして維持しようする強い意思の反映があると見なすことができる。しかしながら、これらの施策の対象は主として国立大学附属図書館であり、私立大学あるいは公立大学の図書館に対して直接影響を及ぼすようなものは皆無であったといってよい。2004年4月の国立大学の法人化に伴い国立学校設置法は廃止され、従来のような法的根拠によって設置された国立の大学図書館はなくなった。このような状況の

下で、国立大学法人の図書館だけでなく私立大学、公立大学をも含めたより広範な大学図書館政策へ移行し、より効果的なナショナル・リソースの構築へむけた政策展開の可能性がある一方で、国立ではなくなった国立大学法人への予算措置を伴う施策の実行が困難になり、少なくともこれまで機能してきた分担収集体制の維持が困難になる可能性も否定はできない。今後の動向を注意深く見守る必要がある。また海外学術雑誌の多くが電子ジャーナルとして利用可能となっている。電子ジャーナルの普及に代表される情報源の電子化は、単なるメディアの変化、あるいは利用動向の変化にとどまらず、利用のための契約や保存といったマネジメント面でも新たなモデル作りを迫っている。すでにコンソーシアムによる購読契約のための交渉がわが国でも一般化しつつある（第13章参照）が、このような変化のなかでナショナル・リソースとしての海外学術雑誌コレクションを構築し、提供する方法をどのように最適化するか、これらの資料へのニーズやコストなどを勘案しながらさらに検討を重ねる必要があろう。

　これらの一連の施策によって主として研究で使われる資源の確保はなされてきたが、大学図書館には教育上の機能もあることを忘れてはならない。学習活動の場としての図書館機能の強化については、1993年の「大学図書館機能の強化・高度化の推進について」（報告）においても言及されている。しかしながら既に言及したように、大学図書館における構成員1人当たりの図書受入冊数は減少し続けており、各大学における教育のための資源整備が立ち後れていることが推測される。また、情報リテラシー教育への関与などこれまで以上に教育カリキュラムとの連携を図った教育機能の充実が求められている。ARL加盟図書館においては、レファレンス件数が減少している一方で図書館利用教育の実施件数および参加者数は増加しており、2003年度には平均して823の「教育」セッションが開かれ、12,806名が参加している[21]。わが国でも利用者教育が増加している[22]ものの、規模の点でかなり見劣りがする。

　大学図書館は内部的には上記のような問題を抱えているが、より重要なのは大学における図書館の位置づけの明確化である。大学そのものの変革を迫る社会的圧力の下で、昨今の大学をめぐる社会的動向を踏まえて、大学図書館の今後のあり方にかかわる理念と組織については、第2章、第3章において論じら

れる。

注・引用文献
1) 文部科学省研究振興局情報課『平成15年度大学図書館実態調査結果報告』［東京］，文部科学省研究振興局情報課，2004, 72p. なおこれには短期大学は含まれない。
2) 日本図書館協会『日本の図書館：統計と名簿2003』東京，日本図書館協会，2004, 543p.
3) 気谷陽子"学術情報システムのもとでの大学図書館."『日本図書館情報学会誌』Vol. 49, No. 4, p.137-155, 2003.
4) 『大学図書館実態調査結果報告』の平成元年度から平成15年度をもとに、各年度のサービス提供の総量を、その年の5月1日現在の職員数で割ることによって算出した。
5) 資源的に最も恵まれていると考えられる国立（大学法人）の大規模大学16校について、職員1人当たりの指数の変化を算出したが、全国平均同様職員1人当たりのサービス量は拡大の傾向にあることが確認できた。なお、職員1人当たりの構成員数でみれば、これらの大規模大学は平均以上に条件が悪化しており、サービス提供量でもILL現物貸借および複写受付については、平均値を上回る増大を見せていた。
6) Kyrillidou, Martha and Mark Young. "ARL Statistics 2002-03." Washington, DC., Association of Research Libraries, 2004, 124p. 〈http://http://www.arl.org/stats/pubpdf/arlstat03.pdf〉 (last access 10/10/2004)
7) 文部科学省研究振興局情報課．前掲．
8) 今井正和"曼荼羅図書館プロジェクトと奈良先端科学技術大学院大学附属電子図書館."『現代の図書館』Vol. 33, No. 4, p.256-263, 1995.
9) 文部科学省研究振興局情報課．前掲．
10) 国立大学図書館協議会図書館高度化特別委員会ワーキンググループ『電子図書館の新たな潮流：情報発信者と利用者を結ぶ付加価値インターフェース』2003. 42p. 〈http://wwwsoc.nii.ac.jp/anul/j/publications/reports/73.pdf〉 (last access 10/10/2004)
11) 日本図書館情報学会用語辞典編集委員会編『図書館情報学用語辞典』第2版，東京，丸善，2002, 273p.
12) 東京大学『東京大学百年史部局史4』東京，東京大学，1987, 1376p.
13) 雨森弘行"「国大図協」と共に歩んで：" 温故知新"への想い."『国立大学図書館協議会ニュース資料』No. 70, p.1-15, 2003.
14) 表中には含まれないが、大学図書館についての言及がある政策文書としては以下のものをあげることができる。
　　「21世紀の大学像と今後の改革方策について―競争的環境の中で個性が輝く大学―（答申）」(1998年、大学審議会)
　　「科学技術創造立国を目指す我が国の学術研究の総合的推進について―『知的存在感のある国』を目指して（答申）」(1999年、学術審議会)

また、科学技術基本計画においても、研究情報基盤整備の観点から大学図書館についての言及がなされている。
15) NACSIS-CAT 統計情報〈http://www.nii.ac.jp/CAT-ILL/contents/ncat_stat_org.html〉(last access 5/5/2005)
16) NACSIS-CAT 統計情報〈http://www.nii.ac.jp/CAT-ILL/contents/ncat_stat_db.html〉(last access 5/5/2005)
17) 『平成15年度大学図書館実態調査結果報告』に示される平成14年度のILLにおける文献複写依頼件数と国立情報学研究所による平成14年度ILL動態統計に基づき算出。
18) 外国雑誌センターの現状については、以下のサイトを参照。〈http://wwwsoc.nii.ac.jp/ncop/〉(last access 10/10/2004)
19) 文部科学省研究振興局情報課『平成14年度大学図書館実態調査結果報告』[東京]，文部科学省研究振興局情報課，2003, 74p.
20) 文部科学省研究振興局情報課『学術情報発信に向けた大学図書館機能の改善について(報告書)』東京，文部科学省研究振興局情報課，2003,〈http://wwwsoc.nii.ac.jp/anul/j/documents/mext/kaizen.pdf(last access 10/10/2004)
21) Kyrillidou, Martha and Mark Young. 前掲.
22) 気谷. 前掲.

第2章　現代日本の大学改革と大学図書館

土屋　俊

1　なぜ今の日本で「大学改革」か

　大学改革は、21世紀前半の日本における重要な社会的課題であると考えられている。ただし、その大学改革の内容は比較的単純なことのように見える。なぜなら、大学が高等教育を行ない、研究成果を産出するようになるという本来の機能を実現することが改革の目標だからである。このような意味の大学改革が社会的課題となっている先進諸国、つまり、大学が本来の課題を忘れてきたと思われても仕方ない国は現在めずらしいであろう。したがって、本章では最初に、なぜ今、大学改革が日本で問題になっているかを、多分に概括的な見方にとどまらざるを得ないものの、歴史的な観点を含めて概観する。ただし、そのように長期的な視点から見たときには、国立大学の法人化は、ある意味では象徴的であるが、近代日本の歴史おける21世紀初頭の大学改革という動きの全体からみれば非本質的な問題であることは最初に確認しておきたい。
　日本の大学に関する現在の改革は、日本の100年以上にわたる近代化の過程の中で学問と教育が果たした役割、すなわち、殖産興業・富國強兵のための人材養成と西洋学術の摂取という二重の役割の正の側面と負の側面との帳尻を合わせようとするものであるといえる。したがって、大学図書館は、高等教育と学術研究という大学がもつ2つの役割の実現を支援することが目的であるので、大学改革の実現のために日本の近代化の帳尻合わせに協力しなければならない

ことになっている。どのようにしてそれを遂行するかについて、教育・学習図書館としての大学図書館として現在何が求められているのか、研究図書館としての大学図書館として何が求められているのかという2つの疑問を中心に概観する。

しかし、現代の課題は同時かつ独立に、社会全般にわたる情報化・電子化である。そのような社会においては、大学改革も情報化・電子化と無縁でいることはできない。さらに、大学図書館はかねてから「情報」を扱うということを重要な特徴とするようになってきた。したがって、大学図書館はこの全般的な情報化・電子化の流れにおいては、また、大学改革のなかでも特別の位置を占めざるを得ない。この観点から、大学図書館の改革が、現在の大学改革の中で重要かつ先導的な位置を占めるということを明らかにする。

そのような位置づけは、さらに興味深い大学改革との関係を示すことになる。すなわち、改革を迫られた大学図書館の側から見たとき、今後の大学改革は、たんにその本来の機能を取り戻すということにとどまらない深刻な課題であることが理解されることになる。しかし、その課題への解答を与えることは本章、あるいはさらに本書の射程を超えるものであろう。

日本の大学の歴史は、日本近代最初の高等教育機関であるとされる札幌農学校の成立に始まると考えられる。近代日本の大学の目的が、日本の近代化、西洋化のなかに位置づけられることはよく知られている。明治維新によって成立した中央政府の全国支配を実現するための役人や法曹、生産力を飛躍的に向上させるための農学専門家や工学専門家、そして、それらの基礎となる若年層人材を準備するための中学校教師などを効率的に養成することが、国立大学を中心とする大学の（軍人養成については別の枠組みが存在したが）ほとんどすべての目的であった。初等・中等・高等教育を一貫していまだに実現している漸次少数化する選抜制度を通じて、高等教育対象年齢人口の数パーセントが高等学校・高等専門学校・大学に進み、残りの人口に対して指導的な立場に立つことが想定されていた。したがって、選抜そのものが人材の品質保証と考えられ、教育そのものによって品質、すなわち人間の能力が向上あるいは変化するとは考えられていなかった。このような体制のなかで日本は第2次世界大戦の敗戦を迎える。占領軍は、高等教育についてもアメリカ化を遂行し、その結果、

1949年の新制大学の設置が行なわれることになった。しかしこの段階でも、近代的帝国主義国家を目指す殖産興業・富國強兵に代わって、大学が奉仕すべき目標となったのは、国土と産業の復興のための人材の養成であり、人材養成の目的としてはほとんど変化がなかったといってよいであろう。また、教育政策を担うべき文部省にしても、高等教育に関してある程度一貫した方針を示した1960年代から1970年代にかけて、いわゆるベビー・ブーマーの大学進学圧の上昇、さらに大学紛争を経て、大学の大衆化、すなわち学生数の飛躍的増加が実現する。この大衆化は、アメリカの多くの州では州立大学がその責任を果たしたのに対して、日本では、（私学助成制度の導入を得て）私立大学が担ったことは記憶に新しい。助成制度があったとしても私立大学は基本的には授業料収入を基礎とする以上、学生当たりコストが安い文科系学部がその大半を占めることになったのは不思議ではない。また、この時期は、まさに戦後復興、高度成長の結果でもあり原因でもあることとして、人口の分布、情報の流れについて、都鄙格差が顕著となった時期でもある。

　ここで注意しておく必要があるのは、このように大学の社会的な位置づけが変わったにもかかわらず、大学における教育と研究の仕組みそのものにはほとんど変化がなかったという事実である。大学の「教授」は、自分の関心から研究することが教授たる所以と心得て、学生の教育にそれほど時間と関心を割く必要はなかった。とはいえ、「自分の関心からの研究」といっても、その時代ごとに日本の社会が必要とする西洋の知識をできるだけ早く摂取することにほかならなかったこともまた事実である。すなわち、ここの段階で日本の大学の意識と実態が日本の社会の高等教育機関への需要と乖離しはじめたということができるであろう。ただし、1970年代から1980年代は、（オイルショックがあったとはいえ）日本経済の基本的な上昇傾向は否定し難く、また、学生数が順調に増加したこともあり、大学教育そのものは、（いくつかの大学教員側からの問題提起はあったとはいえ）大きな問題とはならなかったといってよい。もちろん、これらの基礎に旧来の選抜制度があり、学生数の順調な増加そのものは、この基礎を崩すものであるということには目を閉ざしていたのであろう。

　日本の大学における教育研究への1980年代の批判は海外、主としてアメリカからのものであった。日本が、基礎研究のための資金投下を行なわず、もっぱ

ら欧米の学術論文などの形で発表される基礎研究の成果を産業技術化することによって経済発展をとげているのは「フリーライダー」にほかならないという批判であり、かつ、日本の科学技術研究開発の成果がもっぱら日本語で発表され、自分たちに利用できないのもまた不公平であるというものであった。そのころ日本の大企業はアメリカの大学に多額の寄付、共同研究資金提供を行なっていたが、その批判の解消に繋がるはずもなかった。しかし、日本の大学でも「研究」が行なわれていなければならないということは、自明となったし、たしかに、研究は行なわれていたのである。

　日本の大学の教育についての批判は海外からなされることはほとんどなかったが、日本の大学が「レジャーランド」になってしまって、社会にとって有用の人材を送り出していないという批判が産業界を中心に現われるようになる（この現象自体はやや不思議である。すなわち、この時代は、1980年代に経済的な発展を遂げた日本社会は「心の豊かさ」を求める方向に動いていた記録がある）。とくに、1980年代までの新制大学における教養課程と呼ばれる最初の2年間は、大学における専門教育としては専門性が希薄であり、また、内容的には高校程度の学習内容の焼き直しにすぎないため、結局、学生の学習動機を維持できないということが明白となってきた。

　このようにして、1990年代になって一連の（しかし、あえて言えば意図せざる）大学改革が開始される。その教育面における嚆矢は、1991年の「大学設置基準の大綱化」として知られる卒業所要単位などについての「規制緩和」であり、その端的な意図は上述のように問題が指摘されていた教養教育の改革であった。その帰結は、国立大学では、教養部の廃止という目に見える形での変化として現れることになった。ここで、国立大学（とくに、中堅の大学）にとっては、選択肢は2つあった。すなわち、高校卒業生を教養のない職業人に育てるという選択肢と、むしろ学部教育4年間をリベラル・アーツ教育に向け、専門的、職業人養成教育は大学院レベルにまかせるという選択肢である。見たところ、前者を選択してしまった国立大学のほうが多いようである。研究面においては、1996、97年に展開した科学技術基本法制定、科学技術基本計画策定をあげるべきであろう。この展開においては、上述の「フリーライダー」論への対応として基礎科学の振興が中心課題とされた（2002年からの第2期において経

済情勢の変化から応用技術への重点の移動があったことも記憶に新しいところである）。研究機能の充実は、大学院重点化と結びつけて考えられることが多いが、いわゆる大学院重点化自体は、東京大学大学院法学政治学研究科の部局化に始まる一連の偶然の展開というべきものであり、政策的な展開とはいいがたく、大学と大学院との間の上述のような教育機能上の切り分けに議論が至っていないことはある意味では仕方なかった。しかし、いずれにせよ、1990年代に、大学における教育と研究の体制の改革が提起され、実行されたことは否定できないことである。

2　大学改革の中の大学図書館改革

　大学図書館は、この1990年代における大学改革の着手に対応してきたであろうか。この問題に関する解答は、「否」であったといわざるを得ない。なぜならば、この時期の大学図書館は、日本を襲っていたもう1つの重要な潮流への対応に追われていたからである。すなわち、社会全体を通じた電子化と情報化の潮流である。もちろん、その本格的展開は1993年のアメリカ合衆国における国家情報基盤政策（NII）に始まるが、それ以前に大学図書館は、1986年の学術情報センターの設立にともなうオンライン総合目録事業、各種ベンダーによるCD-ROMデータベースの提供などによって、いやがおうでも電子的ネットワーク（もちろんまだ「インターネット」ではない！）へのなんらかの形での移行を迫られていた。この移行は、図書館にとって、旧来の専門知識、専門技術から新たな専門知識、専門技術への乗り換えを意味するものであり、この意味の重要性の前に、大学の中で進行しつつあった教育、研究の変化は、たとえば組織の改廃による所在情報の信頼性の減少などの形で気づかれただけであったように思われる。

　また、1980年代に北米の研究図書館を襲いはじめたいわゆる「シリアルズ・クライシス（Serials Crisis）」は、おそらく日本円が80年代から90年代にかけてきわめて強くなりかつ代理店が存在したことから、まったく「対岸の火事にすぎない」現象としてみられていたように思われる。しかし、すでにさまざまな文献で紹介されているように、この90年代に日本の大学図書館の外国雑誌購読

タイトル数（種類）は急激に減少した。このようなことに大学図書館が気づいて対応しようとしたという記録はないので、このようなことにすら気づかなかった大学図書館が、大学の学内で深く進行しつつあった大学改革の展開の意味に気づかなかったことは不思議ではない。

　日本の近代の大学図書館は、日本の近代の大学とともに生きてきたということができるであろう。ほとんどの教員は、すでに述べたように西洋文明への窓としての役割を果たすことで十分に満足し、それが限界であった。すなわち、今どのような知識が旬なのかを知っていること、それを日本の技術者、中等学校教師（候補）に理解できるように翻訳することが重大な職務であったので、つねにどのような書物が出版されるかに注視し、出版事情に通じることは重要な仕事であった。もちろん、この仕事は「本来」、ライブラリアンの仕事である。つまり、教員は自分自身が特定サブジェクトにおける文献状況の専門家であろうとしたのであり、したがって、その役割を図書館に求めなかった。教員（とりわけ文系教員）にとっては、本を買うことが大事であり、とくに自分の分野については「専売特許」でありたいので、共有を前提とする図書館の蔵書とは関係なしに選書して、自分の研究室に配架することを当然としてきた。教員になったものの立場から考えれば、これは当然である。図書館が蔵書を自ら構成する権限の強さは予算の関数であるが、予算が教員の研究費から出るしかない以上、一部の大学を除いて図書館が研究のための蔵書を構築したケースは伝統的にきわめて稀である。しかし、1990年代の大学改革が大学の研究に対して行なった要請は、研究者が世界レベルの（基礎）研究を行なうことである。そのために必要な資料が大学で利用可能となっていなければならないが、上述のような事情から、1990年代においてもなお日本の大学図書館はそんな準備はできていなかったと思われる。せめて（医理工系）外国雑誌は、その選択がほとんど教員の意思決定に従うのみであったにせよ購入していたはずであるが、上述のように気づかれることなくその基盤は崩されつつあった。

　幸いにして、情報化への対応には真剣に取り組んでいた大学図書館は、社会全体のなかでも、キャンパスのなかでも比較的早く業務の電子化を実現することができた。おそらく1990年代なかばでは、大学内の一般事務の電算化にくらべて図書館業務の電算化（たとえば、1人当たりパソコン台数を比較すれば）の

ほうがはるかに先行していたということができる。しかし、それにもかかわらず、1997年以来の電子図書館の振興は、図書館の研究図書館機能を強化するという発想をもつことはなく、図書館自身が資料の電子化を行なうという当時としてはやや的はずれの振興が中心となっていた。それだけでなく、1990年代に欧米で一気に普及を始めた電子ジャーナルを日本のキャンパスに導入するという真剣な努力が始まるのは2000年以降のことであり、世界レベルの研究を支援する体制を作ることなどは無縁の話であった。教員側でも、それまで図書館にそのようなことを期待したことがなかったためか、とくに図書館が批判の対象となるということはなかった。

　このように研究図書館としての大学図書館が、1990年代の大学改革の要請に応えることができなかった、あるいは、しなかったことは明らかである。他方教育面においてはどうであったのだろうか。すでに述べたように日本の近代の大学は、選抜システムに支えられることによって特権的に優秀な才能を獲得してきたので、すでに入学の段階で、大学卒業生とそれ以外の同世代との（学力の）差は決定的であった。学生がその段階で勉強が完成したと考えても不思議ではなかったといえる。したがって、図書館が学生に対して提供するのは、試験のときの勉強場所でありさえすればよかったとしても不思議ではない。それに加えて、日本の教育の伝統は「教科書」であり、「教科書をこなす」ことがその分野での勉強を終えることであった。これはもちろん、日本の大学が手本とした19世紀のヨーロッパ、アメリカの大学における本来の講義がまさに、教師が教科書を読み上げ、学生はそれを筆写するという形態であったことをある意味で盲目的に踏襲しているだけであるが、このことによって、学生が図書館で本を探して読むのは、「本来の」学習活動の一環ではなく、学習をさらに深めようとする学生の意欲的な行動の一部となってしまっていた。したがって、日本の近代の大学図書館は、大学のすべての学生の学習活動を支援するための仕組みではなく、勉強好き、本好きの学生のためのものであったのである。ちなみに、図書館員も多くの場合本好きであるので、結局、大学図書館は本好きな人間による本好きな人間のための図書館であり、研究と教育という課題に応える組織ではなかった。

　しかし、1990年代以降の大学改革の要請は、すべての学生が勉強すること、

しかも、自ら意欲的に勉学に取り組む場としての大学を生み出すことである。このような観念がどこから出てきたかということは、別稿を要する課題であるが、いずれにせよ、日本における「勉強」のあり方と大学自体の姿勢に安住してきた大学図書館が大学改革の要請に応えられなかったことは事実であるが、この責任の大半は、むしろ、そのように図書館を利用するという方向に教育改革を進めなかった教育側にあるといってよい。

3　大学改革を先導する大学図書館改革

　前節では、あたかも今の大学図書館は大学改革の要請に応えられないということを強調したように受け取られたかもしれない。しかし、実際には、大学改革の要請に応えられないのは、大学全体としての研究教育についての姿勢であると考えられる。大学図書館は、これまでに記述してきたような（要するに何もしない）大学を支援するという点では然るべき役割を果たしてきたのである。大学全体の姿勢が変わらなければ、大学図書館としてはどうしようもない。

　しかし残念ながら、話はそう簡単ではない。むしろ、現在の段階での大学としての大学改革への取り組みそのものはきわめて表面的なものであり、それが真の要請に応える方途とは思われない。例えば、「ファカルティ・デベロップメント（FD）」は、その名を使って教師の意識を抽象的に向上させているにすぎない。そもそもそこには、大学教育の目的、学部教育と大学院教育の機能上の切り分けなどの根本的反省などはない。しかし、理屈はきわめて単純であり、大学生にふさわしい学習を大学生が行なうようになればよいだけである。さまざまな文脈を考えるならば、求められている大学生の学習は、自分で考え、自分で学ぶことにほかならない。自分で考え、自分で学ぶためには、ただ何が正しいのかを教え込む（indoctrinate）のではなく、どのような本が参考になり、あるいは教科書とは異なる見解を主張しているかというような情報を授業で提供することになるはずである。そしてこれまでもそのように認識されていたにもかかわらず、やはり学生のほとんどが図書館に来ないという現実が存在した。もちろん、そのような情報があっても、紹介された本が同じキャンパスの図書館になければまったく意味がないが、むしろ問題は、やはり教育側の体制、方

針等に問題があると考えざるを得ないということなのであろう。この一例をもって一般化することはたしかに危険であるが、しかしこの象徴的な例からは、大学改革が求める教育の実施が図書館との密接な協力関係なしには不可能であることを認識することが重要であることがわかる。

　ここで図書館の役割は、大変に重要なものとなる。すなわち、必要であると言われた資料を揃えて待っているだけでは、現在の日本の大学改革に貢献することはできない。そうではなく、大学の教育そのもののあり方を変える役割を持っていると言わざるを得ない。実際考えてみれば、教員が授業をする際にどのような資料が現在入手可能で、どのようにして入手することが最適かという情報、そして、インターネットの時代になった現代において、どのようなネットワーク資源が信頼できるものであるかということの情報は、まさに図書館のみが自信をもって提供できる性質のものである。さらに、想像をたくましくするならば、生涯学習と遠隔教育の未来においては、キャンパスという「場所」が大学における教育機能を代表しなくなることは十分に予想され、そのなかでは、図書館がもつ情報資料提供という機能が高等教育機関にとって唯一の果たすべき機能となるという可能性すら見えてくると考えられる。すくなくとも教育面においては、大学なき大学図書館という異様な想定も不可能ではない。

　研究図書館面においても同様である。電子ジャーナルの導入は、今や研究を行なう教員がいる大学にとって不可欠の要素である。しかし、現在考えられるもっとも効率的な導入のためには、全学的に予算を集中化して図書館のノウハウによって最適化を図ることが必要であることはもはや自明となっている。しかし、少なくとも国立大学を見るかぎり、教員側からそのように動こうとした事例はひとつとしてみることはできなかった。さらに、これからの大学のアイデンティティの重要な部分が、その大学が産出する研究成果、そして、実際には教育のためのさまざまに工夫された素材の集積にあるとするならば、それらを社会に還元するための保存と提供の仕組みが重要なものとなることは間違いない。とくに研究面においては、学術情報の本質を考えるならば、それぞれの大学がその研究成果の利用を望むすべての研究者に提供できる環境を作ることに関与すべきであり、とくに、インターネットという手段を得たわれわれにとって、それは印刷頒布という物流の桎梏から離脱して容易なこととなった。

しかし、そのような情報については、たとえばメタデータの概念ひとつをとってみても理解できるように、図書館こそがこれまでノウハウを蓄積してきたのであり、たしかにこれまで外部から資料を導入することによって自館のコレクションを構築してきたのに対して学内からの資料を中心にコレクション構築を行なうという大きな概念転換を覚悟のうえで、これからの研究図書館の学内における主要な責任であるといわざるを得ない。

 以上の教育と研究に関する象徴的な予測から明らかなように、大学改革が要請する教育と研究の改善を実現するためには、大学が改革されることを待っていてはいけないのであり、大学図書館が教育と研究の環境を改革していくことが不可欠である。これは、おそらく日本の大学の不幸な歴史を象徴するものであるが、現実として受けとめなければならない。

 注 本稿は、土屋俊"大学改革の流れと大学図書館."『図書館雑誌』Vol. 97, No. 5, p.284
 -287, 2003 に加筆、訂正したものである。

第3章　大学図書館組織論

伊藤義人

1 大学図書館組織を考える上での大学図書館をとりまく厳しい環境

　本章の大学図書館組織論を述べる前に、よく知られていることではあるが、大学図書館組織の責任者の立場から大学図書館をとりまく厳しい環境について述べる[1][2]。

　図書館は歴史的転換点を迎えている。デジタル化とインターネットの普及によって、図書館機能の変革を要求されている。デジタル情報と紙媒体を有機的に結びつけた「ハイブリッド・ライブラリー」の実現が特に大学図書館に強く求められている。

　単に大学や大学図書館を取り巻く環境だけでなく、社会全体が環境の劇的な転換（パラダイムシフト）により、20世紀型の社会から21世紀型の社会へ大きく変わりつつある。例えば、経済第一主義から、環境や人間を中心とした価値観へと変化するのに伴い、大学では環境学研究科や情報学研究科といった文理融合型学問領域ができている。大学図書館は、このような変化に対応する必要がある。

　また、生涯教育、NPO、NGOなど、市民の要求も多様化してきており、いわゆる研究書や学術雑誌などの大学図書館資料への市民からのニーズにも対応するよう、大学図書館は求められている。私立大学の一部では、早くから地域

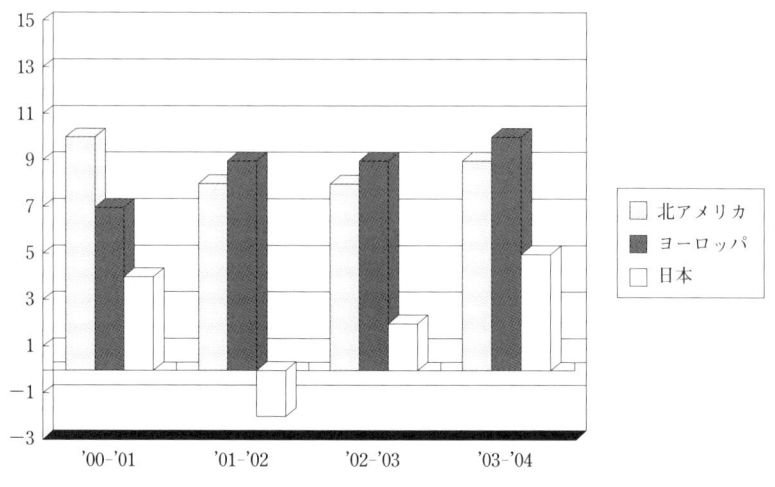

図3-1　北アメリカ、ヨーロッパ、日本の雑誌の値上がり率

住民に図書館を開放していたが、最近は、国立大学でも市民に図書館を開放して、本の貸出を始めている所も少なくない。パソコンとインターネットの普及によって、Webによるデジタル資料へのアクセスも求められている。少なくともOPACによる書誌検索は、大半の大学が公開している。

　一方、行財政改革、財政危機に伴い、職員の定員削減や図書館予算の減少は著しいものがある。効率の追求ということで、大学図書館も「企業的努力」や「図書館経営」の考え方を持つことが強く求められている。特に、2004年4月の国立大学の法人化により、国立大学間だけでなく公立・私立大学も含めて、大学全体が競争をすることが要請されており、図書館も従来の「連携」に加えて、「競争」する個性ある大学を支える必要がある。すなわち、一見すると矛盾する競争と連携という2つのキーワードで大学図書館は活動する必要がある。

　さらに大学図書館を苦しめているのは、雑誌の寡占体制と価格の高騰が進んでいることである。電子ジャーナルの導入でアクセスできるタイトル数は、かなり取り戻しているが、洋雑誌は、図3-1に示すように相変わらず毎年約9％前後の値上がりをしており「シリアルズ・クライシス（Serials Crisis）」は、まだ続いている[3][4]。

2004年4月からの法人化に対して、国立大学は、その対応に追われているが、国立大学法人は、独立行政法人ではないことさえ、大学人にも十分理解されているとは言いがたい。あくまでも、国立大学法人法に基づいて設置され、国立大学の自律性を高め、活性化と個性化を進めるための法人化であることを主張する必要がある。もちろん、現実は厳しいものがあり、先行独立行政法人と同じような効率化係数を予算にかけられている。この結果として、国立、公立、私立の大学間の競争も種々の意味で激化すると思われる。

競争と連携をする大学図書館の組織はいかにあるべきかを以下では考える。

2 大学図書館機能の再検討

2.1 はじめに

大学図書館の組織は、国立、公立、私立などの設置形態および部局図書室（館）や中央図書館の設置の歴史的な経緯に依存して種々の形態のものがある。国立大学は、2004年4月に国立大学法人になるまでは、「国立学校設置法」第6条によって、附属図書館を大学設置と同時に置かなければならず、その名称も「附属図書館」という法律で規定された名称を使う必要があった。このとき、附属図書館は一部局として、独立の事務組織を持つのが一般的であった。

一方、私立大学および公立大学は、大学設置基準に従って図書館機能を整備する必要があるが、図書館の名称自体は自由に決めることができた。私立大学や公立大学では、計算機センターや情報処理センターなどの情報関連組織と合同した組織や施設を作り、図書館という名称を全く使わない大学もあった。現在の国立大学は、従前通り大学設置基準には、法人化後も従うことになっており、図書館の位置づけは私立大学や公立大学と同じことになっている。実際に、2004年4月の法人化のときに、○○大学附属図書館の名称から附属を取り去った国立大学が数校あった。また、図書館の事務組織の大幅な見直しや他の情報関連センターなどの情報関連組織との統合を行なった大学もある。

どのような機能を大学図書館が持つべきか、あるいは、どのような組織形態が最適かということは、簡単には結論は出ないであろう。各大学の特性と歴史的な経緯が大きな影響を与えていると考えられる。さらに、個性ある自律活性

化した大学を支える大学図書館は、当然個性ある図書館になる必要があり、各大学に要求されるあるいは自律的に設計する図書館機能を最もうまく実現する組織や施設を作り上げていかなければならない。

2.2 大学図書館人が考える大学図書館機能と組織

大学の役割は、最近は1) 教育、2) 研究、3) 社会貢献の3つに大きく分けることが多くなった。従来は、教育と研究だけが重視され、社会貢献は、教育研究を行なうことによって自然に行なわれると考えられてきたが、最近は、大学にその活動の情報開示と説明責任が求められ、さらに積極的な社会貢献の取り組みが求められている。

大学図書館は、大学の顔としての役割が求められており、当然、この3つに対応する必要がある。国立大学図書館協会の2004年度総会のワークショップのために、全国の国立大学へのアンケート[5]が行なわれ、そのとき、大学における図書館機能として、1) 教育・研究等の支援機能、2) 学習環境の提供・整備、3) 情報の収集・発信機能、4) 地域・社会への貢献、5) その他の五つが挙げられた。アンケートは、重点をおいている役割として1位から3位までを挙げる形で行なわれ、87大学の回答があった。

細かい書き方やニュアンスの違いはあるが、1位から3位までの合計では、以下のようである。なお、（　）の中は、1位、2位、3位に挙げた大学数である。

教育研究の支援：　　　67（43、10、5）
学習環境の提供：　　　48（15、21、12）
学術情報の収集・提供：44（10、20、14）
地域社会への貢献：　　34（0、2、32）

私立大学と公立大学の図書館職員の意識もそんなに大きく異ならないと考えられ、ここから、おおむね大学図書館人が考えている図書館機能の重要度の考え方がわかる。

さらに大学図書館の組織についても、同時にアンケートが行なわれた。法人化に対応して組織改編を行なった大学は、34.5％であり、行なわないと回答したのも同数の34.5％であった。残りは検討中などである。大学における図書館

の位置づけは、従来と同じ一部局が80.5％で圧倒的であり、教育研究支援組織（共同利用施設）が9.2％、学術情報機構等が8.9％でこれに続いている。一方、事務組織の位置づけは、図書館所属が44.8％で、本部事務局所属が47.1％と大きく二分している。すなわち、一部局としての扱いをしていても、事務は本部所属という大学も多いということである。

　大学図書館の最高責任者である館長の位置づけも変化しており、理事または副学長が館長を兼ねる大学が58％となっており、半分以上が別の役職との兼任である。この場合、図書館長の役割以外に、大学執行部において研究、学術情報、総務なども担当することになる。最近の図書館をとりまく厳しい環境に対処するため、図書館長のリーダーシップが強く求められている。大学執行部の一員であることは、直接財政要求できるなどでメリットもあるが、逆に、利益相反する場合もある。また、その多忙さから通常の図書館運営（経営）や他の図書館や関連組織との連携においてリーダーシップを発揮することは難しい。副図書館長などを置いて対処しようとしている大学もあるが、今後、成功するかどうかは予断を許さない。

　図書館長は教育研究評議会には、92％がメンバーとなっており、これは従来と変わらない。一方、経営協議会にはオブザーバーも含めて51％（正規メンバー34.5％）しか館長は参加しておらず、未回答も含めて半分が経営協議会に参画しないことになっている。図書館はあくまでもサービスセンターであり、経営の重要性が従来から言われているが、現状では、形式上は約半数の図書館長しか大学の経営に発言権がないことになる。

　図書館学の入門書[6]に「多くの大学図書館では、功なり名をとげた定年間際の教授が名目上の館長になり、何もわからないまま去っていくのが通例」と書かれていたような館長は、多分少なくなったが、他の役職との兼職問題は、結果として同じような状況が生じてしまう危惧がある。

2.3　大学改革の方向と図書館運営（経営）組織

　法人化を見据えた大学図書館の方向性は、大学改革の方向性と一致している必要がある。大学改革の大きな目標の1つは、学生を中心に据えなければならないということである。大学図書館は、快適な学習空間、学習基盤をさらに整

備して、学生の滞在時間の長期化を図る必要があると言われている。また、個性ある大学として、新しい研究領域や新しい研究手法を確立することが必要であり、それらを支える大学図書館をめざすことになる。従来の部局単位ではなく今後は大学全体として、説明責任を社会に示すということで、大学図書館は「大学の顔」という本来の役割を果たすことが求められている。

　大学は従来から、学部、研究科、研究所、センターなどがバラバラに情報を外に発信しているが、これでは大学が持つ情報が外部から非常に分かりにくい。そこで、図書館が「大学の情報発信の中心となる」ことが求められている。文部科学省のデジタル研究情報基盤ワーキング・グループが2002年3月に出した報告書[7]では、各大学が機関共同サーバーを作り、国立情報学研究所と連携して、種々のコラボレーション環境を提供するという構想の中で図書館機能の強化を打ち出した。

　大学図書館も〈経営する〉つまり、業務の改革や責任体制の明確化を行なう必要がある。これは、単に独自の収入源を求めるというようなものだけではなく、もっと根本的な改革が求められている。大学自体、IT武装化を進める必要があり、図書館は大学の情報戦略の中心にあるべきである。

　今後、大学図書館は競争と連携をすることになる。連携は、大学の学術基盤整備と情報発信の核となるという点に関して、これまで以上に行ない、競争は、個性ある大学を支える図書館を設計することによって行なうことになる。大学図書館は、競争と連携の両方の視点でその存置理由を常に問われる。時代に合致した自律的なたゆまぬ変革を行ない、外部評価を受けて説明責任を果たさなければならない。

　競争というと、すぐにゼロサムの奪い合いというようなイメージを受けるが、ここでいう競争は、そのようなものを意味しない。先進的な試みを自己責任で行ない、大学の新しい研究分野・研究手法や社会貢献を支援するという意味である。護送船団方式で、合意を取って、一斉に同じことをするということの対極に位置する考え方である。結果として、その成果を他の大学も参考にして、連携をすすめることができるものもあるであろう。

　法人化に対応するためには、これまで以上に連携が必要であり、特に地域連携（第12章参照）と国際連携が重要になる。

図書館の連携の重要性については、古くから認識されている。しかし、現状では、設置形態が類似の館間での連携は多少あるが、設置形態の異なる館間では、ほとんど連携はない。もはや財政的にとても1館ではやっていけない状況である。例えば、一般書を収集している公共図書館と研究書を収集している大学図書館の連携は、補完できる関係にあるが、これまで、多くの大学は積極的ではなかった。「インターネット」や「デジタル化」という道具が整備されつつあり、また「社会の要請」という風も吹いているので、設置形態を超えた実質的な連携をする環境が整ってきたと言える。

　大学図書館と公共図書館との連携では、お互いの棲み分けも必要となる。大学図書館と公共図書館は、互いの代わりはできないが、市民や大学構成員のニーズが非常に多様化しているので、双方が協力しないと生涯教育やNPO支援等に対応できない。また、公共図書館を含む地域連携に関しては、地域の中核拠点として大学図書館はあるべきである。大学図書館だけの連携組織だけでなく、実際の共同事業を行なえる館種を超えた連携組織が必要である。

　これらを実現できる外部に開かれた図書館がどのような組織を持つべきかを考えていく必要がある。

3　情報関連組織と図書館との統合について

　大学の情報関連組織として、名称は各大学によって異なるが、研究に関連した基盤センター（旧大型計算機センター）、教育に関連した情報処理教育センターおよび学務情報を扱う情報処理課などがある。図書館は、必ずしも狭義の情報の枠組みだけに限られるわけではなく、特にその歴史的な長さからいえば、他の情報関連部局とは比べものにならない。日本語の「情報」という用語自体は、明治時代の造語であり、「敵情の報知」というフランス語の訳として登場したが、基盤センター（総合情報センター）などは、情報のハード基盤とソフト基盤を対象としており、図書館はコンテンツを対象としている。図書館は、デジタル情報だけでなく、長い歴史に支えられた紙メディアの多くの情報を館に蓄えている。文化の継承地としての役割を歴史的に持っており、現業のサポートという枠には収まらない。

米国において、大型計算機センターが設置されていた1980～90年代以降に、図書館と大型計算機センターを統合して、メディア・センターなどの名前で運営されはじめた大学もあった。その後、うまくいかず再分離した大学もあった。スタンフォード大学は、Libraries & Academic Information Resources という組織が、大学図書館、学術及び学内行政に関する情報サービス、コンピュータ・ネットワークおよび通信に関して全責任を負っているおり、依然としてこの形態をとっている[8]。

　日本においても同様の事例がある。大阪市立大学の学術情報総合センターは、1991年に附属図書館と計算機センターの合体施設を構想し、1996年に新しい施設として開所している。附属図書館と計算センターを統合した「図書と情報の館」であり、学内諸施設とネットワークする学内 LAN を基軸に国内外の学術機関とインターネットで結ぶ創造性豊かな学習と研究の場でもある最先端情報拠点としている。

　国立大学の附属図書館と他の情報関連組織との関係は、類別すると図3-2のように３つに大別できる。すなわち、第１番目は、大型計算機センターと情報処理教育センターが合体するときに、図書館が電子図書館機能の一部を割いた例である。２つ目のケースは、大型計算機センターを廃止して、基盤センターを作るときに、情報処理教育センター（情報メディア教育センター）と附属図書館の一部を割き、かつ、全学が協力したケースである。最後は、図書館主導で、改組された総合メディア基盤センターと附属図書館、経理部情報処理課および情報基盤推進室が、学内措置で総合メディア推進機構を構成している。この機構の構想は、他の大学にも影響を与え、種々の大学で法人化後に検討されている。すなわち、大学全体の情報戦略を考えるときに、情報関連組織を一体化しても、かえって組織が硬直化し、うまく機能することができないと考え、各組織の自律性や任務は維持しながら、大学全体の情報戦略を議論する場として、機構を創設するやり方である。

4　大学図書館の内部組織の課題

　大学図書館が、情報関連組織との統合組織とするか独立組織とするかは、前

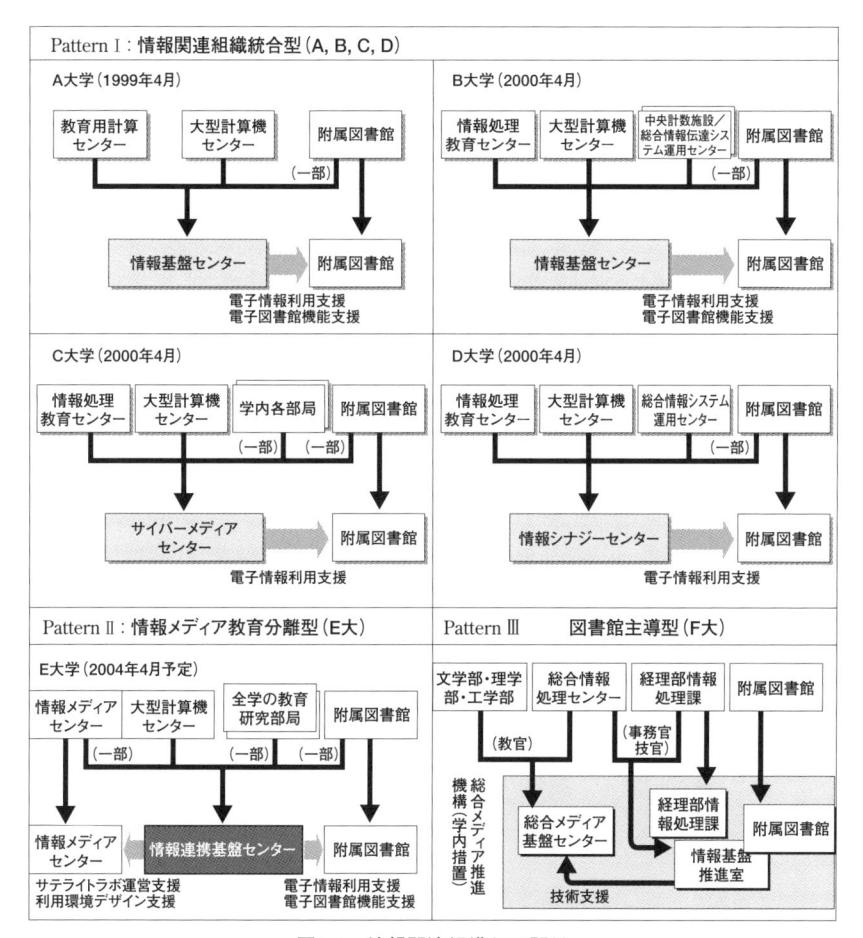

図3-2　情報関連組織との関係

述したように各大学の特質と歴史的経緯によっており、大学の運営（経営）の実質的な意志決定システムや執行システムがどのようになっているかによって、最適な形は異なってくると考えられる。

　図書館においては、世界的に古くからライブラリアンの専門性が認められている。時代の要請に従って、情報技術活用能力も要求されているが、あくまでも情報技術の先端応用利用者としてであり、他の情報関連組織とは異なる。ライブラリアンとその他の大学職員の意識や業務の違いの溝は深く、情報関連組

織の職員とも簡単には融合は難しい。また、基盤センターや総合情報処理センターなどは、教員が主とした研究組織として組織されている場合が多く、教員の主導による運営がなされる。図書館がライブラリアンの職場という考えを持っている職員には、やりにくい状況となる。

　大学図書館は、時代に合致した21世紀型の図書館機能を構築していくために、研究開発機能[9]が必要であり、専任の教員がいることが望ましい。いわゆる最新情報技術を積極的に取り入れるための研究開発をすることが、大学図書館に課せられた課題でもある。他の情報関連組織との統合によって、その組織の教員がこの研究開発を担ってくれるように意図した組織統合を行なった大学もあるが、現時点では成功しているとは言いがたく今後の検討課題であろう。

　大学図書館運営（経営）については、各部局代表からなる商議員会（図書館委員会など名称は種々ある）などが最高審議機関または意志決定機関となっているが、本章ではこれには触れない。一部の大学図書館で大幅な見直しをして、もっと実務型委員会に改組した大学もあるが、これも今後どうようになるか見守る必要がある。

　また、大学図書館の部課制のあり方についても議論すべきであるが、専任職員が課長１人で、後はすべて派遣などの臨時職員で対応している大学図書館も出てきており、また、部課制を廃止して、タスクグループ制を採用しはじめた大学もあるが、まだ評価は定まっておらず、あまり有効な議論ができないので、これも本章では触れない。

　大学図書館の組織の問題は、単に情報関連部局との連携や統合という問題ではなく、時代に合致した図書館機能を実現するために、大学が戦略としてどのような意志決定システムと執行システムを構築・更新するかにかかっている。特に、図書館経営のための予算が大学主導か部局主導かによって大きく異なってくる。大学全体で図書館経営を行なうか、図書館を一部局として、他の教育研究部局と相談して経営を行なうように任せてしまうかである。既に国立大学の中では、法人化にともなって種々の異なる組織によって図書館運営（経営）の試みが始まっており、今後、種々の検証が必要であろう。

参考文献

1) 伊藤義人"大学改革と大学図書館."『平成14年度大学図書館職員講習会テキスト』大阪大学附属図書館編,文部科学省,2002.11,p.16-17.
2) 伊藤義人"大学図書館経営における電子図書館機能の基盤整備について."『国立国会図書館月報』No. 504, p.3, 2003.
3) 伊藤義人"国立大学図書館協議会のコンソーシアム構想について."『情報の科学と技術』Vol. 52, No. 5, p.262-265, 2002.
4) 伊藤義人他『電子図書館と電子ジャーナル―学術コミュニケーションはどう変わるか―』丸善,2004,157p.(情報学シリーズ 8)
5) 伊藤義人"アジア諸国における情報サービスの利用 第 4 回:日本 電子ジャーナルコンソーシアム形成と今後の問題点について「国立大学図書館協会電子ジャーナルタスクフォースの活動."『情報管理』Vol. 47, No. 12, p.786-795, 2004.
6) 藤野幸雄,荒岡興太郎,山本順一『図書館情報学入門』有斐閣アルマ,1997,230p.
7) 科学技術・学術審議会研究計画・評価分科会情報科学技術委員会デジタル研究情報基盤ワーキング・グループ「学術情報の流通基盤の充実について(審議のまとめ)」2002年 3 月〈http://www.mext.go.jp/b_menu/shingi/gijyutu/gijyutu2/toushin/020401.htm〉(last access 16/11/2004)
8) 〈http://www-sul.stanford.edu/geninfo/briefguide/index.html#intro〉(last access 16/11/2004)
9) Buckland, Michael Keeble. *Redesigning Library Services: a Manifesto*. Chicago: American Library Association, 1992, 82p.(『図書館サービスの再構築:電子メディア時代へ向けての提言』高山正也,桂啓壮訳,東京,勁草書房,1994,129p.)

II
新しい機能とサービス

第4章　大学図書館と情報リテラシー教育
――「指導サービス」の意義と展開――

野末俊比古

1　はじめに

　大学図書館において「情報リテラシー」という言葉が用いられることは今では決して珍しくない。しかし、この言葉がこれほど広く認知されるようになったのは、まさに21世紀を迎えたころからであろう。

　大学図書館においては、その教育的機能との関わりで情報リテラシーが論じられる。大学図書館の教育的機能は主として利用者教育（user education）と呼ばれる「活動」において発揮されてきたが[1]、近年になって、しばしば「情報リテラシー教育」という表現が用いられるようになった。このことは、単なる言葉の置き換えではなく、大学図書館の教育的機能が大きな転換期を迎えたことを示唆している。

　以上のような認識に基づいて、本章では、情報リテラシー教育をキー概念としながら、大学図書館の教育的機能について整理、検討していく。今後の大学図書館にとって重要な使命の1つが情報リテラシー教育であることを確認、主張してみたい。なお、特に断らない限り、日本の状況を念頭に置いて論を進める。また、情報リテラシー教育の先進国である米国の状況について、必要に応じて触れる。

2 大学図書館の教育的機能とは

2.1 情報リテラシーをどうとらえるか

「情報リテラシー（information literacy）」とは何か。まず、この点から見ていこう。辞書的な定義としては、アメリカ図書館協会（American Library Association: ALA）の報告書（1989年）における「情報が必要なとき、それを認識し、効果的に発見、評価、利用する能力」という定義がよく知られている[2]。現在から見れば、単なるスローガンの域を出ていないように見えるが、当時は、1980年代を通じた実践・議論を通して、いわゆる機能的リテラシー（functional literacy）として情報リテラシーが認識されるようになったこと（およびそこに図書館が関わること）をアピールするという点で、まさにスローガンとして大きな意義があった[3]。わが国でも、このころから情報リテラシーという概念が注目され始めた[4]。

機能的リテラシー、すなわち万人に必要な能力として情報リテラシーをとらえるならば、「どのように身につけるか」「どのように教えるか」が問題となる。こうして、情報リテラシーをめぐる関心は「教育」の問題へと移行した。90年代には、コンピュータやインターネットの普及とも連動しながら、議論や実践が重ねられるなかで、情報リテラシーに対する次のような理解の下地ができあがった。他にも挙げられるが、ここでは、以降の議論につながる3点にまとめておく。

第1は、情報リテラシーの定義（中身）は文脈・分野に依存するという点である。少なくとも教育の観点からは、一般的、普遍的な情報リテラシーなどは存在せず、せいぜい「情報を主体的に使いこなす能力」という程度が共通にできる定義づけであり、国・地域や組織などのコミュニティを想定してはじめて実質的な議論が可能になる。大学生にとっての情報リテラシーと銀行員にとってのそれとは（重複はあるだろうが）必ずしも同一ではない。

第2は、情報リテラシーには関連・類似概念が多いが、それらとの関係が整理されてきたことに関わるものである。情報リテラシーは、もともとコンピュータが登場、普及したビジネスの世界において登場した概念であったことから、

第4章　大学図書館と情報リテラシー教育

1980年代までは（わが国では最近でも）「コンピュータを使えること」が情報リテラシーだとする見方も少なくなかった。しかし、コンピュータがすべての情報を処理できるわけではないという、いわば当然の事実への認識も広がり、情報リテラシーとコンピュータ・リテラシー（computer literacy）とは、重なりを持つが区別される概念であるとの理解が定着した。また、コンピュータ以外による情報のなかで、「文献」は（依然として）重要であることから、文献を扱っている図書館を使いこなす能力、すなわち図書館リテラシー（library literacy）も情報リテラシーの重要な一部であるとする認識も広がっている。

　第3は、情報リテラシーのスキル（技能）的な側面が強調されていることによるものである。（機能的）リテラシーとは、原義的には、いわば基礎学力のことであり、「これがあればそのコミュニティでの生活に困らない」というレベル、すなわち最低基準を意味する概念であった。情報リテラシーが「ある」「ない」（身についているかいないか）で論じられたのは、このためである。しかし、近年では、情報リテラシーに「高い」「低い」という表現を用いることが多い。すなわち、最低基準を超えたところで、極端にいえば「あればあるほどよい」というような、スキル（技能）として（の側面をとらえて）情報リテラシーを論じているのである。

2.2　利用者教育のこれまで

　一方、大学図書館では、主に利用者教育というかたちで教育的機能を果たしてきた。ここで、利用者教育について整理しておこう[5]。なお、話を簡潔にするために、これ以降、利用者として学生（特に学部学生）を取り上げ、学習の場面を想定して論を進める。

　学生が学習を進めるうえで情報を必要とするとき、図書館を利用する。しかし、誰もが図書館を適切に利用できるわけではない。図書館の資料・情報が蓄積、組織化されている仕組みは、決して簡単ではないからである[6]。また、そもそも図書館の顕在的利用者（来館者）とならない潜在的利用者（未利用者）も多い。

　大学図書館では、利用者教育を提供することによって、これらに対応してきた。一般に、利用者教育は、その内容（目的）によって、

①図書館オリエンテーション（library orientation）
　②図書館利用指導（library instruction）
　③文献利用指導（bibliographic instruction）
という3つの領域に分けられる[7]。①は図書館について利用者が認知することがねらいであり、施設やサービスについて案内をする。新入生に向けて実施されることが多い。大学・学部などの新入生説明会のなかで図書館が行なう図書館利用説明を含めて考えることもある。講習会（説明会）のほか図書館ツアーなどが一般的な方法である。新入生向けオリエンテーションは、現在、ほとんどの大学で実施されている[8]。

　②は図書館、特に「その（特定の）」図書館の使い方を伝えるものである。③は、しばしば「その図書館」で扱っているかどうかという枠を超えて、「文献」の探索法などを伝えるものである（ここでいう「文献」とは、図書館で一般に扱うさまざまな資料・情報を意味し、視聴覚メディア、電子メディアを含む）。いずれも図書館での講習会が主な形式であるが、授業の1コマに図書館員が出向いて指導を行なう、といった授業と連携した形式も広く実施されている[9]。後者は、学科関連指導（course-related instruction）と呼ばれる。なお、医学系図書館などでは、授業（カリキュラム）のなかに図書館、さらには資料・情報の利用法の指導を指導内容として組み入れ、図書館員と授業担当教員とが協力、分担（協働）して授業を行なう学科統合指導（course-integrated instruction）が行なわれてきた。今では、医学系以外でも学科統合指導が提供される例が増えてきている（3.1参照）。また、図書館（員）が必ずしも関わるわけではないが、図書館情報学担当教員などによって、「文献探索法」などの授業科目として利用者教育が実施されることもある（独立科目方式）[10]。

2.3　利用者教育と情報リテラシー教育と

　以上のような枠組みで展開されてきた利用者教育だが、図書館で扱う資料・情報（メディア）が多様化、高度化するとともに、その多様化・高度化も進んだ。各種データベースの利用法が多くの大学図書館で指導されていることからわかるように、利用者教育の範囲（内容）は拡大の途をたどってきている。

　利用者教育が実施されるのは、利用者が図書館をより効率的、効果的に利用

できるようにすることが初発の理由（目的）の１つである。そうすることが、図書館側としても効率的、効果的だからである。すなわち、いわば「内部的な動機」からなされてきたといえる。しかし、拡大してきた利用者教育の内容には、必ずしも図書館に固有の領域とはいえないものも含まれている。

そうしたところに登場したのが、情報リテラシー（教育）という考え方であった。2.2で述べた、利用者教育の３つの段階に加え、「④情報リテラシー教育」などという段階が構想されるようになったのは、こうした流れのなかで、ある意味で自然なことであったといえよう[11]。

しかしながら、2.1で指摘した情報リテラシーのとらえかたによるならば、大学生にとって必要な情報リテラシーを想定すると、図書館だけでは完結しない、多様で高度なレベルまでを視野に入れることとなるため、大学図書館が情報リテラシー教育（への関わり）の看板を掲げることは、大学コミュニティ全体における情報リテラシー教育（利用者教育）を語ることにつながる。いわば「外部的な要請」に基づいて自らの取り組み（利用者教育など）を再構築、再構成することとなる。学生にとって必要な情報リテラシーの習得・向上を促進するためには、図書館だけでなく、授業なども含めて、習得・向上の機会が計画的、体系的に用意されなくてはならないということである。もっとも、大学において「情報を扱う中心的な組織」である（ことが期待される）大学図書館が情報リテラシー教育に関わることは、必然的であるともいえよう。

利用者が図書館を使う目的は学習のためであるととらえるならば、利用者教育の主な目的も、直接には、（図書館の）資料・情報の効果的、効率的な活用だ（った）が、その後ろには、学習を支援するというねらいがあるはずである[12]。情報リテラシーという概念の登場・導入によって、利用者教育（ひいては図書館）が本来的に持つ（ことができる）意義が（再）確認、（再）認識されたといえる。

なお、本章冒頭で情報リテラシー教育は単なる言葉の置き換えではないと記したが、大学図書館にとって、ある意味では言葉の置き換えでもあった事情を補足しておかねばならない。「大学改革」の大きな流れのなかで、予算や人員が削減されるなど、大学図書館をめぐる状況は必ずしも順風ではなかった。そうしたなかで、情報リテラシー教育は、図書館の生き残りをかけたアピール

ポイントとして、格好の、また重要なスローガンであった[13]。

1990年代後半に登場したデジタル・デバイド (digital divide)、すなわちデジタル化、ネットワーク化された環境における情報格差は、それを是正することが社会的課題となり、是正のために情報リテラシーを習得（普及）させることが社会的要請（政策）となった[14]。大学でもこれを目標（あるいは政策）として掲げるようになった。ここに図書館も「乗った」かたちになっている。

このように、情報リテラシー教育というスローガンは、図書館の内部の事情から発していた利用者教育が、図書館の外部、すなわち大学（あるいは社会）全体の文脈に位置づけられていくことを宣言したものだといえる。しかし、スローガンのままというわけにはいかず、また、そうしてきたわけでもない。すなわち、大学図書館は、今に至るまで、「中身を埋める」作業を進めてきたのである。

3 情報リテラシー教育をめぐる最近の動向

3.1 それぞれの図書館において

「中身を埋める」作業、すなわち情報リテラシー教育（利用者教育）をめぐる個々の図書館の取り組みを少し見ておこう。実にさまざまな実践が展開されているが、よく知られているのは、新入生を対象とした、いわゆる導入教育において、情報リテラシーの基礎的な領域について、図書館が積極的役割を果たして授業（指導）を展開している京都大学と慶應義塾大学の例であろう。新入生向けに、「図書館の利用法」を含めた情報リテラシー科目を設定し、教員と図書館員が連携（協働）して計画、実施にあたっており、教科書が市販されるなど[15]、相当の成果を挙げた実践として、その後の他大学での取り組みにも影響を与えたと思われる[16]。

体制（組織）づくりも進んでいる。東京大学では、情報基盤センター図書館電子化部門（かつての附属図書館の一部門）に「学術情報リテラシー掛」（現在は「学術情報リテラシー係」）が設置され、情報リテラシー教育をもっぱらの業務とする体制がとられている。情報リテラシーの独自部門を持つ図書館はまれであるが、レファレンス担当部門などの業務分掌に利用者教育（情報リテラシ

ー教育)を盛り込む例は増えていると思われる。国立情報学研究所(NII)が実施している「学術情報リテラシー教育担当者研修」(2003年度は試行、2004年度から正式実施)に多くの参加者(応募者)があることからもわかるように、情報リテラシー教育は、図書館(員)の業務として確実に位置づけられつつある。

情報リテラシー教育における大学図書館(利用者教育)の位置づけについては、学術審議会が「利用者教育は、情報リテラシー教育の一環として、大学図書館の協力の下に、全学的に取り組むことができるよう、教育体制の整備が必要である」と述べているが[17]、上記のような実践例は、そうした取り組みとして注目できよう。取り組みの背景としては、情報リテラシーはコンピュータに関わる領域だけで十分ではないこと、大学において「学習の方法」を指導する必要があることなどの認識が広がっていた点を指摘できよう。

米国の例は枚挙にいとまがないので、ここでは筆者が訪問した例を1つだけ挙げておく[18]。ウェイン州立大学の図書館では、新入生向けの授業(UGE 1000)の実施に関わっている。授業には"Information Power at WSU"とのテーマ(タイトル)がつけられており、図書館員がディレクターやコーディネーターとなり、テキスト作成を含め、プログラムの計画、実施にあたっている。テキストは、ファイル形式(加除式)で、差し替えが容易である。指導者(教員)向けの「ガイド」(指導書)も用意されている。

3.2 (大学)図書館界として

個々の図書館で実践を積み重ねる一方、(大学)図書館界として情報リテラシー教育に対して政策的な取り組みを行なうことも進められている。1998年には、日本図書館協会から『図書館利用教育ガイドライン 大学図書館版』(以下『ガイドライン』)が出されている[19]。情報リテラシーという言葉こそ用いられていないものの、"すべての利用者が自立して図書館を含む情報環境を効果的・効率的に活用できるようにするために、体系的・組織的に行なわれる教育"という図書館利用教育(利用者教育)の定義は[20]、情報リテラシー教育のそれであるととらえて差し支えない。利用者教育の内容は、「III. 目標」という表にまとめられている。ここでは詳述しないが、伝統的には図書館で扱われてこなかった内容が少なからず含まれている(もっとも『ガイドライン』は、情報リ

テラシーのすべてを網羅しているわけではなく、「図書館がかかわるところ」が中心となっている)。さらに2003年には、わが国で初めての利用者教育のハンドブックが刊行された[21]。大学図書館において利用者教育(情報リテラシー教育)がサービスとして確立しつつあると受け止められよう。このことは、「指導サービス (instruction service)」という表現が登場していることに象徴されるだろう。

　米国の(大学)図書館界では、より積極的に情報リテラシー(教育)に対する姿勢を表明している[22]。大学(カレッジ)・研究図書館協会 (Association of College and Research Libraries: ACRL) による「大学図書館における指導プログラムのためのガイドライン」(1996年)において[23]、情報リテラシーという言葉は用いられていないものの、すでに「文献」利用指導 (bibliographic instruction) という表現ではなくなり、広く情報一般 (instruction in libraries) を対象としている。その後、ACRL は、「高等教育のための情報リテラシー能力基準」(2000年)と「情報リテラシー指導の目標:モデル文案」(2001年)を策定、公表し[24]、情報リテラシー(教育)を図書館の中核的理念と位置づけようとしている。そこでは、もはや図書館にその指導の場が限定すらされていない。情報リテラシーの育成に向けて、大学図書館がその教育的機能を発揮することは、政策的にも大きな柱とされているのである。

4　これからの情報リテラシー教育に向けて

　それでは、大学図書館が今後、情報リテラシー教育という枠組みのなかで利用者教育(指導サービス)を展開していくにあたって、その意義や課題を整理、検討しておこう。

4.1　大学コミュニティのなかで

　第1は、ここまでに述べてきたことであるが、重要なので改めて指摘しておく。すなわち、これまでの利用者教育は図書館の内部的な文脈において実施されてきたが、これからの利用者教育(指導サービス)は図書館の外部的な文脈のなかに位置づけられる、という点である[25]。図書館の指導サービスは、大学全体の情報リテラシー教育プログラムにおいて、どのような位置を占めるの

か、大学全体の情報リテラシー教育のなかで、図書館は何をするのか、すべきなのか、あるいはできるのか、が問われることになる。すなわち、情報リテラシー教育のうち、図書館がかかわる（ことができる、あるいはかかわるべき）領域（部分）はどこか、それはどのようにして決定されるのか、という大きな問題が突きつけられているのである。

　第2に、第1に挙げた点を前提とするならば、指導サービスの目的（目標）は、「図書館（図書館で利用できる資料・情報）」に関係する事柄に留まらない、という点を指摘できる。これは、例えば、インターネットで公開されているデータベースの利用法は、「必ずしも図書館で指導しなくてもよい」という可能性がある（もちろん、図書館が契約し、図書館のウェブサイトで公開しているデータベースも少なくないが）。実際、情報（処理）関係の授業でデータベースの利用法が取り上げられることは、サーチエンジン（ポータルサイト）などをはじめとして、珍しくはない。図書館にとっては、情報リテラシー教育の指導目標（プログラム）全体のなかで、授業やコンピュータセンターなどとの連携（分担）のうえで、どの部分を担うのか、あるいはより積極的には、どのようにコーディネートをしていくのか、という問題になる。

　この問題は、指導体制（組織づくり）の問題につながっている。情報リテラシー教育が体系的、組織的、計画的に行なわれるためには、図書館内部はもちろん、学内全体で情報リテラシー教育に取り組む体制が構築されていることが不可欠である。すなわち、コーディネートを含め、プログラムをマネジメント（計画、実施、評価）する中核的な役割を果たす部署が必要である。図書館が大学における学習に重要な役割を果たす組織であるならば、図書館（員）がマネジメント（あるいはコーディネート）の役割を果たすことは、ある意味では必然的ともいえる。3.1で挙げた事例をみれば、とりわけ授業（教員）と図書館（図書館員）の協働のなかにこそ（大学としての）情報リテラシー教育の成功に結びつく重要な要素があるといえよう。これを第3の点としておきたい。

4.2　内容と方法をめぐって

　第4に、教育の内容に関する点を挙げておく。学習過程には、情報の探索・入手にとどまらず、探索、入手した情報を整理、分析し、処理、加工し、表現、

発信していくところまでが含まれる。したがって、大学図書館の情報リテラシー教育（指導サービス）においても、情報の「探索（入手）」だけでなく、「整理（分析・処理・加工）」「表現（発信）」までをも視野に入れた取り組みが求められることになる。これまでもレポート・論文作成法といったテーマに即して、一定の関わりを持ってきた例はあるが、これをさらに展開させていくことが期待される。図書館で資料・情報を利用するのは、レポート・論文のためだけでなく、例えば、ゼミ発表のためであったり、授業で出された宿題や試験勉強のためであったりするだろう。大学教育においても、「知識の習得（記憶）」に偏重せず、「問題（課題）解決」や「プレゼンテーション」「討論」など多様な学習形態（目的）が重視されるようになったことからも[26]、「整理」「表現」までを視野に入れることは重要である。

　具体的な指導の段階で、図書館がこうした領域にどこまで関わるかについては、十分な議論や合意がなされているとはいえないが、例えば、利用者教育の教材として作成されているビデオ『新・図書館の達人』シリーズでは[27]、第4、5巻において「情報の整理法」「情報の表現法」を取り上げ、ゼミ発表の場面を例にとって情報の整理・分析やプレゼンテーション（表現・発信）を扱っている。第6巻は論文・レポートの作成法を取り上げている。いずれも図書館が指導サービスを提供する姿が描かれており、今後の方向性を検討するうえで材料の1つになるだろう。

　第5に、教育の方法に関する点を指摘しておく。すなわち、指導サービスには、指導者が学習者（利用者）と対面して実施される直接的方法のみならず、間接的方法も重要かつ必要である。ここでいう間接的方法とは、（紙メディアを含めた）多様なメディアを用いる方法をいう。最近では、eラーニングなどと呼ばれるウェブや電子メールを活用した指導（学習）方法が一般に認知されるようになっているが、ネットワーク以外のメディアも重要であり、また、図書館では古くからそうしたメディアを活用してきたことを見逃してはならない。特に印刷メディアは、すぐ手に取れるという点で優れたメディアの1つである。

　例えば、「利用ガイド」は[28]、ほとんどの図書館で作成、配布されているが、これはオリエンテーションがめざす図書館（サービス）の案内と目的を同じくするものであり、情報リテラシー教育（指導サービス）の一部と位置づけるこ

第4章 大学図書館と情報リテラシー教育

とが可能である。また、OPAC やデータベースの（簡易）マニュアルなどを作成、配置している図書館も少なくないはずである。ポスターなどの掲示による場合も多かろう。これらは、情報リテラシー教育のなかの情報（文献）の探索法指導と重なるものである。特にパスファインダー（pathfinder）は、大学図書館が情報リテラシー教育に対して、主題に踏み込みながら、積極的に関わっているツールの好例であろう[29]。

もちろん、ビデオや DVD などの視聴覚メディアも効果的である。市販品のほか、オリジナルのビデオや DVD などを作成する図書館もある[30]。また、図書館の利用ガイドをはじめ、文献探索法やデータベース利用法などが図書館のウェブサイトに掲載されることはもはや珍しくない。いずれにしろ、広範な指導内容を持つ情報リテラシー教育を限られた人員・予算・時間・設備で実施していくためには、間接的方法（メディア）を適切に組み入れることが不可欠である。

4.3 基盤を求めて

第6に、指導サービスには研究面での裏づけが不可欠であることをあえて挙げておきたい。情報リテラシー教育の内容をどう選択するか（段階的、選択的に実施する場合の優先順位を含めて）、多様な指導の方法からどれを用いるかなど、プログラムのマネジメントにあたっては、適切な内容が、適切な方法で、適切な順序（時期）、指導者、教材・教具によってなされるようにすることが期待される。適切であるかどうかを判断（決定）するには、理論的基盤（根拠）が欠かせない（経験も重要な根拠であるが、暗黙知（個人知）のままではなく形式知（組織知）化する必要がある）。

利用者教育・情報リテラシー教育（指導サービス）をめぐっては、わが国でも研究の蓄積ができてきている[31]。今後、実践と相互作用のあるかたちで研究がさらに展開されることが期待される。その際、関連分野との連携も重要であり、特に利用者研究（情報探索・利用行動研究）は、クールソ（C. C. Kuhlthau）の一連の研究を挙げるまでもなく[32]、情報リテラシー教育に大きな理論的基盤を提供しており、注目すべき領域である。利用者研究を、研究者によるだけでなく、図書館員が日々の業務のなかにおいても（この意味では、利用者調査と

呼び替えてもよい)、進めていくことも重要であろう。

　なお補足すれば、利用者を知るという点では、「大学生がどのような情報リテラシー教育を受けてきたか（どのような情報リテラシーを習得しているのか)」も実践上の重要な課題であろう。2002年（高校は2003年）から実施されている新しい学習指導要領のもとでは、高校の普通教科「情報」に象徴されるように、高校卒業までに相当程度の情報リテラシー教育が実施される。遅くとも2006年入学の大学生は、一定の情報リテラシーを身につけている（少なくとも指導を受けている）と予測できる[33]。大学図書館としては、そうした学生を前提とした指導プログラムを（も）用意する時期に来ている。教育（指導）において最も重要な準備は、学習者について正確、詳細に把握、分析しておくことである。

5　おわりに

　大学（あるいは社会一般）における「図書館」の有用性・必要性が自明であった（という希望が持てた）時代はすでに終わりつつあるといえるかもしれない。今、図書館にとって必要なものは、「図書館とは何か」を説明（あるいは説得）できる理念（理論）であろう。図書館の外部に対して（も)、実証的、論理的なものでなければならないから、実践的、学問的な基盤構築の取り組みが大きな課題といえよう。情報リテラシー教育は、図書館の存在意義（使命・目的）を明確にする1つの試みである。既述したとおり、米国では情報リテラシー（教育）は図書館にとって中核的な理念と位置づけられつつある。学内や社会における図書館（員）の位置づけは、制度的にも思想的にも米国とは違いがあるにせよ、わが国でもそうした方向性に向かう（べき）であろうことを、改めて指摘してむすびとしたい。

　なお蛇足を覚悟でいえば、戦略上のカギとなるのは、大学図書館界、ひいては図書館界として、資源の共有をいかに進めるかであろう。ここでいう資源には、例えばテキストなどの物理的なものから、ノウハウ（知識・経験）などまでを含む。指導プログラムのマネジメントにあたって、図書館員に必要とされる技能・知識（いわば、図書館員にとっての情報リテラシー）を習得、向上することが不可欠であることを考えれば[34]、とりわけ技能・知識の習得・向上の機会

を、いわゆる研修などに限定せずに拡充していくことが重要であろう。

　本章では、情報リテラシー教育（指導サービス）の具体的、個別的な指導内容・方法などについて議論するには至っていない。それには紙幅が不足であることもあるが、もとより、それらは、それぞれの大学図書館における固有の状況に依存する事柄であることを理由として挙げておきたい。

注・引用文献

1) 利用者教育は、（図書館）利用教育（library use education）などともいうが、ここでは、利用者教育で統一する。なお、利用者教育については、ここでは、「図書館が持つ固有の専門知識や技術の中で一般の人々に必要な部分を伝えること」ととらえておく。丸本郁子"図書館サービスとしての利用者教育の意義."日本図書館学会研究委員会編『図書館における利用者教育：理論と実際』丸善，1994，p.7-30．（論集・図書館学研究の歩み　第14集）引用は p.8．
2) ALA Presidential Committee on Information Literacy. *Final Report.* ALA, 1989, p.1.
3) 詳しくは次を参照。野末俊比古"第5章　情報リテラシー."田村俊作編『情報探索と情報利用』勁草書房，2001，p.229-278．
4) 次のものなどを参照。福永智子"3.4.2　情報リテラシーの展開."日本図書館情報学会図書館情報学ハンドブック編集委員会編『図書館情報学ハンドブック』第2版．丸善，1999，p.352-56．；長田秀一ほか『情報リテラシー教育：コンピュータリテラシーを超えて』サンウェイ出版，1999．
5) わが国で利用者教育をテーマとした図書には次のものがある。日本図書館学会研究委員会．前掲；長澤雅男，小田光宏『利用者サービスと利用者教育』雄山閣，1991．（講座図書館の理論と実際　7）；丸本郁子，椎葉倣子編『大学図書館の利用者教育』日本図書館協会，1989．（図書館員選書　27）
6) 例えば日本十進分類法（NDC）による書架分類は、誰にも馴染みがあるわけではない。また、すべての学問分野において、その（最新の）領域体系と一致しているともいえず、利用者にとって目的の図書が「探しやすい」とは限らない。
7) ②と③をあわせて「文献利用指導」と呼ぶこともある。Young, Heartsill ed. 『ALA図書館情報学辞典』［*ALA Glossary of Library and Information Science.* 1983］丸山昭二郎ほか監訳，丸善，1988．「利用者教育」の項（p.252）を参照。また、①から③をあわせて「文献利用指導」と呼ぶこともあるが、本章では、その意味での「文献利用指導」は「利用者教育」と呼んでいる。なお、本章で挙げた以外の区分の仕方ももちろんある。野末．前掲，p.242．
8) 2001年に実施された全国の四年制大学図書館（中央館）を対象にした質問紙調査（悉皆、回答率74.7%）によれば、「新入生向け図書館オリエンテーション」の実施率は92.8%に上る。三浦逸雄ほか『大学改革と大学図書館の学習・教育支援機能：アンケート調査結果』東京大学大学院教育学研究科図書館情報学研究室，2002．p.14．
9) 注（8）の調査では、「図書館内での図書・文献利用指導」は86.6%、「授業における図書館・文献利用教育」は53.8%の実施率であった。三浦ほか．前掲．

10) 例えば、早い時期からの取り組みとして、駿河台大学の例などがある。戸田光昭"大学における情報リテラシー教育：情報活用能力を高めるための基盤として." 『情報管理』Vol. 42, No. 12, p.997-1012, 2000.
11) 論理的には④は①②③を含むが、ここでは①〜④を排他的なものととらえているわけではない。なお、③にも「図書館に固有の領域」とまではいえない内容がすでに含まれている。
12) 米国における図書館とコンピュータセンター、授業（指導）のサポートオフィスなどを統合した"Learning Center"など、「学習」を冠した組織を設立する動きには注目しておきたい。
13) Breivik, P. S. ; Gee, E.G.『情報を使う力：大学と図書館の改革』[Information Literacy: Revolution in the Library. London, Macmillan, 1989] 三浦逸雄ほか訳，勁草書房，1992．
14) デジタル・デバイドについては、次を参照。田村俊作"4.4　デジタル・デバイド." 田村編，前掲，p.217-221．なお、「高度情報通信ネットワーク社会形成基本法（IT 基本法）」(2001年) では、「利用の機会の格差の是正」とともに「利用の能力の格差の是正」が謳われている（第 8 条）。また、「情報格差（information gap）」は、デジタル・デバイドという言葉を持ち出すまでもなく、かつてから存在していたことは忘れてはならない。
15) 川崎良孝編『大学生と「情報の活用」：情報探索入門』増補版．京都大学図書館情報学研究会，2001．慶應義塾大学日吉メディアセンター編『情報リテラシー入門』慶應義塾大学出版会，2002．なお、両大学以外の事例については、雑誌記事・論文などのかたちで種々報告されている。
16) こうした取り組みは、他にも行なわれている。「テキスト」をまとめるという点では、例えば、東北大学や東京農工大学などでも、独自のものを作成して、学生に配布している。中小規模の大学での取り組みも注目しておきたい。
17) 学術審議会『大学図書館における電子図書館的機能の充実・強化について（建議）』文部省，1996．
18) Wayne State University Library. 〈http://www.lib.wayne.edu〉
19) 日本図書館協会図書館利用教育委員会編『図書館利用教育ガイドライン　大学図書館版』日本図書館協会，1998．次の図書に再録されている。日本図書館協会図書館利用教育委員会編『図書館利用教育ガイドライン　合冊版』日本図書館協会，2001．
20) 日本図書館協会図書館利用教育委員会編．前掲．
21) 日本図書館協会図書館利用教育委員会編『図書館利用教育ハンドブック　大学図書館版』日本図書館協会，2003．
22) 野末俊比古"米国における利用者教育の方向：大学・学校図書館の基準を中心に（動向レビュー）."『カレントアウェアネス』No. 268, pp.9-12, 2001.
23) ACRL Instruction Section. Guidelines for Instruction Drograms in Academic Libraries. 1996. 前版のガイドライン（1977年）は「Bibliographic Instruction」という名称を用いていた。なお、2003年に出された改訂版では、「高等教育のための情報リテラシー能力基準」（注(24)参照）を踏まえ、「情報リテラシー」を中核的概念に据えている。

24) ACRL. Information Literacy Competency Standards for Higher Education. 2000.（翻訳は次の文献にある。倉橋英逸ほか『Web 授業の創造：21世紀の図書館情報学教育と情報環境』関西大学出版部，2000.）ACRL Instruction Section. Objectives of Information Literacy Instruction. : A Model Statement for Academic Librarians 2001.
25) 「内部・外部の文脈」をはじめ、利用者教育をとらえる枠組みは、次の文献における議論を参照。小田光宏，柳与志夫"利用者教育における概念的枠組みの再構築：公共図書館における利用者ガイダンスへの展開."『図書館情報学会年報』Vol. 42, No. 3, p.135-147, 1996. なお、「大学コミュニティ」に留まらず、「社会全体」などを「外部」と設定することや、経時的に見ることなども必要であるが、本章の役割を超える。
26) 例えば、次のような教科書類が刊行されていることからもわかる。学習技術研究会編著『知へのステップ：大学生からのスタディ・スキルズ』くろしお出版，2002.
27) 日本図書館協会ほか監修『新・図書館の達人』（ビデオ）第1～6巻，紀伊國屋書店，1997-2002.
28) ここでいう「利用ガイド」とは、パンフレット・リーフレット形式の、いわゆる利用案内をいう。行為としての「利用案内」と区別するため、「利用ガイド」という表現を用いている。
29) ツール（メディア）については、サインシステムを含め、「広報戦略」と強く関連してくることを補足しておく。私立大学図書館協会東地区部会研究部企画広報研究分科会編『図書館広報実践ハンドブック』日本図書館協会，2002.
30) 亜細亜大学図書館では、映像関係のクラブに「委託」し、学生の手による図書館の利用案内の DVD を作成している。
31) 野末俊比古"利用者教育：『情報リテラシー』との関わりを中心に（研究文献レビュー）."『カレントアウェアネス』No. 278, p.15-18, 2003.
32) クールソについては、例えば次を参照。渡辺智山"利用者研究の新たな潮流：C. C. Kuhlthau の認知的利用者モデルの世界."『図書館学会年報』Vol. 43, No. 1, p.19-37, 1997. 利用者研究については、次も参照。田村編．前掲；三輪眞木子『情報検索のスキル：未知の問題をどう解くか』中央公論新社，2003.（中公新書）利用者教育が想定してきた、「目録、索引、書誌などの二次資料を用いて、関連文献をリストアップし、そのなかから有用なものを入手し、…」といった、いわば系統的な情報（資料）探索（収集）の方法は、ブラウジングをはじめ、数ある情報探索法のなかの1つに過ぎない、という利用者研究の知見は、今後の指導サービスにおいて重要である。
33) 野末俊比古"特論1　情報社会と学校：情報活用能力の育成を中心に."鈴木真理，佐々木英和編『社会教育と学校』学文社，2003, p.197-209.（シリーズ生涯学習社会における社会教育　第2巻）
34) 図書館職員に必要な「情報リテラシー」を提示した試みとして次の文献がある。堀川照代，中村百合子編著『インターネット時代の学校図書館：司書・司書教諭のための「情報」入門』東京電気大学出版局，2003.

第5章　図書館ポータル

逸村　裕

1　図書館ポータルとは

　今日、大学に敷設されたキャンパス情報ネットワーク（学内LAN）を基盤とした情報通信技術の進展と利用者の情報技術への浸透は大学における教育研究学習活動に大きな変化を与えつつある。教育研究に役立つウェブサイトの数は増加しつつあり、e-ラーニングへの取り組みも目立ってきている。ネットワーク基盤を活用した電子ジャーナルなどのフルテキスト情報源やオンライン・レファレンス資料の増加、アラート・サービス等は大学図書館の業務とサービス機能を大きく変えつつある。利用者側にもPC、PDA、携帯電話などさまざまな情報機器を活用しての情報利用行動の変容が見られる。

　総務省「平成15年通信利用動向調査」によると日本でのインターネット利用者は7,700万人、人口普及率は対前年比6.1％増の60.6％、ブロードバンド回線利用世帯は47.8％に及ぶ。日常生活においてサーチエンジンの使用は当たり前の光景となり、ネットショッピングも活発になっている。

　学術情報へのアクセスもこういったネットワーク環境でのサービス利便性と同様の対応を迫られることになる。図書館ポータルはこの変化に応える可能性の１つである。近年、図書館ポータルについて注目度が上がるにつれ、関係する文献、事例も増えている[1][2]。

　図書館ポータルとは利用者に対する図書館サービスの入口である。同時に構

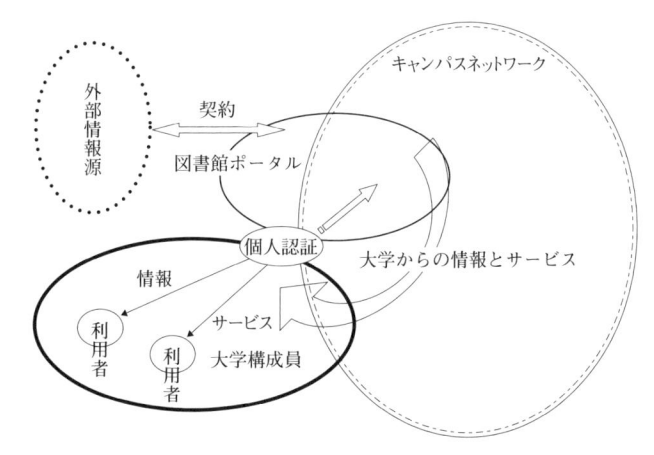

図5-1　図書館ポータルの概念

成員が外部電子情報源を利用する際の出口機能をも一元的に持つものである。図書館ポータルは図書館の目録、オンライン・レファレンス資料、電子ジャーナルや電子ブック等の学習教育研究資料等そして高品質なネットワーク情報源や契約により構成員が利用できる外部情報源へのアクセス機能を持つ。大学内外に散在する情報資源と情報システムを集約し、情報チャネルというユニットでエンドユーザーに提供するのがポータルである。

　ポータルは利用者の個人認証を行ない、個別要求に対応したサービスを行なう。この個別要求に応じる機能とは、利用者に共通する開館時間や新規導入サービスの通知に加え、利用者自らが複数のチャネルから自分用に選択し登録した情報の提供を受けることができることである。この機能の故に図書館ポータルは「図書館サービスの入り口であり出口」なのである。大学図書館はここで大学構成員各自のニーズを反映して情報源とサービスを提供することになる。その概念を図5-1に示す。

　利用者にとって、図書館ポータルを利用する手順は以下となる。
(1) 利用者は、自分のアカウントとパスワードを使用して、図書館ポータルにログインする。
(2) 図書館からの利用者共通情報（開館時間、新規サービス、ニュース等）が提供される。同時に、利用者があらかじめ選択し登録した情報と図書

側から学生、大学院生、教員など利用者ごとの属性による情報が提供される。

例えば、学生がログインを行なうと、その学生が受講している講義に関連する指定資料の変更情報、図書館から借りている図書の返却期限通知、相互協力文献複写の到着通知、アラート・サービスの結果等が表示される。

(3) 利用者自ら選択した、学習研究に必要なWWWのブックマーク、これまで検索保存した記録等が表示される。
(4) ネットワークで提供される新聞社のニュース、天気予報、イベント情報そしてサーチエンジン等を使用することもできる。
(5) いったんログインすれば、新たな相互協力や図書館が提供するオンラインDBなどの申し込みを再度、パスワード等を入力することなく、シームレスにアクセスすることができる。

ポータルは各ユーザーの顧客認証・管理により、個別にサービスを行なうところにその特徴がある。この機能はシングル・サインオンと呼ばれる。これら、図書館を拠点とする情報利用活動への統一的なアクセス手段となりうるものである。

2　図書館ポータルの背景

情報通信技術の進展と利用者の情報技術習得は大学における教育研究環境に大きな変化を与えつつある。大学において、情報技術を効果的かつ経済的に活用し、発展させていくことは今後の高等教育政策に不可欠になっている。

1996年科学技術基本計画[3]において「研究開発に係る情報基盤及び知的基盤の整備も欧米に比べ立ち遅れている」と指摘され、その後、情報基盤の整備に力が入れられ、多くの施策が行なわれてきた。しかし、今日においてもなお、多くの点で日本の現状は立ち遅れが見られる。

米国においては財政難の中、学術情報基盤ネットワークを活用した新規計画が多く取り上げられている。研究大学からコミュニティ・カレッジまで幅広く全米1800大学が参加している「Campus Computing Project」によると、2003年時点で全米の大学は「無線LANの時代」になっている。無線LANに

関する戦略構成案を45.5％の大学が計画しており、部分的整備をすませているものが77.2％、整備が完了している大学は14.2％に及ぶ。これに対応して、必要な情報を自分で編集、集中させ、動的に変化する情報への玄関口である大学ポータルの稼働も年々増え、2002年には21.2％であったものが2003年には28.4％に増加している。学生のオンライン履修登録も年々増え、2003年には76.6％に及んでいる[4]。

この学術情報基盤を活かしたコンテンツ利用も多様な形で展開されている。2001年マサチューセッツ工科大学が発表した教材をネット上で公開するOCW（Open Course Ware）はすでに33分野で500科目を超える数の教材が提供されている[5]。ライス大学においてもCONNEXIONSと呼ばれる教材活用システムが稼動している。ミシガン大学、インディアナ大学、マサチューセッツ工科大学、スタンフォード大学では共同プロジェクトしてSAKAI Projectを開始し、教材に関するオープン・ソフトウェアの発展と共有を目指している[6]。大学と研究機関で生産された電子的知的生産物を収集保存発信するためのインターネット上の保存書庫である機関リポジトリもマサチューセッツ工科大学のDspaceなどで誕生しつつある。日本においては千葉大学での機関リポジトリの実験的な展開がある（第8章「機関リポジトリ」参照）。

またブラウン大学、ワシントン大学、オハイオ州立大学、カーネギーメロン大学、マサチューセッツ工科大学、カリフォルニア大学が参加するShibbolethのような認証管理に関わる共同作業も始まっている[7]。

しかし、日本においては、ネットワーク上に大量の教育研究情報資源が存在するにもかかわらず、それらの多くは分散し、標準化されることもなく、その存在と所在を確認することが難しい。

1990年代後半から急速に普及してきた電子情報資源においても、電子ジャーナル導入こそ、国立大学図書館協議会電子ジャーナル・タスクフォースの活動等により、一部の大学においては諸外国大学に追いついてきたが（第10章「電子ジャーナル」参照）、数万タイトルと言われる電子図書の導入と活用においては、日本の大学は立ち遅れている。また先に挙げた教材開発においても個別の努力にとどまり、大きく後れをとっている。多くの電子図書館的機能もそのコンテンツ発展に限界を生じ、標準化とオープン化が進んでおらず、ポータル機

能を活用した例は見られない。

　国立情報学研究所（NII）では学術情報のポータルサイトを目指し、各大学からのデータ登録によりデータベース構築をすすめ、大学 Web サイト資源検索（JuNii 大学情報メタデータ・ポータル）を試験提供している。しかし、そこに登録されている件数は全体で61,779件、そのうち北海道大学が45,152件と全体の73％を占め、東京大学513件、京都大学516件、名古屋大学1,198件となっている。公私立大学の登録件数も僅かな数にとどまっている[8]。これは人手による作業という困難さとともに、研究者側の登録への動機づけの低さによるものと考えられる。

3　図書館ポータルの提供するサービス構成要件

　ポータルの考え方は1997年に Yahoo、Alta Vista、といったサーチエンジンなどでゲートウェイページに利用者が各自でパーソナライズできるサービスを提供しはじめたことから始まる。

　図書館ポータルに要求されるサービス構成要件には未確定なものがあるが、図書館の仕事は、一貫して情報源に関わる情報基盤的管理業務である。図書館がその管理業務を行なった方が個人や分散した形で他組織が行なうよりも有利という前提で情報やサービスをワンストップで利用できるようにするシステムとすべきである。

　図書館ポータルを活用することにより、図書館は利用者個々の情報を収集分析し、利用者への適切なサービス提供を行なうことができる。ここに従来からの図書館ウェブサイトと異なる点がある。今日、多くの図書館が提供している「ウェブサイト」においても目録検索機能など図書館サービスの一部が含まれているが、その多くは図書館サービスの情報を提供する手段にとどまっている。またウェブサイトで展開できるサービスが増えるにつれ、そのわかりやすいアクセス手段が求められることにもなる。図書館ポータルは、図書館が提供する様々な情報やサービスをネットワーク上、ワンストップで利用できるようにするものである。もちろんこの機能は利用者のプライバシー保護と密接な関係があり、運用にあたっては運用指針の公表と適切な運用が必要である。

第5章　図書館ポータル

　図書館ポータルを構成する機能については、統一したものはなく、多様のものが議論の対象になっている。

　米国議会図書館ポータル・アプリケーション検討グループ（The Library of Congress Portals Applications Issues Group: LCPAIG）は、2003年に図書館ポータルに求められる機能のリストを案として公表している。このリストでは、(1) 一般的な要件、(2) クライアント要件、(3) 探索と探索結果に関する要件、(4) ヘルプや表示機能に関する要件、(5) 対象サービスの知識ベース、(6) 利用者認証、(7) ポータル経営とベンダーサポートの7項目に分けて、ポータル・アプリケーションの様々な要件が必須なものと望ましいものとに分けて示されている[9]。

　研究図書館協会（Association for Research Libraries: ARL）の調査によるポータルサービス機能としては以下8点が挙げられている[10]。

　a. オンライン・レファレンス・サービス
　b. 相互協力サービス
　c. OPAC
　d. 遠隔課金サービス
　e. 電子メールへのアクセス
　f. 機関サービスへのアクセス
　g. 電子ジャーナルへのアクセス
　h. 電子ブックへのアクセス

　これらのサービスとコンテンツへのアクセスは、情報環境の変化によって大きく変わることが予想される。

　日本においては、京都大学附属図書館が2003年10月より試行的に「京都大学MyLibrary」を提供している。ここでの図書館ポータルは、京都大学構成員ひとりひとりのためにつくられたWeb上の図書館として、インターネットを通じてアクセスできる資料・資源・検索ツールなどを書斎や勉強部屋のように整理し、ワンストップで便利に使える新しいツールである、と定義している。「京都大学MyLibrary」は自宅にとどまらず国外からでもアクセスできる。図書館が選んだ研究学習に関係のあるインターネット・サイト、電子ジャーナルやオンライン・データベースのリストから各自は自分に必要なサイトを選んで

オリジナルなリンク集を作り、MyLibraryに保存し、利用する、という形態をとっている。「京都大学OPAC」、また他の図書館OPACとの横断検索、図書館からのニュース、新着資料の情報、借出中の図書情報等を確認することができる[11]。

4 まとめ

図書館ポータルにより期待できる効果をまとめると以下になる。
(1) 豊富な情報資源の提供
(2) 携帯性 ウェブブラウザが使える環境であれば国内外どこにいても利用することができる
(3) カスタマイズ：学部生・大学院生・教員それぞれの状況に応じた情報環境構築ができる
(4) 動的な情報環境構築が可能
(5) 常に新しい情報に対応できる

このような図書館ポータルの機能を見ると、今後発展していくであろう「大学ポータル」との差異をどのようにつけるかの問題も生じる。大学構成員であれば、大学における必要情報を図書館と同様に大学の教務・経理等さまざまな機能と共にシームレスに使いたい、というのは当然のこととなる。

例えば、名古屋大学では図書館ポータルではなく、「大学ポータル」の一部に図書館サービス機能を取り込む形を検討している。利用者は「名古屋大学ポータル」にログインすることにより、カスタマイズすることのできる個人専用ページを利用する。その個人ページにはカスタマイズされた電子メール、内外のニュース速報、大学や図書館からのお知らせ等を利用者個人の好みの形で排列することができる。ここでの利用者のメリットは名古屋大学ポータルに対してのシングル・サインオンにより、大学ポータルが提供する複数のサービスをシームレスに使用することができることにある。これにより、履修登録、受講しているオンラインコース管理システムにより提示された図書館から提供されているオンライン・レファレンス資料、電子ジャーナルそして電子図書などの教材を直ちに利用し、講義内容およびその他の資料と連動させてレポート作成

表5-1 Campus Computing Project での項目評価（7＝優れている～1＝よくない）

項目	州立総合大学	私立総合大学	四年制公立大学	四年制私立大学	短期大学	全体
コンピュータネットワーク	6.1	5.9	6.0	5.8	5.9	5.9
オンライン・レファレンス資料	5.8	5.6	5.7	5.6	5.4	5.6
テレコミュニケーションシステム	5.8	5.3	5.4	5.2	5.1	5.3
利用者支援サービス	5.3	5.1	5.3	5.4	5.4	5.3
ネットワーク・セキュリティ	5.3	5.0	5.2	5.1	5.2	5.2
ウェブ資源への支援指導	5.4	5.0	5.2	4.9	4.9	5.0
教員への情報技術訓練	4.6	4.5	4.6	4.6	4.0	4.5
キャンパスウェブ	4.8	4.4	4.6	4.3	4.2	4.4
無線ネットワーク	4.6	4.8	4.1	3.9	3.8	4.1
学生への情報技術訓練	4.5	4.3	4.0	4.1	4.3	4.1
E-commerce	4.2	3.4	3.8	3.2	3.4	3.6
キャンパス・ポータル	4.0	3.5	3.5	3.2	3.2	3.4

を行なえることになる[12]。

　図書館ポータルを十全に活用するためには、図書館の目標としてサービス戦略を明らかにし、不断の努力による各種情報源の提供とサポート、そしてそれがふんだんに活用できるための余裕ある情報基盤の整備と個人情報の保護を念頭においた情報基盤の確立という人的・物的両面にわたる高度な展開が必要となる。情報機器の進展は著しく、今後はPCだけではなく、携帯電話やPDAなどマルチデバイスへの対応も迫られることになる。

　先に挙げた「Campus Computing Project」では大学における情報基盤の各項目について利用者による評価を行なっている（表5-1）。7点満点で行なわれた調査では最も評価が高かったものは「コンピュータ・ネットワーク（5.9点）」、2位は「オンライン・レファレンス資料（5.6点）」であった。しかるに「ポータル・サービス（3.1点）」と最低の評価であった。

　基盤整備とコンテンツ充実の狭間で米国においても、ポータルのようなサービス基盤はまだ発展途上であることが見受けられる。

　図書館を含め、学術情報基盤の整備計画は、実際に大学構成員が日々生活し

ている情報基盤でいっそうの快適さ、便利さを享受できるものであるよう努めるべきである。またその情報基盤は過去から積み上げられてきた多くの情報資源と調和の取れたものであり、かつ情報倫理にかなうものでなければならない。

今後、大学の財政事情は国公私立を問わず厳しいものとなる。その限られた投資資源の中で、ポータル環境はきちんとした情報戦略の下で運用されれば、業務の効率化と費用対効果、便益ともにすぐれたものとなりうる。そして大学構成員の教育研究学習活動がいっそう便利になり、またあらたなコミュニケーションを生む場となるようポータル機能を活かすべく努力が必要である。

注・引用文献
1) 永田治樹"サービス戦略としての図書館ポータル."『情報の科学と技術』Vol. 51, No. 9, p.448-454, 2001.
2) "特集 ポータルと図書館WWWサービス個人化."『大学の図書館』No. 363, p. 18-30, 2004.
3) 科学技術基本計画.〈http://www.mext.go.jp/b_menu/shingi/kagaku/kihonkei/honbun.htm〉(last access 10/1/2004)
4) Campus Computing Project 2003〈http://www.campuscomputing.net/〉(last access 10/8/2004)
5) MIT OCW〈http://ocw.mit.edu/index.html〉(last access 10/1/2004)
宮川繁著,高木和子訳"1年を経たMITのオープンコースウェア."『情報管理』Vol. 46, No. 12, p.797-803, 2004.
6) The SAKAI Project Prospectus.〈http://www.sakaiproject.org/sakaiproject/〉(last access 10/1/2004)
7) Shibboleth Project〈http://shibboleth.internet2.edu/〉(last access 10/1/2004)
8) 大学Webサイト資源検索(JuNii 大学情報メタデータ・ポータル).〈http://ju.nii.ac.jp/〉(last access 10/15/2004)
9) Library of Congress Portals Application Issues Group. *List of Portal Application Functionalities for the Library of Congress. First Draft for Public Comment, July 15, 2003.*
〈http://www.loc.gov/catdir/lcpaig/portalfunctionalitieslist4publiccomment1st7-22-03revcomp.pdf〉(last access 10/5/2004)
10) Wetzel, Karen A. Portal Functionality Provided by ARL Libraries: Results of an ARL Survey. *ARL Bimonthly Report* 222
〈http://www.arl.org/newsltr/222/portalsurvey.html〉(last access 10/5/2004)
11) 京都大学 MyLibrary について.
〈http://www.kulib.kyoto-u.ac.jp/MyLib/enter.html〉(last access 10/15/2004)
12) 梶田将司"名古屋大学ポータルへのWebCTの統合."『名古屋大学情報連携基盤センターニュース』Vol. 2, No. 4, p.405-410, 2003.

第6章　メタデータ・データベースの構築

伊藤真理・杉田茂樹

1　はじめに

　情報資源発見のために機能するメタデータ[1]、すなわち狭義での目録は、図書館の最も重要なサービスの1つである。情報の電子化がもはや一般化している今日では、同じ内容の情報資源に対する複数の異なるバージョンの存在、コレクションの一部と同一コレクションに含まれる他の情報資源との関係性、独立して存在するある情報資源の部分間の関連づけなど、多角的な情報の記述が必要となっている。適切なメタデータを作成することによって、非電子化資料も含めた有用情報や関連資料の同定・識別、正確な情報資源間の関係性を把握した検索や、異なる利用目的を持つ人々のニーズに対応した情報の探索を行なうことができる。

　電子情報資源を目録対象とする場合、従来の目録に対する考え方を検討すべきいくつかの問題がある[2]。権利管理や保存など、従来の書誌情報から欠落している情報を含めるべきか、パッケージ型資料とネットワーク情報資源を統合してメタデータを作成・提供するのか、どの程度詳細なデータが必要か、メタデータの汎用性よりも個別の図書館の機能を重視したメタデータを作成するのか、メタデータ作成において多様な外部機関との連携をめざすのか、などである。

　本章では、メタデータの概要[3]を説明するとともに、上記の問題に対してど

のような取り組みがなされているのかについて検討する。第3節で、国内での試みとして国立情報学研究所（NII）の「メタデータ・データベース共同構築事業」の事例を紹介する。

2　概要

2.1　メタデータの種類

メタデータは下記の4種類から構成され[4]、それぞれ固有の機能を持つ。

(1) 記述的（descriptive）メタデータ

情報資源を記述または識別するためのメタデータで、例えばタイトルや作成者、キーワードなどの目録レコードや索引データがあてはまる。

(2) 構造的（structural）メタデータ

あるまとまりを持つ電子媒体の構造や関係性に関するメタデータで、ある雑誌と掲載論文、ある章と関連ページの関係などを指す。

(3) 管理的（administrative）メタデータ

ファイルの種類や権利管理、技術的な情報などの情報資源の管理に関するメタデータ。ハードウェアやソフトウェアに関するシステムの機能についての technical metadata と、利用者の統計など情報資源の利用についての use metadata がここに含まれる場合がある。

(4) 保存（preservation）メタデータ

情報資源の保存管理に関するメタデータで、情報資源の物理的な状態や保存のための方策などが記録される。

このようにメタデータは、複雑な要素を含みうるものであり、自動的に生成される情報と、人手によって作成されるメタデータ、情報資源の作成者自身によるメタタグや第三者によるものなど、さまざまな特徴を持つ。

2.2　メタデータの原則

メタデータ作成のためには、相互運用性と国際化への理解が不可欠となっている。デュバルら（E. Duval et al.）の論文[5]では、メタデータの原則として下記の4つの重要性があげられている。

- メタデータ・フォーマットの相互運用性を鑑みた場合、異なるメタデータ基準の要素を相互に応用可能にすること（modularity）
- データベース設計者や利用者のニーズに適合するように、拡張可能な基本的なスキーマを構築すること（extensibility）
- メタデータ要素の限定子の追加など、データベース設計者が記述の詳細さのレベルを選択できること（refinement）
- 文化や言語の多様性を反映させて基準を作成すること（multilingualism）

　これらの原則を実現するために、メタデータ自体の構造（structure）、記述形式（syntax）と意味（semantics）の理解[6]や記述対象の詳細さのレベル（粒度 granularity）の検討などとともに、アプリケーション・プロファイルの作成、メタデータ・レジストリの構築が行なわれている。

　アプリケーション・プロファイル[7]は、ある特定の分野での利用の特殊性に適するように、メタデータ要素の利用や定義をカスタマイズしたメタデータ・セットである。該当するアプリケーション・プロファイルで参照しているメタデータ要素やメタデータ記述に使用される語彙などに関する名前空間（namespace）[8]が示されている。ダブリンコア（Dublin Core: DC）フォーマットを用いた例では、教育分野[9]や図書館分野[10]のアプリケーション・プロファイルが作成されている。アプリケーション・プロファイルを利用することによって、その分野で共通して必要とされるメタデータ要素の定義を明確にすることができ、また既存の名前空間で定義されている要素を応用することによって互換性を維持することが可能である。

　新たにメタデータを構築する技術者やメタデータ作成者は、情報作成者や利用者のニーズに最適なメタデータを検討する必要があり、同時にそこでは最新版のメタデータ・スキーマの適用がなされるべきである。個々に存在する類似のメタデータ・スキーマに関する情報、各スキーマの要素の定義や構造に関する情報、スキーマ間の相互運用性についての情報などを一覧、参照、検討することが可能となるように公開することは、新規参入者にとって非常に有用である。こうした機能を果たすものとして、CORES Registry[11]やROADS Metadata Registry[12]などが構築されている。これらのレジストリでは、既存のメタデータ・スキーマに関する情報、記述要素の定義と使用、名前空間への

マッピングなどの情報を提供している。

異なるメタデータ記述フォーマット間の相互運用性を確保するために、後述するクロスウォークの作成やネットワーク・プロトコルが利用されている。

2.3 メタデータの記述

メタデータの記述には、メタデータ作成の目的に応じてさまざまなフォーマットが存在する[13]。ミュージアム・図書館サービス振興機関（Institute of Museum and Library Services: IMLS）は、『優れたデジタル・コレクション構築の手引きのフレームワーク』[14]の中で、優れたメタデータについて6つの原則をあげている。ここでいう「優れた」とは、有用性、アクセス性、および利用対象者の利用に適しているレベルであるという意味である。

- 優れたメタデータは、コレクションに含まれる情報、コレクションの利用者、電子化資料の適切な利用に対して相応しいものであるべきである：DC、EAD（Encoded Archival Description）、CIMI（Consortium for the Computer Interchange of Museum Information）など、どのメタデータ・スキーマを選択するかは、コレクションがどのような利用に供されるかによって異なる。類似分野で使用されているスキーマの検討や、記述の粒度についても検討しなければならない。
- 優れたメタデータは、相互運用性を保証する：標準化されたスキーマを用いることによって、メタデータ・レコードの交換や取り込みが容易となる。独自のスキーマが必要な場合には、クロスウォークの作成によって相互運用性を可能とする。
- 優れたメタデータは、情報資源の内容を反映するために標準化された統制語彙集を用いる：意味的な互換性の観点から、情報の主題内容は、LCSH（Library of Congress subject headings）、AAT（Art & Architecture Thesaurus）などの標準化された語彙集を用いて記述するべきである。
- 優れたメタデータは、電子情報資源の利用条件などが明記されている：利用者は情報のアクセス権や公正利用について、周知されるべきである。
- 優れたメタデータは、それ自身が電子情報資源であり、持続性や識別性などにおいて高い質を持つものであり、検証可能である：メタデータ作成機

第6章　メタデータ・データベースの構築

関が明らかであること、標準化のために依拠した情報など、利用者がメタデータの質を評価できる情報を提供しなければならない。
- 優れたメタデータは、コレクション中の電子化資料の長期的な管理を促進する：保存やアクセスに関する情報、フォーマットやファイルサイズなどの技術的なメタデータは、継続的な情報の利用可能性のために必要である。

　IMLS の報告書では、上記の各原則に関して、具体的なプロジェクトや情報源などを例示している。優れたデジタル・コレクションは、これらの原則に則ったメタデータによって、より容易に発見され、利用が高まるのである。

　従来、図書館では MARC フォーマットによる書誌レコードの記述を行なってきたが、電子情報資源に対応するため、MARC21にフィールド856を追加するなど、情報媒体の多様性に対応してきた。しかしながら、MARC では構造的メタデータと管理的メタデータに関して、適切に記述し得ていない。異なる形式のメタデータを統合して検索可能とするために、情報検索の観点からXML によるデータの作成の要望が強まった。これまでの図書館の豊富な MARC 書誌レコードとの互換性を高めるために、米国議会図書館（Library of Congress: LC）は MODS（Metadata Object Description Schema）を開発した[15]。MODS は、MARC 形式よりも簡潔な要素によって構成される XML 形式のスキーマで、MARC データを完全に変換する MARCXML に比べて柔軟性を持っており、DC よりも詳細なデータ要素を保持することが可能である。LC American Memory プロジェクト[16]、Minerva プロジェクト[17]、カリフォルニア・デジタル図書館[18]などで用いられている。

　電子情報資源を対象としたさまざまな記述フォーマットについては、数多くの文献を参照することができる。一般的なメタデータ・スキーマとしては、上述の MARC や MODS の他に、国際標準書誌記述（International Standard Bibliographic Description: ISBD）、DC があげられる。特定分野を対象としたメタデータ・スキーマとして、ISAD (G)（General International Standard Archival Description）、APPM（Archives, Personal Papers, and Manuscripts）、EAD、TEI Headers（Text Encoding Initiative Headers）、GILS（Government Information Locator Service）、ONIX（Online Information eXchange）などがある。

現在、電子情報資源の記述フォーマットには、標準的な共通性を保持するDC[19]を用いることが主流となっている。DC は、主題分野を問わず文字資料を対象とした情報資源の発見のために開発された[20]。基本となる15の要素、すなわちダブリンコア・メタデータ要素セット（Dublin Core Metadata Element Set: DCMES）から構成されている。DCMES は、2001年に ANSI/NISO Z39.85-2001として規格化された後、2003年に ISO15836として国際規格としても認められた。現在、国内で JIS 規格化が検討されている。MARC フォーマットなどとは異なり、DCMES には必須項目はなく、どの要素も任意であり、繰り返し使用できる。より詳細な記述や多様性に対して拡張可能で、表示の順序も定められていない。こうした DC の基本的な原則が、国際的で一般的な実行可能性を持つメタデータ・スキーマの標準として浸透した要因となっている。DC には3つのレベルがある。すなわち、基本的な15要素のみのセットである Unqualified Dublin Core（Simple Dublin Core; Dublin Core Simple: DCS とも呼ばれる）、各要素に限定子（qualifier）を設けることによって、各要素について複数の詳細な定義付けによって要素の拡張を行なう DCQ（Qualified Dublin Core）と、例えば DC-Library Application Profile のように、DCMES を基本として当該分野に必要とされるメタデータ要素の運用を図る Community Dublin Cores である。DC を利用した主要なプロジェクトは、DC メタデータ・イニシアティブ（DCMI）のウェブサイト[21]で一覧できる。

　MARC フォーマットと DC などによるメタデータ作成の基本的な違いは、後者では、各コミュニティがそれぞれの固有の利用やニーズにあったフォーマットによって、メタデータ・データベースを作成、維持管理している点にある[22]。それらは AACR2のような厳密な規則に則っているわけではなく、総合目録も存在しない。そのため、お互いのメタデータ・データベース間の横断的な情報資源の検索、発見を相互運用性に依存している。クロスウォークの作成によるフォーマット間の互換性の検討は、その方法の1つである。MARC と DC のクロスウォーク[23]や、DC とその他のさまざまなメタデータ・フォーマット間でクロスウォークが作成されている[24]。

　複数の書誌データベースの横断検索を可能とするために、ネットワーク・プロトコルである Z39.50に対応させることが試みられている。Resource Discovery Network (RDN)[25]、Arts and Humanities Data Service (AHDS)[26]、the European Library (TEL) プロジェクト[27]、eLib プロジェクトの Clumps プロジェクト[28]などで用いられている。

OCLC の目録システム Connexion[29]では、DC と MARC を記述フォーマットとして選択することを可能としている。DC で記述されたレコードを、総合目録データベースに登録、管理することで、従来の書誌レコードと同様に、典拠コントロールによってメタデータの品質を維持することが可能となった。また、各参加機関のデジタル・アーカイブの作成や、電子的パスファインダーと書誌データとのリンクも行なうことができる。Connexion は、これまで MARC で記述されてきた書誌データを無駄にすることなく、新たな記述フォーマットとの相互運用性を実現している。

2.4 記述のレベル

電子情報資源は、従来の資料の捉え方を変化させている[30]。メタデータが実体のさまざまな種類やレベルに対して用いることができるため、記述自体も簡素なものから詳細なものまでレベルがかなり曖昧になっている。国際図書館連盟 (The International Federation of Library Associations and Institutions: IFLA) の FRBR (Functional Requirements for Bibliographic Records)[31]は、実体のレベルによって必要とされるメタデータを検討する上で重要なモデルを提示したが、電子情報資源についても、FRBR に基づく基本的なメタデータ要素を提案した『電子情報資源のメタデータに関する手引き』の草案[32]を公開して広く意見を求めている。

FRBR モデルで言及されていない点に、コレクション・レベルの記述がある[33]。コレクション単位での情報の存在を発見可能とするために、コレクション・レベルを1つの記述対象としてみなしてメタデータを作成することが必要となる。eLib プロジェクトの一環の RIDING では、コレクション・レベルの記述に関するメタデータ要素のモデル[34]が作成された。コレクション中の媒体を問わず、標準化された方法でコレクションを記述することによって、求められるコレクションが納められている場所およびアクセスに関する情報、複数のコレクションを横断的に検索すること、利用者の好みに応じた検索方法が

検討された。記述要素は、DCMES を含む29から成り、コレクションの所有者（機関）、出所、アクセス、管理、サービスの利用制限などが新たに加わり、必須要素などが定められている[35]。RIDING のコレクション・レベル記述のスキーマは、ハイブリッド・ライブラリー・プロジェクト Agora[36]と Music Libraries Online[37]で開発が継続されている[38]。また、UK Research Support Libraries Programme（RSLP）は、RDF（Resource Description Framework）によるコレクション・レベル記述のスキーマを開発している[39]。

3　NII「メタデータ・データベース共同構築事業」

3.1　概要

　インターネット利用の爆発的な普及を背景とした情報環境の変化は目覚ましく、ネットワーク上に存在する学術情報資源の取り扱いは、大学図書館にとっての大きな課題となっている。大学は、教育研究活動の成果を広く公開し、社会に還元していくことを強く求められてきている。文部科学省科学技術・学術審議会研究計画・評価分科会情報科学技術委員会デジタル研究情報基盤ワーキング・グループは、「学術情報の流通基盤の充実について（審議のまとめ）」[40]で、大学からの学術情報発信において図書館が中心的役割を担うべきであるとしている。

　こうした動きに鑑み、NII は2002年度からネットワーク上の情報資源の組織化を推進し、併せて大学からの学術情報発信機能の強化を支援する事業として、「メタデータ・データベース共同構築事業」[41]を開始した。本事業は、全国の大学が発信する情報資源を中心としたネットワーク上の学術情報資源の総合目録を、共同分担入力によって構築するものである。同時に、各大学における情報発信システムの構築を支援することを目的としている。

3.2　収録対象

　事業開始にあたり、大学図書館職員を中心とした調査分析作業を基にして、各大学が発信する情報資源を分類整理した。「ネットワーク情報資源のメタデータ・データベース（仮称）に関する小委員会」による検討を経て、データベ

第6章 メタデータ・データベースの構築

表6-1 メタデータ・データベースの収録対象

大分類	小分類
研究成果	論文(逐次刊行物(電子ジャーナル、紀要類)に掲載された論文、学位論文、テクニカルレポート、科学研究費補助金研究成果報告、プレプリント等)
	論文以外の研究成果(一般向けの研究概説・解説、医療情報、資料解題、電子教材等)
研究成果リスト	逐次刊行物(電子ジャーナル、紀要類)
	論文リスト
	プロジェクト関連情報
	学術的なシンポジウム、講演会、研究会、公開講座等の内容記録・予稿集
研究資源	実験データ、統計データ、フィールドワーク報告
	ソフトウェア
	電子的な辞書、データセット
研究者・研究機関情報	研究者個人のページ
	研究室トップページ
	研究者情報リスト(教官一覧、研究者プロフィール、著作・論文リスト、研究者情報データベース)
教育情報	講義情報リスト(シラバス、講義内容要約、議事録)
	電子教材リスト
図書館情報	図書館・室トップページ
	図書館資料・コレクション等の案内・紹介・リスト
デジタルミュージアム	デジタルミュージアム、電子展示
参考情報	データベース(画像データベース、文献データベース、図書館内の特定コレクション等)
	文献目録、文献索引
	WWWリンク集、電子ジャーナル集
	メーリングリスト
広報資料	機関のトップページ
	下部組織(学部相当)のトップページ
	機関広報資料(要覧、広報誌、ニューズレター、機関史、自己点検評価報告書等)

表6-2 採録の基準（抄）

内容	内容を的確に表現するタイトルが付与されているか、あるいは的確なタイトルを補記できる程度に内容的なまとまりがあるか、ステイタス（構築中、サンプルデータのみ提供、等）がわかるようになっているか、等。
信頼性	作成者（個人、団体）が明示されているか、アクセスが安定しているか、等。
鮮度	含まれるリンクに、デッドリンクの割合が著しく高くないか、（更新不要なアーカイヴ、研究論文等は別として）適宜、的確な更新がされているか、維持・管理が放棄され、放置されてはいないか、等。

ース収録対象と採録の基準を定めた（表6-1参照）。

　大学がネットワーク上に公開している情報は多種多様であり、機関外・学外から利用できないものや、短期的・限定的な情報、軽微な情報は除外した。また、採録にあたっては、アクセスの安定性や最新性維持の有無などについて、若干の外形的な評価を行なうこととしている（表6-2参照）。

3.3　メタデータ記述要素

　本事業では、「NIIメタデータ記述要素」（表6-3参照）[42]を定めている。NIIメタデータ記述要素は、DCMESの15項目に準拠している。

　DCMESに対するNIIメタデータ記述要素の主要な拡張点について、以下に示す。

　(1) 典拠ファイルとのリンク

　メタデータ要素として記録する人名や団体名が、「国立情報学研究所目録所在情報サービス総合目録データベース（NACSIS-CAT）」上の著者名典拠ファイルに存在する場合、同ファイルとリンクして記録することができる。これにより、同ファイル上の別の表記形（別名、略称など）からも検索が可能となる。

　(2) ヨミの付与

　主要な要素（Title、Creator、Publisher、Contributor）が日本語の場合は、Transcription限定子を用い、ヨミを付与する。ヨミを付与された要素は、OAIメタデータ・ハーベスティング・プロトコル（Open Archives Initiative Protocol for Metadata Harvesting: OAI-PMH）を通じたメタデータ流通の際に、自動的にローマ字変換される。これにより、海外でのメタデータの利用可用性の向上が期待される。

第6章　メタデータ・データベースの構築

表6-3　NII メタデータ記述要素

要素	内容	適用可能な限定子	適用可能なスキーム
Title (タイトル)	当該情報資源に与えられた名前	なし Alternative Transcription	なし
Creator (作成者)	当該情報資源の内容の作成に責任を持つ個人または団体	なし Alternative Transcription	なし NC
Subject (主題)	当該情報資源の内容の持つ主題	なし	なし LCSH NDC ほか7種類の分類・件名表[43]
Description (内容記述)	当該情報資源の内容に関する説明	なし	なし
Publisher (公開者)	当該情報資源を利用可能にしたことに責任を持つ個人または団体	なし Alternative Transcription	なし NC
Contributor (寄与者)	当該情報資源の内容への寄与に責任を持つ個人または団体	なし Alternative Transcription	なし NC
Date (日付)	当該情報資源の作成・更新に関する日付	なし Created Modified	W3C-DTF
Type (資源タイプ)	当該情報資源内容の性質および種類	なし	NII DCMI
Format (フォーマット)	当該情報資源の物理形式またはデジタル化形式	なし	IMT
Identifier (資源識別子)	当該情報資源を一意に識別する文字列または番号	なし	ISSN ISBN DOI URL
Source (情報源)[44]	当該情報資源を作り出す元になった別の情報資源に関する情報	なし	なし ISSN ISBN URL
Language (言語)	当該情報資源の言語	なし	ISO639-2
Relation (関係)	当該情報資源に関連する他のリソースへの参照	Is Version Of ほか、DCMIが提唱する全12の限定子[45]	URL
Coverage (範囲)	当該情報資源の知的内容に関する空間的(地理的)あるいは時間的範囲	なし Spatial Temporal	なし
Rights (権利関係)	当該情報資源に関する権利に関する情報	なし URL	なし
Institution[46] (機関名)	当該情報資源を提供している機関	なし	なし
Comment (備考)	備考	なし	なし

(3) 独自資源タイプ(「NII 資源タイプ」)

Type 要素の独自語彙リストとして、「NII 資源タイプ」を使用する。NII 資源タイプは、データベース収録対象である学術情報の種別を表す独自分類で、情報資源が論文か、研究室のホームページかといった情報を端的に表現できる。

3.4 データベース構築

データベース構築は次の2つの方法で行なう。
- 大学側情報発信システムとのシステム間連携による一括的なメタデータ交換
- 大学側メタデータ作成担当者による個別入力

一括的なメタデータ交換とは、本事業の別の機能である参加機関のリポジトリの構築と運用を支援することによって、機関リポジトリからのデータ収集機能を備える。

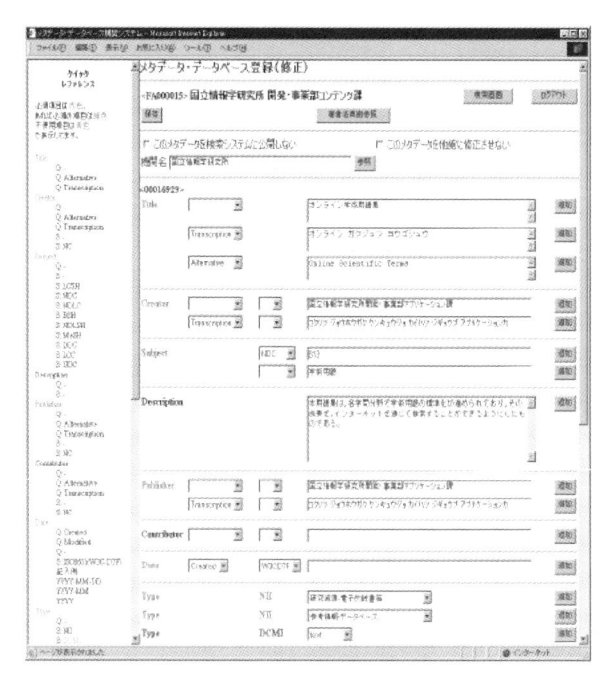

図6-1 メタデータ入力画面

第6章 メタデータ・データベースの構築

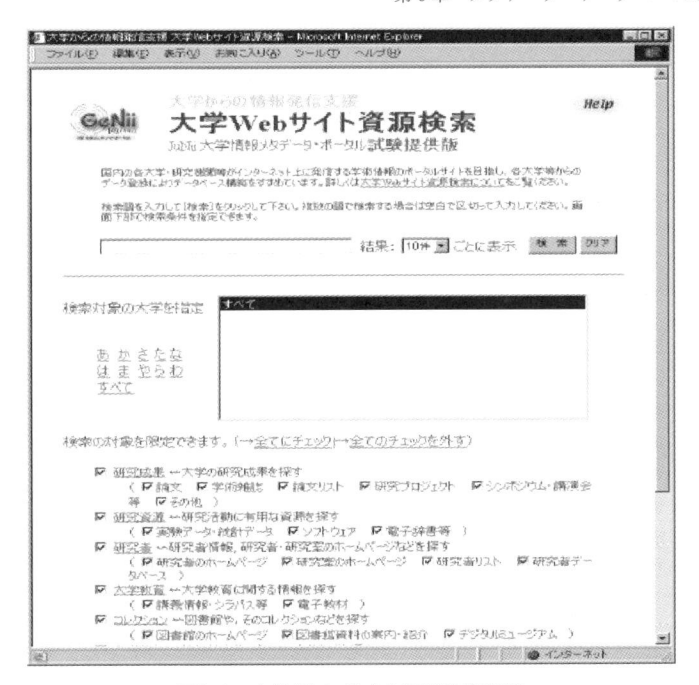

図6-2 大学Webサイト資源検索画面

　個別入力は、WWW ブラウザを利用して専用のメタデータ作成画面を通じ入力を行なう（図6-1参照）。
　なお、大学の教育研究成果は多岐の言語によると考えられることから、文字セットとして国際符号化文字集合（Universal Character Set）を採用し、多言語によるメタデータ記述が可能となっている。

3.5　事業の現況

　2004年2月現在、本事業には266機関が参加し、61,256件のメタデータが登録されている（表6-4、表6-5参照）。「特殊コレクション」とは、大学図書館による電子化資料の既存メタデータを一括導入したものである[47]。また、2003年度から、NII が実施している学術情報データベース実態調査に基づいた全国のデータベース情報を搭載した。登録されたメタデータは「大学Webサイト資源検索」[48]から試験公開中である（図6-2参照）。

79

表6-4 参加機関数

2004年2月現在

国立大学	70機関
公立大学	16機関
私立大学	107機関
短期大学	26機関
高等専門学校	19機関
大学共同利用機関、公立図書館等	28機関
合計	266機関

表6-5 資源タイプ別メタデータ登録件数

2004年2月現在

研究成果（論文等）	3,848件
研究資源（実験データ等）	329件
研究者情報	1,895件
教育情報（シラバス等）	105件
図書館情報	245件
参考情報（DB等）	3,028件
大学広報	853件
特殊コレクション	50,953件
合計（複数のタイプに属するデータがあるため、各種別の合計値と異なる）	61,256件

3.6　今後の展開

　国立大学図書館協議会（当時）は、2003年5月「電子図書館の新たな潮流－情報発信者と利用者を結ぶ付加価値インターフェース」[49]を発表した。この中で、新世代の電子図書館を構成する機能として機関リポジトリによる学内学術情報の発信強化、サブジェクト・ゲートウェイによるインターネット情報資源へのナビゲーションなどを挙げている。こうした大学図書館の動きと並行して、NIIでは、「ネットワーク情報資源のメタデータ・データベース（仮称）に関する小委員会」において、今後の事業の進め方に関し、機関リポジトリ・ポータル（NII Institutional Repository Portal: NII-IRP）および総合サブジェクト・ゲートウェイ（NII Union Subject Gateway: NII-USG）の構築を重点課題とする

方針案を作成した。

　NII-IRP は、大学における機関リポジトリ（Institutional Repository）[50][51]の構築と運用を支援し、これらとの相互運用[52]を実現することによって、大学が発信する学術情報資源へのポータル機能を担おうとするものである。機関リポジトリは SPARC 活動における学術コミュニケーションの変革運動を支える技術的基盤の１つであり、学術情報への広範かつオープンなアクセスの実現を主旨としたものである。NII では、2003年度から千葉大学附属図書館と OAI-PMH によるハーベスティング実験を開始した[53]。メタデータ・データベースは、機関リポジトリからのデータ収集機能を備えるほか、自身も OAI-PMH 対応のメタデータ・リポジトリとして機能する。

　NII-USG は、共同分担により全方位型のサブジェクト・ゲートウェイの構築を目指す。ネットワーク上の学術情報資源の組織化への取り組みをメタデータ・データベース上で共同展開し、集積されたメタデータを、各機関の情報サービス構築の素材として、電子的パスファインダーなどの形式でダウンロードできる機能を検討している。

3.7　大学図書館との協力体制

　今後の大学図書館は、大学からの情報発信における中核的な役割を担うとともに、高度な主題知識に基づいて学内の教育研究活動をさらに支援していくことが求められる。NII は、これに寄与するデータベース共同構築のシステム的な枠組みを提供する責務を負う。本事業の推進にあたっては、大学図書館との密接な連携のもとに、課題解決にあたっていくことが不可欠である。2003年度は、３回のメタデータ・データベース検討会を開催し、全国の大学図書館職員と会合を持ちながら今後の展開方針を討議してきた。

　ネットワーク上の学術情報資源の組織化はその端緒についたばかりである。その効果的推進、とくに相互運用を視野に入れた各図書館の取り組みでの標準化のためには、大学図書館間の協同体制と職員同士のコミュニティづくりが非常に重要である。欧米の図書館界では"Initiative"と称した自発的な活動によって技術の確立や合意形成が図られてきた。わが国の大学図書館界にあっても、総体として学術情報流通基盤を推進する必要があるであろう。NII は大学

共同利用機関として、このような新たな大学図書館コミュニティの基盤形成に今後も継続的に貢献していくことを主眼点としている。

注・参考文献

1) メタデータは、図書館で作成・利用されている目録、索引、抄録を指すだけでなく、広い意味では、事典、辞書、シソーラス、識別子、著作権なども含む。(杉本重雄"メタデータに関する最近の話題から－サブジェクトゲートウェイとDublin Core."『現代の図書館』Vol. 38, No. 1, p. 63, 2000.)
また、メタデータに関する研究のレビューには下記の文献がある：
Woodward, Jeannette. "Cataloging and classifying information resources on the Internet." *Annual Review of Information Science and Technology (ARIST)*. Vol. 31, p. 189-220, 1996.; Vellucci, Sherry L. "Metadata." *Annual Review of Information Science and Technology (ARIST)*. Vol. 33, p.187-222, 1998.

2) 谷口祥一"メタデータと図書館."『電子図書館』勉誠出版，2001，p.151-155. (図書館情報学のフロンティア No. 1)

3) メタデータについては多くの文献があるが、参考までに下記の文献をあげておく：
Eden, Brad. "Metadata and its applications." *Library Technology Reports*. Vol. 38, No. 5, 87 p., 2002.; Caplan, Priscilla. *Metadata Fundamentals for All Librarians*. Chicago, American Library Association, 2003, 192 p.; Duval, Erik et al. "Metadata principles and practicalities." *D-Lib Magazine*. Vol. 8, No. 4, 2002. 〈http://www.dlib.org/dlib/april02/webel/04webel.html〉(last access 2/3/2004); Baca, Murtha, ed. "Introduction to metadata: pathways to digital information." version 2.0. 〈http://www.getty.edu/research/institute/standards/intrometadata〉(last access 2/25/2004) (図書：Getty Research Institute, 1998, 47 p.); Digital Library Forum, Institute of Museum and Library Services. "A framework of guidance for building good digital collections. 〈http://www.imls.gov/scripts/text.cgi?/pubs/forumframework.htm〉(last access 2/25/2004)

4) ここでは、Eden, p. 10 を参照。上記の Baca et al., ed. "Introduction to metadata" では、administrative, descriptive, preservation, technical, use metadata の 5 種類に分類されている。

5) Duval et al., 前掲.

6) Vellucci, Sherry L. "Metadata and authority control." *Library Resources & Technical Services*. Vol. 44, No. 1, p. 33-43, 2000.

7) Heery, Rachel; Patel, Manjula. "Application profiles: mixing and matching metadata schemas." *Ariadne*. No. 25, 2000. 〈http://www.ariadne.ac.uk/issue25/app-profiles/〉(last access 4/19/2004)

8) 名前空間を使うことによって、メタデータのある要素の定義が URI で明確に識別される。そのため、同一名の要素を異なる名前空間で区別することが可能である。(DC の名前空間に関する文献：Powell, Andy; Wagner, Harry, eds. "Namespace policy for the Dublin Core Metadata Initiative (DCMI)." 〈http://dublincore.

org/documents/dcmi-namespace/〉 (last access 4/19/2004)
9) Mason, Jon; Sutton, Stuart "Education working group: draft proposal." 〈http://dublincore.org/documents/2000/10/05/education‐namespace/〉 (last access 4/19/2004)
10) Guenther, Rebecca. "Library application profile." 〈http://dublincore.org/documents/2002/09/24/library-application-profile/〉 (last access 4/19/2004)
11) "CORES registry." 〈http://www.cores-eu.net/registry/〉 (last access 4/19/2004)
12) "The ROADS Metadata Registry." 〈http://www.ukoln.ac.uk/metadata/roads/templates/〉 (last access 4/19/2004)
13) Taylor, Arlene G. *The Organization of Information*. Englewood, CO., Libraries Unlimited, 1999, 280 p.; Caplan, p. 66-171.; Eden, p. 19-59.
14) Digital Library Forum, IMLS. "A framework of guidance for building good digital collections." 〈http://www.imls.gov/pubs/forumframework.htm〉 (last access 2/25/2004)
15) Guenther, Rebecca S. "MODS: the Metadata Object Description Schema." *Portal: Libraries and the Academy*. Vol. 3, No. 1, p. 137-150, 2003. ("MODS：メタデータオブジェクトディスクリプションスキーマ." (鹿島みづき訳, 2003). 〈http://www2.aasa.ac.jp/org/lib/〉 (last access 2/28/2004))
16) "American Memory." 〈http://memory.loc.gov/〉 (last access 2/28/2004)
17) Library of Congress. "MINERVA: mapping the Internet electronic resources virtual archive." 〈http://lcweb.loc.gov/Minerva/Minerva.html〉 (last access 2/24/2004)
18) "California Digital Library." 〈http://www.cdlib.org/〉 (last access 2/28/2004)
19) "Dublin Core Metadata Initiative." 〈http://dublincore.org/〉 (last access 2/25/2004)
20) 杉本重雄 "情報資源組織化の努力." 『電子図書館』p.103-129.；杉本重雄 "メタデータについて－Dublin Coreを中心として－." 『情報の科学と技術』Vol. 49, No. 1, p.3-10, 1999.；杉本重雄 "Dublin Coreについて－最近の動向,特にqualifierについて." 『ディジタル図書館』No. 18, 2000. 〈http://www.dl.ulis.ac.jp/DLjournal/No_18/4-sugimoto/4-sugimoto.html〉 (last access 2/25/2004)
21) Dublin Core Metadata Initiative. "Dublin Core projects." 〈http://www.dublincore.org/projects〉 (last access 2/20/2004)
22) Besser, Howard. "The next stage: moving from isolated digital collections to interoperable digital libraries." *First Monday*. Vol. 7, No. 6, 2002. 〈http://www.firstmonday.dk/issues/issue7_6/besser/index.html〉 (last access 2/20/2004)
23) Network Development and MARC Standards Office, Library of Congress. "MARC 21 to Dublin Core: MARC to Dublin Core Crosswalk." February 2001. 〈http://www.loc.gov/marc/marc2dc.html〉 (last access 2/25/2004); Network Development and MARC Standards Office, Library of Congress. "Dublin Core to USMARC: Dublin Core/MARC/GILS Crosswalk." November 1999. 〈http://

lcweb.loc.gov/marc/dccross.html〉（last access 2/20/2004）
24) Day, Michael. *Metadata: mapping between metadata formats*.〈http://www.ukoln.ac.uk/metadata/interoperability/〉（last access 2/20/2004）
25) "RDN."〈http://www.rdn.ac.uk/〉（last access 2/28/2004）
26) "AHDS."〈http://ahds.ac.uk〉（last access 2/28/2004）
27) "TEL."〈http://www.europeanlibrary.org/〉（last access 2/28/2004）
28) 尾城孝一"英国高等教育機関における電子図書館イニシャティブ."『情報の科学と技術』Vol. 49, No. 6, p. 276-283, 1999.; "Large Scale Resource Discovery (Clumps) projects."〈http://www.ukoln.ac.uk/services/elib/projects/〉（last access 2/25/2004）
29) "Connexion."〈http://connexion.oclc.org/〉（last access 2/25/2004）; CORCシステムは、2003年からConnexionシステムに統合された。以下、CORCに関する文献をあげる：Calhoun, Karen; Riemer, John J., eds. *CORC: new tools and possibilities for cooperative electronic resource*. New York, Haworth Information Press, 2001, 184 p.; Hickey, Thomas B. "CORC: a system for gateway creation." *Online Information Review*. Vol. 24, No. 1, p. 49-53, 2000.; Covert, Kay. "How the OCLC CORC service is helping weave libraries into the Web." *Online Information Review*. Vol. 25, No. 1, p. 41-46, 2001.; Friesen, Betsy. "Reference uses for OCLC's Cooperative Online Resource Catalog (CORC): it's not just for catalogers." *Medical Reference Services Quarterly*. Vol. 20, No. 4, p. 55-61, 2001.
30) 永田治樹"メタデータをめぐる問題-図書館コミュニティの対応ネットワーク系電子出版物の書誌調整に向けて-."『メタデータの現況と課題：第3回書誌調整連絡会議記録集』東京,日本図書館協会, 2003, p.11-20.
31) IFLA Study Group on the Functional Requirements for Bibliographic Records. *Functional requirements for bibliographic records*. Final report. UBCIM Publications new series, Vol. 19, 1998.〈http://www.ifla.org/VII/s13/frbr/frbr.htm〉（last access 2/25/2004）
32) IFLA Cataloguing Section Working Group on the Use of Metadata Schema. "Guidance on the structure, content, and application of metadata records for digital resources and collections." 2003.〈http://www.ifla.org/VII/s13/guide/metaguide03.pdf〉（last access 2/25/2004）
33) Caplan, p.9-10.
34) Powell, Andy, ed. "Simple collection description." ver. 1.0. 1999.〈http://www.ukoln.ac.uk/metadata/cld/simple/〉（last access 2/20/2004）
35) "RIDING: collection description scheme."〈http://www.shef.ac.uk/˜riding/cld/cldschem.html〉（last access 4/19/2004）
36) "Agora."〈http://hosted.ukoln.ac.uk/agora/〉（last access 4/19/2004）
37) "Music Libraries Online."〈http://musiconline.ac.uk〉（last access 4/19/2004）
38) Brack, E. V. et al. "Collection level description - the RIDING and Agora experience." *D-Lib Magazine*. Vol. 6, No. 9, 2000.〈http://www.dlib.org/dlib/september00/brack/09brack.html〉（last access 2/20/2004）

39) "RSLP Collection Description."〈http://www.ukoln.ac.uk/metadata/rslp/〉(last access 4/19/2004)
40) 文部科学省科学技術・学術審議会研究計画・評価分科会情報科学技術委員会デジタル研究情報基盤ワーキング・グループ「学術情報の流通基盤の充実について（審議のまとめ）」2002年3月12日〈http://www.mext.go.jp/b_menu/shingi/gijyutu/gijyutu2/toushin/020401.htm〉(last access 2/26/2004)
41) 国立情報学研究所開発・事業部コンテンツ課"メタデータ・データベース共同構築事業"〈http://www.nii.ac.jp/metadata/〉(last access 2/26/2004)
42) NIIメタデータ記述要素のXMLスキーマは〈http://ju.nii.ac.jp/oai/junii.xsd〉を参照のこと。
43) 2004年2月現在、Source、Coverage、Rightsは規定整備中のため、現在のところ未使用である。
44) InstitutionおよびCommentは、ダブリンコア・メタデータ記述要素にはない独自要素である。
45) DCMI Metadata Terms.〈http://dublincore.org/documents/dcmi-terms/〉(last access 2/26/2004)
46) NDLC、BSH、NDLSH、MeSH、DDC、LCC、UDCを選択可能である。
47) 2004年2月現在、北海道大学「北方資料データベース」、岡山大学「池田家文庫」、広島大学「教科書コレクション」を収録している。
48) 大学Webサイト資源検索〈http://ju.nii.ac.jp〉(last access 2/26/2004)
49) 国立大学図書館協議会図書館高度情報化特別委員会ワーキンググループ『電子図書館の新たな潮流－情報発信者と利用者を結ぶ付加価値インターフェイス－』2003.〈http://wwwsoc.nii.ac.jp/anul/Kdtk/Rep/73.pdf〉(last access 2/26/2004)
50) Crow, Raym. "The Case for Institutional Repositories: A SPARC Position Paper."〈http://www.arl.org/sparc/IR/ir.html〉(last access 2/26/2004)。（日本語訳は栗山正光による〈http://www.tokiwa.ac.jp/~mtkuri/translations/case_for_ir_jptr.html〉(last access 2/26/2004) などがある）
51) Crow, Raym. "SPARC Institutional Repository Checklist & Resource Guide."〈http://www.arl.org/sparc/IR/IR_Guide.html〉(last access 2/26/2004)。（日本語訳は千葉大学附属図書館IRワーキンググループによる〈http://mitizane.ll.chiba-u.jp/information/SPARC_IR_Checklist.pdf〉(last access 2/26/2004) などがある。
52) 国立情報学研究所開発・事業部コンテンツ課"OAI-PMHのNIIメタデータ・データベースへの適用について"〈http://www.nii.ac.jp/metadata/oai-pmh/〉(last access 2/26/2004)
53) 尾城孝一"OAI-PMHをめぐる動向."『カレントアウェアネス』No. 278, 2003.〈http://www.ndl.go.jp/jp/library/current/ca278.pdf〉(last access 2/26/2004)

第7章　メタデータ活用サービス

伊藤真理

1　はじめに

　近年、新たな図書館サービスは、デジタル図書館として展開してきた。メタデータの重要性は、インターネット上の情報資源の特質と、それによる情報検索や利用の変化にともなってますます強まっている。ウォーカー（William D. Walker、前ニューヨーク公共図書館上級副館長および研究図書館部長）は、国立国会図書館主催の講演会で、「利用者がもっとも完璧な図書館としてあげたのはGoogleであった」[1]という調査結果を紹介した。この調査結果は、利用者がネットワークに向かって情報アクセスしており、必ずしも特定の図書館で情報を探すという意識は持たなくなっていることを端的に示している。インターネット上の多様な質や内容の情報に対する利用者の新しい情報アクセス行動に適するような、これまでとは異なる目録や索引の作成が、図書館に求められているといえる。

　新たな環境でのメタデータの重要性は、第6章「メタデータ・データベースの構築」でも述べたが、本章では、さまざまな情報サービスを展開する観点からメタデータの機能を検討する。ただし、各サービスにおけるメタデータ検索システムの構築やプラットフォームなど、技術的な側面については触れない。また、本章では、他章で扱われている事項（レファレンス・サービス、機関リポジトリ）については、それらのサービスにおけるメタデータ活用の観点から考

察を行ない、各サービスの詳細はそれぞれの章に委ねる（第8章、第9章参照）。

2 サブジェクト・ゲートウェイ

2.1 概要

　情報検索は、デジタル図書館サービスの中核となる機能である[2]。インターネット上の情報資源は、個人が簡単に扱えるような量ではなく、かついつ発信されるかわからない。さらに、利用者自身で信頼性の高い情報資源を判断することは難しい。また、利用者は概して、関心を持つ分野の中のみの情報資源を求めることが多い[3]。サブジェクト・ゲートウェイは、主題専門家や情報専門家によって選択・収集された質の高い情報資源について、主題用語や分類を付与してメタデータを蓄積し、それらを検索に用いることによって効率のよい検索を提供するサービスである[4]。主題専門家による情報の選択・収集が求められるのは、ある特定の学問分野に限定して質の高い情報を選別し、利用者に適した情報を提供することが必要であり、収集された情報には効率のよい検索のためのメタデータの作成が必須だからである。

　サブジェクト・ゲートウェイがめざしているのは、相互運用性を保持すること、サーチエンジンよりも質の高いウェブ情報資源の自動収集と索引化、国際的なディレクトリの公開、システムの個人別仕様への対応、情報の評価に関するオンライン・チュートリアル、ウェブのトラフィックを軽減するためのキャッシュ作成などである。これまでに様々な分野のサブジェクト・ゲートウェイが運営されている[5]。近年は、複数のプロジェクトが協力体制を組んで、相互運用性に関する開発を行なっている[6]。

2.2 国内の事例

　文献調査とあわせて、上田が作成した大学図書館リストをもとに、国内の大学のウェブサイトを調査した結果[7]、以下のサブジェクト・ゲートウェイを発見することができた。

(1) 筑波大学知的コミュニティ基盤センター．知的コミュニティ情報システム[8]

(2) 東京学芸大学附属図書館．E-TOPIA 教育総合データベース[9]
(3) 東京工業大学．電子図書館ネットワーク・リソース・データベース (TDL)[10]
(4) 東京大学情報基盤センター．インターネット学術情報インデックス (IRI)[11]
(5) 東京大学経済学部図書館．ENGEL (ENhancing Gateway of Economic Library)[12]
(6) 東京農業大学．Web 情報検索[13]
(7) 国際大学．グローバル・コミュニケーション・センター[14]
(8) 国立情報学研究所．大学 Web サイト資源検索（JuNii 大学情報メタデータ・ポータル試験提供版）[15]
(9) 農林水産研究計算・情報センター．農学情報資源システム (AGROPEDIA) 農学情報データベース（AGSEARCH）[16]

最も早く運用開始されたのは、(7) 国際大学．グローバル・コミュニケーション・センターである。ほとんどのゲートウェイがダブリンコア・メタデータ要素セット（Dublin Core Metadata Element Set: DCMES）に準拠したメタデータを作成しており、互換性を意識していると考えられる。TDL は、Z39.50を利用して複数データベースの横断検索を可能としており、インターネット情報資源と他の文献データベースや学内 OPAC を同時に検索して、媒体の種類を問わず網羅的な情報収集ができる。E-TOPIA も同様に、各データベースの個別検索および横断検索機能が備わっている。

国内のサブジェクト・ゲートウェイの多くは、サービスの運営、情報収集の選択基準について明確な記述が少ない。これからのサービスの開発には、単独館での作業だけではなく共同作業が必要となる傾向にあるが、国内ではまだその兆しはない。JuNii[17]は、参加学術機関から集積されたメタデータを、各機関の情報サービス構築の素材として電子的パスファインダーなどの形式でダウンロードできる機能を検討しており、今後が期待される。新たなサービス構築を効果的に推進するためにも、既存の各ゲートウェイの情報収集範囲、メタデータ作成基準、システム要件などを明確にしておくことは重要である。

3 レファレンス・サービス

3.1 書誌コントロールへのニーズ

2000年シカゴでのアメリカ図書館協会（American Library Association: ALA）年次大会中、米国議会図書館主催で行なわれたセッションは大変興味深い[18]。米国のレファレンス担当者に対する調査結果200件に基づいて、ネットワーク情報資源の書誌コントロールに関するレファレンス担当者のニーズを分析、検討している。レファレンス担当者のウェブ情報資源への依存度の増加は明らかであり、日常業務で頻繁にオンライン目録あるいはウェブリンク集などで情報を検索している。調査では、レファレンス担当者が検索や情報の表示に必要と考えるアクセス・ポイントと、インターネット情報資源の書誌コントロールに関するコメントなどが収集された。検索に必須とされる記述要素には、タイトル、URL、更新日、著者、主題キーワード、主題件名、キーワード検索機能、言語、内容の対象年代、目次へのリンクの10項目が挙げられた。また、検索というよりは情報源自体を評価するために表示の際に必要と思われる項目には、ジャンル、出版者、フォーマット、概要、識別番号などのニーズが高かった。調査時点では、電子情報資源に対して詳細な記述が行なわれていることに対しての満足度が高く、書誌コントロールによるメタデータの品質の維持が望まれていることを示していた。図書館目録はレファレンスでの優先的なツールであり、タイトルや著者などの記述要素に対する典拠コントロールによる同定・識別の必要性が、利用の観点からも確認されたことを意味する。オンライン目録上で、複数の媒体で刊行されている情報の一元的な表示や、媒体毎の所蔵情報の管理と1レコード内での表示の工夫など、一般利用者にわかりやすい情報の提供と表示の問題が指摘された。URLの自動チェックなど技術的な問題については、調査当時から今日の間に実現されたものも含むが、情報源を検索、利用している観点からメタデータ作成へのニーズを把握することは、より有効なデータベース提供のみならず、利用者サービス担当者とテクニカル・サービス担当者とのコミュニケーションの促進にもつながっている。

3.2 協力レファレンス

デジタル・レファレンス・サービスでは、従来の協力レファレンスに相当するような、複数の図書館が共同してインターネットを介したレファレンス・サービスを提供する体制が進行している。バーチャル・レファレンス・デスク (Virtual Reference Desk)[19]やQuestionPoint[20]はその代表的な例であるが、それらの発展過程で、サービスの質の保証と相互運用性を保つための技術を標準化する必要性が認識された。QuIP（Question Interchange Profile）は、質問応答用のトランザクション処理のためにメタデータを用いたデータフォーマットである[21]。QuIPのメタデータはDTD（Document Type Definition）で記述され、ダブリンコア（Dublin Core: DC）のマッピングも行なわれている。NISO Committee AZ は、QAT（Question/Answer Transaction）プロトコルを開発中であるが[22]、質問・回答のデータおよび機関や個人データを記述するための要素を識別するために、メタデータ要素を検討している。

国内では、2000年から運用されている九州地区国立大学図書館協議会での「レファレンス事例DBシステム」[23]や、2003年から開始された国立国会図書館の「レファレンス協同データベース実験事業」[24]がある。事例の検索と利用のために、前者は、事例データの入力項目を設定しており、後者は「レファレンス協同データベース標準フォーマット ver. 1.0」を公開して、メタデータの作成を行なっている。参加館はこのフォーマットに準拠したワークシートに事例を記入し登録する。両者ともに、事例を増やすことを優先しており、記入の制限を極力減らすことによって、参加にともなう負担が少なくなるように留意している。しかしながら、各データの質的な保証については、検索の観点から非常に重要な問題であり、今後の課題である。国立国会図書館では、標準形式の策定の検証も事業の目的としており、事例を広く収集することによって、今後フォーマットも洗練されてくると思われる。

3.3 パスファインダー

パスファインダーは、あるテーマを一例として、資料探索方法と自館所蔵の関連する基礎資料を、簡潔にまとめた「主題案内」である。利用者は、そこに示された手順に従えば、自身でその図書館において、ある主題に関する資料の

探索と利用ができるようになる。レファレンス・ライブラリアンは、こうした資料を図書館で提供することによって、多数の利用者からの類似の質問に対応できる利点がある。従来、1枚程度のリーフレットの形で提供されてきたが、電子媒体で提供することによって、利用の可能性の拡大と他機関との共有化が可能となった。海外では米国議会図書館やIPL（Internet Public Library）をはじめ、多くの学術図書館などで作成されており容易に入手できる。

　国内でも電子的パスファインダーへの関心の傾向が見られ、個別機関での事例では、東京学芸大学附属図書館[25]と愛知淑徳大学図書館[26]がある。

　愛知淑徳大学図書館パスファインダーの作成は、OCLC Connexionシステムを用いている[27]。Connexionシステム[28]自体はパスファインダーではなく、作成支援のためのシステムである。Connexionでは、パスファインダーに収載されるウェブサイトその他の情報資源に対してメタデータ作成（新規データについては、仮レコードを自動生成）が必須で、それらのメタデータは、OCLC総合目録データベースであるWorldCatに登録されパスファインダーの情報とリンクする。このリンクによって、Connexionで行なわれる自動的な総合目録の書誌レコードのURLチェックが、パスファインダー中のウェブサイトに対する最新情報の保持に反映できる。また、パスファインダーに、そのテーマに関連する情報を探すための検索式を埋め込むことによって、利用者がそのパスファインダーにアクセスするたびに、自動的にWorldCatの書誌データを検索し、新しい情報資源を表示することができる。パスファインダーは、OCLC参加機関で共有されるため、他の機関で作成した類似のパスファインダーを参照して自館に応用することが可能である。

　共同利用を目的としたものとして、私立大学図書館協会企画広報研究分科会による「パスファインダーバンク」[29]が構築され、運用されている。2000年から当該分科会の2期にわたるプロジェクトとして計画されたもので、レファレンス・サービスでのパスファインダーの有効性を理解し、あまり普及していない現状への対策として、各館での作業負担を鑑みた共同利用によるWeb版での公開を行なった。現在、50余りのパスファインダーが登録されている。

4 その他

4.1 図書館目録の強化

図書館では、利用可能なあらゆる媒体の情報資源を1つの入り口から一望できアクセス可能とするために、所蔵目録以外のメタデータを取り込み、オンライン目録情報を更に豊かなものにすることが求められている。目録については前章で詳述しているので、ここでは目録データベースを利用したプロジェクトを紹介する。

OCLC は WorldCat の一部を Google で検索可能にし、所蔵館を表示するプロジェクト[30]を始めた。所蔵館や書誌データの規模は限定されているが、図書館の価値を高める試みとして行なわれている。

米国議会図書館の BEAT (Bibliographic Enrichment Advisement Team) は、従来の書誌レコードに付加価値をつけて、これまで蓄積してきた書誌情報を有効に活用することによって、目録作成者やレファレンス専門家の補助ツールとして役立てるための3つのプロジェクトを行なっている[31]。1つは、E-CIP (catalog in publication) レコードや ONIX (Online Information eXchange) レコードの目次情報を活用した TOC (Tables of Contents) プロジェクト[32]である。利用者は、書誌レコードのタイトル中の用語や、目次情報に含まれる用語を用いて検索をすることができる。また、書誌レコード中の主題用語を TOC のメタタグのキーワードとして埋め込むことによって、より豊かな検索を可能にする。その他に、索引中や引用文献の情報を書誌レコードとリンクする BeCites+[33]と、人文・社会科学分野の批評 (H-NET Reviews)[34]とリンクさせるプロジェクトが進められている。

4.2 保存

電子情報資源は、その媒体の特徴ゆえに、情報内容が維持管理されてこそ利用が可能となる。国内では、国立国会図書館がインターネット資源選択的蓄積実験事業 (WARP)[35]を開始している。デジタル化によって保存されている情報資源は、資料自体の保存だけでなく、長期間にわたってそのデジタル情報が

有効であり、十分な情報を持ち、解釈可能で活用できるためのメタデータを作成しておく必要がある。OAIS（Open Archival Information System）reference model は、長期間にわたるデジタル情報へのアクセスを維持運営するためのアーカイブ・システムに関する概念的な枠組みである。その一部として、デジタル・オブジェクトを保存するために必要とされるメタデータを記述したものが OAIS information model である[36]。データオブジェクトを表現・解釈するために必要な情報をともなった information package は、情報発見のためのメタデータ、保存のためのメタデータなど、4種類の情報のカテゴリと解釈される。OAIS モデルは各カテゴリに必要なメタデータ要素を提示している。オランダの NEDLIB プロジェクトや英国の CEDARS プロジェクトは、OAIS information model に基づいている[37]。

4.3 リポジトリ

大学や学術機関が発信するプレプリント、テクニカル・レポート、学位論文などを電子的資料として蓄積提供するサービスである。リポジトリの構築は、その機関しか持っていない有用な情報資源を広くインターネット上に提供する意味で重要である。これらのコンテンツを協調的に提供する環境を構築して、横断的な利用を可能にするためにメタデータが用いられる。OAI（Open Archives Initiative）による複数のリポジトリのメタデータを収集するために定義されている OAI メタデータ・ハーベスティング・プロトコル（Open Archives Initiative Protocol for Metadata Harvesting: OAI-PMH）[38]は、複数のデジタル図書館の相互運用性を可能にし、それによって研究者間のコミュニケーションの促進にも寄与している。リポジトリを管理するデータプロバイダは、OAI-PMH のリクエストに応じることができるよう、コンテンツに関するメタデータを開示しなければならず、相互運用性を確保するために、基本的な15要素のみの DCS（Dublin Core Simple）を送信できることが必要とされる。

4.4 出版情報

出版情報は図書館界にとって、関連深い情報である。ONIX[39]は、図書、雑誌、電子図書などの国際的な標準化を図るための、出版者やオンライン取次業

者による EDItEUR[40]が維持管理するメタデータ・スキーマである。出版業界の実際的な情報ニーズに応えること、国内や国際的な権利問題、流通などの現実的な問題を反映した構造を提供すること、国際的な市場で使用可能であること、すでに確立したメタデータモデルである〈indecs〉フレームワークに基づいて構築されることが目的とされている。ONIX は、38グループに分類された約230のデータ要素から構成されており、DC などに比べてより高度に構造化された情報モデルとなっている。XML を用いているため標準化にも適しており、OCLC や米国議会図書館では、ONIX データを MARC にマッピングするプログラムを開発している。また、EDItEUR には、多くの主要な出版者が加盟しており、その中でも Amazon.com の貢献は大きい。

4.5 権利管理

メタデータは、権利管理システムにおいても重要な役割を果たしている。著作権者の権利保護を行なうために、特定の情報に関する一貫した識別とデジタル・ネットワーク上での知的所有権の相互運用を可能とする互換性が必要となる。デジタル著作権管理（digital rights management: DRM）システムを構築することによって、健全なデジタル・コンテンツの流通を図ることができる[41]。上記の EDItEUR でも運用されている〈indecs〉は、1998～2000年の European Commission によるプロジェクトによって生まれた、国際的でマルチメディアを視野に入れた知的所有権の電子商取引にかかわるメタデータの枠組みである[42]。主要な出版者や、音楽出版者などから支援を受けている。異なるメタデータ・スキーマを使用している企業間で用いられているメタデータ要素を、〈indecs〉用語に置き換えることで分野の異なるメタデータ間のやりとりが可能となる。この他にも、OeBF（Open eBook Forum）[43]が DRM システムのための基準の作成を行なっている。

電子的情報資源の一意的な識別の問題解決を図るために、DOI（Digital Object Identifier）[44]がある。DOI システムには、科学、技術、医学分野の学術雑誌出版者が多く参加している。デジタル化された論文、図、表などに付与されている DOI は、DOI ディレクトリによって著作物の位置を示す URL へ変換され、利用者は、ブラウザに表示された DOI から著作物を入手できる[45]。

DOIは参考文献のリンクにも応用でき、また分散して蓄積されているデジタル著作物に識別コードを付与し、それらの権利処理を可能とする手段を提供している。

5　今後の展望

　ゴーマン（Michael Gorman）は、インターネット上の情報の一過性や信頼性などの問題を指摘しながら慎重論を展開し、われわれにメタデータを再考させている[46]が、現実の利用者にとって、ネットワーク情報資源の検索はすでに日常の情報収集に欠かせないものとなっている。こうした環境で、メタデータはどのようにして生成、提供、利用されるのか、何に応用されるのか、われわれはなぜそれを信用すべきか、を絶えず検討する必要がある[47]。

　国内での今後の課題は、以下のようにまとめられる：
- 横断的かつ包括的な情報へのアクセスの保証を確保するために、機関間の協力と共同事業を促進すること
- 各機関は、それぞれ得意な主題分野の情報収集を行なってコンテンツの拡大と充実を図り、それらを仮想的に統合することによって、様々な分野の有用な情報を利用者に提供すること
- 横断的な検索機能の提供とともに、円滑な検索の提供のために検索語彙について検討すること

　ある特定の主題に特化したサブジェクト・ゲートウェイや検索語彙集の構築、主題ベースのオンライン・チュートリアル作成は、主題専門家の養成を促進することにもつながり、図書館界全体の課題でもある。

　図書館サービスの今後の開発のために、電子図書館のサービスに関する評価の調査[48]や、利用者調査が行なわれている[49]。利用者調査では、多くの学生のサブジェクト・ゲートウェイに対する認識が低いことが明らかとなっている。各サービスの充実と可能性を検討するためには、提供しているサービスに関する評価や継続的な利用調査を行ない、利用者への適切な情報資源の案内が不可欠である。

注・参考文献
1) Walker, William D. "Challenges to building Digital Library Programs: an American perspective." 京都,2003-3-14,国立国会図書館関西館。ニューヨーク公共図書館ウォーカー氏講演会。ウォーカー氏は2003年よりDirector for Libraries at University of Miami。
2) Fox, Edward A.; Urs, Shalini R. "Digital libraries." *Anuual Review of Information Science and Technology*. Vol. 36, p.539, 2002.
3) Chowdhury, G.G.; Chowdhury, Sudatta. *Information Sources and Searching on the World Wide Web*. London, Library Association Publishing, 2001, p.49.
4) サブジェクト・ゲートウェイは、「情報ゲートウェイ」「ポータル」「ゲートウェイ」「ヴァーチャルライブラリ」などと呼ばれるが、Traugott Koch は、簡単な記述と大まかな主題で分類がなされるリンク集と、質の高い基準に基づく記述がなされたサービスとを区別し、後者を"quality-controlled subject gateways"と呼んでいる("Quality-controlled subject gateways; definitions, typologies, empirical overview." *Online Information Review*. Vol. 24, No. 1, p. 24-34, 2000.)
5) サブジェクト・ゲートウェイのチェックリストやリンク集、各ゲートウェイについての文献は数多く出版されている:緑川信之,伊藤真理,松林麻実子『サブジェクトゲートウェイ:ネットワーク上の知識集積』つくば,筑波大学知的コミュニティ基盤研究センター,2003, 103p.;斉藤絵理,小野寺夏生"Web 上の学術情報資源におけるメタデータの利用."『情報管理』Vol. 44, No. 3, p.174-183, 2001.;伊藤民雄"ウェブ情報の検索:情報源の効率的な探索."『情報管理』Vol. 44, No. 9, p. 629-640, 2001.;図書館高度情報化特別委員会ワーキンググループ「電子図書館の新たな潮流-情報発信者と利用者を結ぶ付加価値インターフェイス-」国立大学図書館協議会,2003, p.20-24. 〈http://wwwsoc.nii.ac.jp/anul/Kdtk/Rep/73.pdf〉(last access 2/23/2004);杉本重雄"メタデータに関する最近の話題から-サブジェクトゲートウェイと Dublin Core."『電子資料の組織化』日本図書館協会目録委員会編,日本図書館協会,2000, p.45-56; Chowdhury & Chowdhury, 前掲, p.50-79.; Koch, Appendix. p.33-34 ("Quality-controlled subject gateways" のリストあり); Desire-Subject Gateways. 〈http://www.desire.org/html/subjectgateways/subjectgateways.html〉(last access 12/17/2003);サブジェクト・ゲートウェイの特集号:*Online Information Review*. Vol. 24, No. 1, 2000.; Bawden, David; Robinson, Lyn. "Internet subject gateways revisited." *International Journal of Information Management*. Vol. 22, No. 2, p.157-162, 2002. サブジェクト・ゲートウェイのリンク集:"サブジェクト・ゲートウェイ関係リンク集."〈http://wwwlib.fukui-med.ac.jp/library/link/index.htm#subject〉(last access 2/20/2004);"代表的サブジェクトゲートウェイのリスト."〈http://home.catv.ne.jp/rr/ojiro/SBIGs.html〉(last access 12/17/2004);"サブジェクトゲートウェイ&リンク集."〈http://www.nara-edu.ac.jp/LIB/Link/internet/internet.htm〉(last access 12/17/2004);"図書館関係リンク集."〈http://www.lib.e.u-tokyo.ac.jp/link/link5.html〉(last access 12/17/2004);"サブジェクト・ゲートウェイ関連サイトのリンク集."〈http://www.bioindustry.nodai.ac.jp/

˜library/link/link04/link.htm〉（last access 12/17/2004）; "Pinakes: a subject launchpad."〈http://www.hw.ac.uk/libWWW/irn/pinakes/pinakes.html〉（last access 12/17/2004）; "Argus Clearinghouse."〈http://www.clearinghouse.net/〉（last access 2/27/2004）
6） Bawden & Robinson, 前掲, p.160.
7） 愛知淑徳大学図書館情報学科伊藤特殊演習ゼミ履修生により、上田修一のOPACリンク集（"日本の大学図書館、公共図書館とのリンク＋OPAC."〈http://www.slis.keio.ac.jp/˜ueda/libwww/libwww.html〉（last access 2/27/2004）に基づいて、各大学図書館のウェブサイトをチェックした。調査結果は、2003年12月10日時点のものである。なお、文献中に記述があっても、2004年2月末時点でアクセスできなかったものは除外した。
8） 筑波大学知的コミュニティ基盤センター"知的コミュニティ情報システム."〈http://lib.ulis.ac.jp/rkcs/〉（last access 2/27/2004）;"知的コミュニティ情報システム図書館情報学および情報メディア研究に関するメタデータ・データベース."〈http://www.kc.tsukuba.ac.jp/ulismeta/index.html〉（last access 2/27/2004）;杉本重雄他"図書館情報大学におけるディジタル図書館システム."『ディジタル図書館』No. 15, p.17-28, 1999.;平岡博他"図書館情報大学ディジタル図書館システム."『情報管理』Vol. 42, No. 6, p.471-479, 1999.;平岡博"図書館情報大学ディジタル図書館のメタデータ作成."『情報処理学会研究報告』Vol. 99 No. 102, p.73-78, 1999（『ディジタル図書館』No. 16, p.44-49, 1999 にも掲載あり）
9） 東京学芸大学附属図書館"E-TOPIA 教育総合データベース."〈http://library.u-gakugei.ac.jp/etopia/index_s.html〉（last access 2/27/2004）;村田輝"教育系電子情報ナビゲーションシステム－多様なデジタル情報の収集・蓄積と統合的アクセス環境の構築をめざして－."『大学図書館研究』No. 64, p.10-15, 2002.
10） 東京工業大学"電子図書館ネットワーク・リソース・データベース."〈http://tdl.libra.titech.ac.jp/z3950/nwrsc/maindsp.html〉（last access 2/27/2004）;尾城孝一"サブジェクトゲートウェイの構築と運営－理工学分野の高品質なインターネットリソースの提供をめざして－."『情報の科学と技術』Vol. 50, No. 5, p.280-289, 2000.
11） 東京大学情報基盤センター"インターネット学術情報インデックス."〈http://resource.lib.u-tokyo.ac.jp/iri/url_search.cgi/〉（last access 2/27/2004）;栃谷泰文"ゲートウェイ・サービスのためのメタデータ－「インターネット学術情報インデックス」作成の事例報告."『現代の図書館』Vol. 38, No. 1, p.54-62, 2000.
12） 東京大学経済学部図書館"ENGEL."〈http://www.lib.e.u-tokyo.ac.jp/engel/index.html〉（last access 2/27/2004）
13） 東京農業大学"Web情報検索."〈http://surf.nodai.ac.jp/web/operate/japanese/su_usearch.html〉（last access 2/27/2004）
14） 国際大学"グローバル・コミュニケーション・センター."〈http://www.glocom.ac.jp/arc/orel/〉（last access 2/27/2004）;上村圭介"メタデータを利用した学術的WWWディレクトリサービスの構築."『情報の科学と技術』Vol. 49, No. 1, p.23-27, 1999.

15) 国立情報学研究所"大学 Web サイト資源検索." 〈http://ju.nii.ac.jp/〉 (last access 2/27/2004);米澤誠"国立情報学研究所のメタデータ共同構築計画."『ディジタル図書館』No. 22, 2002. 〈http://www.dl.ulis.ac.jp/DLjournal/No_22/4-yonezawa/4-yonezawa.html〉 (last access 2/27/2004)
16) 農林水産研究計算・情報センター"農学情報資源システム AGROPEDIA." 〈http://rms1.agsearch.agropedia.affrc.go.jp/menu_ja.html〉 (last access 2/27/2004);佐藤勉"学術情報サイト検索のためのサブジェクトゲートウェイ."『農図協会誌』No. 128, p.11-21, 2003.
17) データベースに関する詳細は第16章第3節参照のこと。
18) Larson, Carolyn; Arret, Linda. "Descriptive resource needs from the reference perspective: report on a survey of US reference librarians for the Bicentennial Conference on Bibliographic Control for the New Millennium. Final version." 〈http://lcweb.loc.gov/catdir/bibcontrol/arrrret_paper.html〉 (last access 4/12/2004)
19) "The Virtual Reference Desk[SM] Project." 〈http://www.vrd.org/〉 (last access 2/25/2004)
20) "QuestionPoint." 〈http://www.questionpoint.org/〉 (last access 2/25/2004)
21) Lankes, David R. "The virtual reference desk: question interchange profile." 1999. 〈http://www.vrd.org/Tech/QuIP/1.01/QuIP1.01d.PDF〉 (last access 2/24/2004)
22) NISO Committee AZ. "Question/Answer Transaction Protocol‐overview." First Committee Working Draft. 2003. 〈http://www.loc.gov/standards/netref/overview-wd1.doc〉 (last access 2/24/2004)
23) 九州地区国立大学図書館協議会"レファレンス事例 DB システム." 〈http://web.lib.kumamoto-u.ac.jp/ref/edu/〉 (last access 2/27/2004)
24) 国立国会図書館"レファレンス協同データベース実験事業." 〈http://www.ndl.go.jp/jp/library/collabo-ref_stfm.html〉 (last access 2/27/2004)
25) "E‐TOPIA." 〈http://library.u‐gakugei.ac.jp/etopia/index_p.html〉 (last access 2/25/2004);村田輝他"教育情報案内パスファインダーによるレファレンスサービスの Web への展開－東京学芸大学附属図書館における教育情報ポータルサイト"E-TOPIA"－."『大学図書館研究』No. 67, p.37-49, 2003.
26) "パスファインダー." 〈http://www2.aasa.ac.jp/org/lib/〉 (last access 2/25/2004);鹿島みづき,山口純代"図書館パスファインダーに見る次世代図書館の可能性."『情報の科学と技術』Vol. 52, No. 10, p.526-537, 2002.
27) 具体的な作成手順については、上記鹿島らの論文を参照のこと。
28) 第6章注29参照のこと。
29) パスファインダーバンク 〈http://www.jaspul.org/e‐kenkyu/kikaku/pfb/〉 (last access 11/30/2004)
河上純子他"パスファインダーバンクの実用化に向けて:Web 版共同利用ナビゲーションシステム開発計画案."『私立大学図書館協会会報』Vol. 118, p.183-188, 2002;仲尾正司他"パスファインダーバンク実用化とその経緯:Web 版共同利用

ツールシステムを立ち上げて."『私立大学図書館協会会報』Vol. 122, p.147-151, 2004.
30) OCLC. "Open WorldCat pilot." 〈http://www.oclc.org/worldcat/pilot/〉(last access 2/25/2004)
31) Bibliographic Enrichment Advisory Team (BEAT). "BEAT report for ALA." January 2004. 〈http://www.loc.gov/catdir/beat/beat.reports/beat.ALA.report.jan.2004.html〉(last access 2/25/2004)
32) "LC Table of Contents project update." LC Cataloging Newsline: *Online Newsletter of the Cataloging Directorate Library of Congress*. Vol. 9, No. 13, 2001. 〈http://www.loc.gov/catdir/lccn/lccn0913.html#3〉(last access 2/25/2004)
33) Library of Congress. "BeCites+." 〈http://www.loc.gov/rr/business/guide/〉(last access 2/25/2004)
34) "H-NET Reviews." 〈http://www.h-net.org/reviews/〉(last access 2/25/2004)
35) "国立国会図書館インターネット資源選択的蓄積実験事業." 〈http://warp.ndl.go.jp〉(last access 2/24/2004).
36) OCLC/RLG Working Group on Preservation Metadata. "Preservation metadata and the OAIS information model‐a metadata framework to support the preservation of digital object." 〈http://www.oclc.org/research/projects/pmwg/pm_framework.pdf〉(last access 2/24/2004)
37) Lazinger, Susan S. *Digital preservation and metadata: history, theory, practice*. Englewood, CO., Libraries Unlimited, 2001, p.104-105.
38) Lagoze, C. L. et al. "Open Archives Initiative Protocol for Metadata Harvesting‐version 2.0." 2002. 〈http://www.openarchives.org/OAI/openarchivesprotocol.html〉(last access 2/25/2004)
OAI-PMHの歴史的経緯などについては下記参照：Lagoze, C. L.; Van de Sompel, H. "The Open Archives Initiative: building a low barrier interoperability framework." *Proceedings of the 1st ACM/IEEE Joint Conference on Digital Libraries*. 2001, p.54-62. 〈http://www.openarchives.org/documents/oai.pdf〉(last access 2/25/2004); Van de Sompel, H.; Lagoze, C. "The Santa Fe Convention of the Open Archives Initiative." *D-Lib Magazine*. Vol. 6, No. 2, 2002. 〈http://www.dlib.org/dlib/february00/vandesompel‐oai/02vandesompel‐oai.html〉(last access 2/25/2004); Van de Sompel, H.; Lagoze, C. "Notes from the interoperability front: a progress report on the Open Archives Initiative." *Proceedings of the 6th European Conference on Digital Libraries*. 2002, p.144-157. URL: 〈http://www.openarchives.org/documents/ecdl-oai.pdf〉(last access 2/24/2004)
39) "ONIX." 〈http://www.editeur.org/onix.html〉(last access 4/25/2004)
40) "EDItEUR." 〈http://www.editeur.org/〉(last access 4/25/2004)
41) Caplan, Priscilla. "18. Rights metadata." *Metadata Fundamentals for All*

Librarians. Chicago, American Library Association, 2003. p.167-171.; "＠IT情報マネジメント用語事典."〈ttp://www.atmarkit.co.jp/aig/04biz/drm.html〉(last access 2/25/2004); Iannella, Renato. "Digital rights management (DRM) architectures." *D-Lib Magazine*. Vol. 7, No. 6, 2001.〈http://www.dlib.org/dlib/june01/iannella/06iannella.html〉(last access 2/25/2004)

42) "Interoperability of Data in E-Commerce Systems, indecs."〈http://www.indecs.org/〉(last access 2/24/2004)

43) Open eBook Forum Rights and Rules Working Group. "OeBF Rights Grammar Requirements." 2003.〈http://www.openebook.org/specifications/rrwgcoordinated.htm〉(last access 2/20/2004)

44) "DOI: the Digital Object Identifier system."〈http://www.doi.org〉(last access 2/20/2004)

45) 長谷川豊祐"DOI（デジタルオブジェクト識別子）システムの概要."『情報の科学と技術』Vol. 49, No. 1, p.28-33, 1999.

46) Gorman, Michael. "Metadata: hype and glory." In: Jones, Wayne; Ahronheim, Judith R.; Crawford, Josephine, eds. *Cataloging the Web: Metadata, AACR, and MARC 21*. Lanham, Scarecrow Press, 2002, p.179-181. (ALCTS Papers on Library Technical Services and Collections, no. 10)

47) Lynch, Clifford A. "Future developments in metadata and their role in access to networked information." In: Jones, Wayne; Ahronheim, Judith R.; Crawford, Josephine, eds. *Cataloging the Web: Metadata, AACR, and MARC 21*. p.183-187.

48) Brogan, Martha L. *A survey of digital library aggregation services*. Washington, D.C., The Digital Library Federation. Council on Library and Information Resources, 2003, 99 p.〈http://www.diglib.org/pubs/brogan/index.htm〉(last access 2/25/2004)

49) Armstrong, C.J. et al. *JUSTEIS; JISC Usage Surveys: Trends in Electronic Information Services*. Final Report 1999-2000 Cycle. 2000.〈http://www.dil.aber.ac.uk/dils/Research/JUSTEIS/cyc1rep0.htm〉(last access 2/27/2004)

第8章　機関リポジトリ

尾城孝一

1　はじめに

近年、海外の大学図書館を中心として機関リポジトリ[1]と呼ばれる、インターネット上の電子保存書庫の設置が相次いでいる。機関リポジトリは、学術コミュニケーションをめぐる危機的な状況と大学からの情報発信強化という、現在の学術情報流通システムが抱える2つの問題に対する1つの解決策として注目されている。本章では、まず機関リポジトリの誕生の背景と問題の所在について概観し、その定義および成立要件について述べる。続いて、海外の代表的な事例と国内の状況について紹介する。最後に今後の課題とその解決に向けた展望について触れたい。

2　背景および問題の所在

2.1　学術コミュニケーションの危機的状況

ここ10年来、科学・技術・医学（STM）分野の学術雑誌の価格は毎年2桁にも達する率で値上がりを続けている[2]。その結果、個人購読や大学図書館における予約購読は徐々に減少し、購読者数の減少がさらなる価格の高騰を招くという閉塞状況が現出することになる。これがいわゆる「シリアルズ・クライシス（Serials Crisis）」と呼ばれる現象である。

この雑誌の危機が目に見えるかたちで進行していったのは1990年代に入ってからであるが、それは同時にインターネットの普及とそれを利用した電子出版が広まっていった時代でもあり、この10年間で学術雑誌の電子化が急速に進行した。

　こうした、シリアルズ・クライシスと電子ジャーナルの急速な普及への対応をせまられた大学図書館は、次第に、コンソーシアムによる共同利用体制の確立という戦略を採用するようになる。すなわち、複数の図書館がコンソーシアムを形成して、それによって共同体全体の購買力と出版社との交渉力の強化を図り、「value for money（支払った金額当たりのアクセス可能情報量）」の向上をめざしてきた。しかしながら、コンソーシアムによる共同購入システムを導入しても、値上げそのものをとめることはできない。コンソーシアムとしてできることは、毎年の値上げ率の上限を設定することに限定される。コンソーシアム戦略は、雑誌の危機に対する特効薬というよりも、むしろ対症療法であると考えておいた方がよい。現在の商業出版社が支配する、学術雑誌を軸とした学術コミュニケーションのシステムが続く限り、危機的な状況の根本的解決には至らない。

2.2　大学に求められる情報発信機能の強化

　大学等の研究機関で生産される研究成果には、論文類、単行書、教材、各種データ類、学会発表資料、データベース、ソフトウェアなどの多種多様な学術情報が含まれる。こうした学術情報の発信の現状について俯瞰してみると、紙あるいは電子版の雑誌や図書、プレプリント・サーバやeプリント・サーバ、あるいは学会での発表や授業、さらには教員個人のウェブサイトなどさまざまな経路を通じて、外の世界に向かって発信されていることがわかる。

　しかしながら、大学としての発信という視点から見た場合、集約的な発信の欠如や研究成果の長期的な保存と利用を保証するシステムの不備といった幾つかの問題が浮かび上がってくる。加えて、教員のワークステーションや机の中にしまいこまれている、隠れた成果が少なからず存在していると推測される。こうした学内の知的生産物を収集、統合し、外の世界に向かって開示していくことは、これからの大学が社会に対して果たさなければならない責務の1つで

ある。

　大学からの情報発信強化については、日本においても各種の答申のなかで、重要課題の1つとして取り上げられてきた。例えば、2002年3月の科学技術・学術審議会研究計画・評価分科会情報科学技術委員会デジタル研究情報基盤ワーキング・グループの答申「学術情報の流通基盤の充実について（審議のまとめ）」[3]では、「大学等から発信されるさまざまな学術情報が簡便に利用できるためには、総合的な情報の発信窓口（ポータル機能）を設置し、統一的な規約によって情報を発信する必要がある。このために、大学図書館が中心となって、情報の形式、登録方法などに関する統一的なルールについて、学内での合意を形成する必要がある。さらに、大学図書館と情報処理関連施設等が協力して情報発信のためのシステムの設計・構築を行なう必要がある」とされている。

3　機関リポジトリによるソリューション

3.1　機関リポジトリとは何か

　機関リポジトリは、大学等の学術機関内で生産された、さまざまな学術情報を収集、蓄積、配信することを目的とした、インターネット上のサーバである。クロー（Raym Crow）によれば、機関リポジトリとは、「単独あるいは複数の大学コミュニティの知的生産物を捕捉し、保存するデジタル・コレクション」である[4]。クローは、機関リポジトリを構成する不可欠の要素として、以下の4点を挙げている。

①学術機関による規定：特定の学術機関の構成員によって生産されたコンテンツを対象とすること。

②学術的コンテンツ：学術的価値を有するコンテンツを収集し、保存し、発信するシステムであること。

③累積的かつ恒久的：収集されたコンテンツは累積的かつ恒久的に維持されなければならない。

④相互運用性とオープン・アクセス：相互運用性を確立するための標準規格を実装し、アクセスは基本的にオープンでなければならない。

　一方、リンチ（Clifford A. Lynch）は、機関リポジトリを「大学とその構成

員が創造したデジタル資料の管理や発信を行なうために、大学がそのコミュニティの構成員に提供する一連のサービス」であると定義し、デジタル時代における学術研究にとって不可欠の基盤であるとみなしている[5]。

3.2 システムの概要

リポジトリ・システムは、基本的に以下の機能から構成される。

①投稿受理機能：教員・研究者自身によるコンテンツの投稿を受けつける機能である。対象となるコンテンツの候補としては、学術雑誌掲載論文、プレプリント、紀要論文、学位論文、統計・実験データ、教材、ソフトウェアなどを挙げることができるが、誰が何をどのようなフォーマットで投稿できるのかについては、各学術機関の運用方針によって定められる。また、投稿されたコンテンツをサーバに複製し、それを無償で公開するためには、投稿者から非排他的な利用許諾を得ておく必要がある。

②管理機能：投稿されたコンテンツのメタデータを確認し、必要に応じて、主題や件名等のメタデータの管理を行なうための機能である。また、保存を目的としたフォーマット変換機能なども含まれる。機関リポジトリの管理の主体となっているのは、ほとんどの場合図書館である。リポジトリの目的である、学術情報の収集、組織化、保存、発信といったサービスが、従来の図書館の業務や使命と合致することがその理由と考えられる。

③検索機能：コンテンツに付与されたメタデータに基づいて、検索やブラウジングを行なう機能である。この機能を用いて、利用者はリポジトリに蓄積された研究成果にアクセスすることができる。リポジトリに格納されたコンテンツに対するアクセスは基本的にオープンにすべきであるが、場合によってはアクセスを制限する方針を採用する必要が生じる。例えば、学内や学部内からのアクセスに限定する（地理的制限）ことや、投稿後ある一定期間はアクセスを制限する（時間的制限）ことなどが想定される。

3.3 期待される効果

世界中の多くの学術機関において機関リポジトリの設置が進み、リポジトリのネットワークが形成されることにより、無料でアクセスできる学術論文が大

幅に増加することが見込まれる。その結果、商業出版社に独占されていた学術情報流通の主導権を研究コミュニティに取り戻すことが可能となる。短期的な展望の中では、リポジトリのネットワークが商業出版社の学術雑誌に完全に取って代わることは難しいが、長期的には、機関リポジトリを基盤とした、新たな学術コミュニケーションのパラダイムが創出されるのではないかと期待される[6]。

一方、機関リポジトリは、大学で生産された学術情報への統一的な窓口として機能する。利用者は、リポジトリにアクセスすることを通じて、大学から発信される研究成果を一元的に入手し、その活用を図ることができる。その結果、大学は社会に対する説明責任を果たすことになり、同時に研究機関としての大学の知名度も向上する。

4 実際例

4.1 海外の事例およびプロジェクト

(1) CODA (Collection of Open Digital Archives)[7]

カリフォルニア工科大学の図書館システムが中心となって運営しているCODAは、図書、テクニカル・レポート、雑誌論文、会議発表論文、学位論文などのコンテンツから成る各種リポジトリの集合体である。2004年10月現在、計15種のリポジトリが公開されている。

(2) MIT DSpace[8]

マサチューセッツ工科大学のDSpaceは、2002年11月にサービスを開始し、2004年10月現在、Center for Global Change Science、Center for Innovation in Product Development (CIPD)、Center for Technology, Policy, and Industrial Development (CTPID)、Computer Science and Artificial Intelligence Lab (CSAIL)、Department of Ocean Engineering、Department of Political Science、Laboratory for Information and Decision Systems (LIDS)、MIT Press、Operations Research Center、Research Laboratory for Electronics (RLE)、Singapore-MIT Alliance (SMA)、Sloan School of Management、Warren M. Rohsenow Heat and Mass Transfer Laboratoryといった13の研

究コミュニティ（学部、学科、センター等）が参加している。各コミュニティは、それぞれの要件に合わせて柔軟に投稿プロセスを管理し、独自の運営方針を設定することができる。

(3) eScholarship Repository[9]

カリフォルニア大学の eScholarship Repository は、カリフォルニア・デジタル図書館が2002年4月にサービスを開始した機関リポジトリである。学内の教員が作成した研究論文、ワーキング・ペーパー、テクニカル・ペーパー、プレプリント等を収録している。2004年10月現在の登録論文数は3,500件を超え、ダウンロード件数も週当たり約1万件程度に達している。

(4) その他

英国では、合同情報システム委員会（Joint Information Systems Committee: JISC）がFAIR（Focus on Access to Institutional Resources）[10]と呼ばれるプログラムを創設し、機関リポジトリの普及を積極的に支援している。FAIR は14のプロジェクトで構成され、あわせて50の機関が参加している。また、カナダでもカナダ研究図書館協会（Canadian Association of Research Libraries: CARL）を中心として、機関リポジトリのパイロット・プロジェクト[11]が進行中である。さらに、オランダでは政府の支援の下で、全国規模の分散リポジトリ構築計画である DARE（Digital Academic Repositories）[12]が2003年から開始されている。

(5) SPARC の支援活動

SPARC（Scholarly Publishing and Academic Resources Coalition）もまた、機関リポジトリの支援を最近の活動の柱の1つとしており、近年、『機関リポジトリ擁護論：SPARC 声明書（Case for Institutional Repositories: A SPARC Position Paper）』[13]と『SPARC 機関リポジトリ・チェックリストおよびリソースガイド（SPARC Institutional Repository Checklist & Resource Guide）』[14]という、リポジトリの普及を促進するための2つの文書を相次いで発表している。また、ワークショップの開催やメーリングリストの開設などを通じて機関リポジトリの支援活動に積極的に取り組んでいる[15]。

4.2 日本の現状

(1) 千葉大学学術情報リポジトリ計画

千葉大学では、附属図書館を中心として、「千葉大学学術情報リポジトリ計画」[16]を開始している。これは、千葉大学内で生産された知的生産物（さまざまな論文、プレプリント、統計・実験データ、教材、ソフトウェアなどの学術情報）を蓄積、保存し、学内外に無償で発信するための電子書庫の構築をめざしたプロジェクトである。2002年度には、図書館内にワーキング・グループを設置し、国内外の動向の調査、あるいは学内の教員向けのアンケート調査などを行なってきた。また、それと並行してリポジトリ・システムのプロトタイプの開発にとりかかった。さらに、2003年の7月には附属図書館長の下に学内の教員からなる「学術情報発信のための協力者会議」という推進母体を設置し、初期データの整備、ガイドラインと利用許諾契約書の策定、登録の促進、著作権をめぐる情報の整理、プロトタイプの改造といった課題について検討を進めている。

(2) 国立情報学研究所メタデータ・データベース共同構築事業

国立情報学研究所は、2002年度から「メタデータ・データベース共同構築事業」[17]に着手した。この事業は、参加機関の共同分担入力方式によって、主として国内の大学や研究機関等がインターネットを通じて発信している学術情報資源のメタデータをデータベース化することにより、各機関の研究成果を広く世界に発信することを支援しようという取り組みである。2004年2月現在、266機関の約6万件のメタデータが登録されている。データベースに集積されたメタデータは、「大学 Web サイト資源検索（JuNii 大学情報メタデータ・ポータル試験提供版）」[18]を通じて、2003年3月から試験的に公開されている。

今後、千葉大学以外の大学や研究機関においても、機関リポジトリの実装が加速されると推測されるが、日本からの学術情報発信体制の整備を進めるには、機関リポジトリと国立情報学研究所のメタデータ・データベースとの間の緊密な協調が求められる。機関リポジトリは、学内で生産された、さまざまな学術情報を収集、保存する役割を担い、一方、国立情報学研究所のメタデータ・データベースは、各大学のリポジトリに保存されたさまざまな学術情報に対する統一的な窓口（ポータル）としての機能を提供することになる。こうした相互補完的な連携を通じて、日本からの研究成果発信システムが効率的に構築でき

るのではないかと期待される(第6章をも参照)。

5 主な課題

5.1 技術的な諸問題
(1) リポジトリ・ソフトウェア

　機関リポジトリを構築するためのツールとして、現在多くのソフトウェアがオープンソースとして提供されている[19]。その代表的なソフトウェアとして、サウサンプトン大学が開発したEPrints、マサチューセッツ工科大学とヒューレット・パッカード社の共同開発によるDSpace、およびヨーロッパ合同素粒子原子核研究機構(Conseil Europeen pour la Recherche Nucleaire: CERN)のCDSware (CERN Document Server Software) を挙げることができる。

　このように、海外においては無償で利用できるソフトウェアが広く流布し、それが機関リポジトリの普及に貢献しているが、残念ながら、日本にはこの種のオープンソースのソフトウェアは存在していない。今後は、日本製のリポジトリ・ソフトウェアを開発し、それをオープンソースとして流通させる試みや、海外の無償のソフトウェアを日本語化し、その実装を支援する活動が求められる。

(2) 相互運用性の確保

　機関リポジトリが持つポテンシャルを最大限に発揮させるためには、孤立した個々のリポジトリを、ネットワーク化されたリポジトリ群に発展させていくことが不可欠である。そのためには、リポジトリの相互運用性を確保するための技術的な配慮が必要となる。

　機関リポジトリの相互運用を実現する手段として、OAIメタデータ・ハーベスティング・プロトコル (Open Archives Initiative Protocol for Metadata Harvesting: OAI-PMH)[20]がある。これは、オープン・アーカイブズ・イニシアティブ (Open Archives Initiative: OAI)[21]が、機関リポジトリや分野別のリポジトリ等の電子的情報資源の相互運用性を高めることを目的として開発したプロトコルである。OAI-PMHの基本的な枠組みは、データ・プロバイダとサービス・プロバイダによって構成され、各機関が構築するリポジトリはデータ・プ

ロバイダとして、サービス・プロバイダにメタデータを供給する役割を果たす。サービス・プロバイダはデータ・プロバイダからハーベスト(収集)したメタデータに基づき、さまざまな付加価値サービスを提供する[22]。

FAIRプログラムに含まれるプロジェクトであるePrints UKは、OAI-PMHを使用して、英国の高等教育機関が運営する機関リポジトリに蓄積されたeプリント(電子的論文)に統合的にアクセスできる全国サービスを開発中である[23]。

(3) 長期的保存

投稿されたコンテンツを保存し、後世の人々に伝えていくことは、機関リポジトリの必須の要件とされている。デジタル情報の長期保存のためには、以下の3つの戦略が考えられる[24]。

①旧式な技術の保存:コンテンツを、それにアクセスするために必要なハードウェアやソフトウェアとあわせて保存する。

②エミュレーション:コンテンツにアクセスするためのオリジナルなソフトウェアとハードウェアをエミュレーション(模倣)するためのソフトウェアを使用する。

③マイグレーション:次々と変わるハードウェアやソフトウェアに応じて、デジタル・コンテンツを周期的にマイグレーション(移行)する。

このうち、「旧式な技術の保存」は、一般的に実現が困難であると考えられている。また、「エミュレーション」と「マイグレーション」についても、その有効性や技術的な実現可能性が十分に証明されているとは言いがたい。さらに、保存に関しては、技術的な問題以外にも、各機関における保存方針の策定、コストの見積もりと経費の確保等の課題が数多く残されており、ほとんどの機関が保存についての態度を留保しているのが現状である。

(4) 恒久的識別子

保存と並んで、蓄積されたコンテンツに対する永続的で安定したアクセスを保証することは、機関リポジトリの必須要件の1つである。この要件を満たすためには、各コンテンツに恒久的に参照可能な識別子を付与する必要がある。

例えば、EPrintsは各コンテンツにユニークなURLを自動的に割り当てる仕組みを採用している。しかしながら、将来的にリポジトリの管理責任が他の

機関に移転され、コンテンツが他のプラットフォームに移動した場合、新たなURL が付与され、旧 URL からの参照が不可能となるおそれがある。

　DSpace は、CNRI（Corporation for National Research Initiatives）のハンドル・システム[25]を採用して、この問題の解決に取り組んでいる[26]。これは、インターネット上のデジタル・オブジェクトに恒久的な識別子（ハンドル）を付与し、それを管理し、解決するための包括的なシステムである。このシステムを使用することによって、たとえコンテンツの所在場所が変更されたとしても、コンテンツに付与された不変の識別子によってコンテンツへのアクセスが保証される。

5.2　運用に関する問題
(1) 品質管理

　一般的に、機関リポジトリへのコンテンツ登録フローの中には、学術雑誌のピア・レビューに相当するような厳格な品質管理のプロセスは組み込まれていない。これは、コンテンツを登録できる利用者を学内の教員や研究者に限定することにより、実質的に品質が保たれるという考え方に基づくものである。しかしながら、リポジトリの中には査読済み論文等の質が保証されたコンテンツと無審査のコンテンツとが混在することになり、それがリポジトリ全体の信頼性を損ない、ひいてはコンテンツ投稿を阻害する障壁にもなりかねない。

　この問題に対して、マサチューセッツ工科大学の DSpace では、学部や学科等の参加コミュニティが柔軟に品質管理の方針を選択できるシステムを採用している。コンテンツ投稿のワークフローの中で、査読者や編集者が内容を審査し、受理の可否を判断することも可能となっている[27]。

　一方、分野別のリポジトリである e プリント・アーカイブでは、オーバレイ・ジャーナルと呼ばれる雑誌との連携によって、品質管理の欠如を補完しようという試みが行なわれている。オーバレイ・ジャーナルとは、e プリント・アーカイブに蓄積された論文の投稿を受けつけ、その査読を行ない、審査ずみの論文へのハイパーリンクのみを提供する仮想的な雑誌のことである[28]。こうしたオーバレイ・ジャーナルとの連携も、機関リポジトリの品質管理という問題に対する解決策の1つとして検討に値する。

(2) コンテンツ投稿の促進

教員や研究者による機関リポジトリへのコンテンツ投稿をいかにして促すかは、リポジトリの成功の鍵を握る重要な課題である。登録促進のためには、なによりも使いやすい登録インターフェイスを用意することが不可欠である。また、図書館員による代理投稿を通じて、コンテンツ投稿の負荷の低減化を図っている機関も存在する。さらには、以下のようなメリットを強調することも必要であろう。

①無料でアクセスできるオンライン論文は引用されやすい[29]。
②自らの研究成果の認知度を高めることができる。
③研究成果の長期保存・利用が保証される。

(3) 著作権をめぐる課題

大多数の学術雑誌は、投稿論文を受理する際に、著作権の譲渡を著者に求めている。その結果、学術雑誌に掲載された論文は、たとえ自らが執筆したものであろうとも、出版社や学会の許諾なしに、機関リポジトリに登録し、公開することはできないとされている。

しかしながら、リポジトリへの登録やウェブサイト上での公開を認めている出版社も少なからず存在している。例えば、英国の RoMEO プロジェクトおよびそれを引き継いだ SHERPA プロジェクトの調査結果によれば、プレプリント（掲載前論文）、ポストプリント（掲載後論文）のいずれか一方、または両方の登録を認めている出版社が全体の68％に達している（2004年10月現在）[30]。コンテンツ投稿の促進という観点からも、出版社や学会の著作権ポリシーに関する情報をできるだけ教員や研究者に提供することが求められる。

5.3 リポジトリ連合

リンチは、これから機関リポジトリが増加するにつれて、さまざまな形態のコンソーシアム・ベースのリポジトリ、あるいはクラスター型のリポジトリが登場するであろうと予測している[31]。こうした協調を通じて、システムの共同開発、共同利用、複数のリポジトリ間の横断検索、あるいは共同保存システムの構築が実現されるのではないかと期待される。また、リポジトリ連合が、個々の大学や研究機関の垣根を越えた共同研究を推進する触媒としての役割を

果たす可能性もある。

　マサチューセッツ工科大学は、2003年にメロン財団から補助金を得て、ケンブリッジ大学、コロンビア大学、コーネル大学、ロチェスター大学、オハイオ州立大学、トロント大学、ワシントン大学とともにDSpace連合[32]を結成し、ソフトウェアの共同利用およびその評価に着手しており、今後の進展が注目される。

6　おわりに

　機関リポジトリの開発とその運営は、これからの大学図書館が取り組むべき重要な課題の1つであると言えよう。機関リポジトリの設置を通じて、大学図書館は、現在の商業出版者に寡占された学術雑誌を軸とする学術コミュニケーション・システムのパラダイム転換において、不可欠の役割を果たすことができる。また、大学図書館が学内で生産された学術情報の統一的な発信窓口としての機能を積極的に担うことによって、大学の中での図書館の新たな存在意義を学内の教員や経営管理者に示すことが可能となる。

　しかしながら、機関リポジトリが持つポテンシャルを十分に発揮させるには、解決しなければならない障壁が幾つか残されている。これらの諸問題の解決には、個々の大学図書館による散発的な取り組みではなく、グローバルな視点からの協調的活動が強く求められる。

注・引用文献

1）　"institutional repository" の日本語訳。機関レポジトリと呼ばれることもある。
2）　*Library Journal* の毎年4月15日号に掲載されている Periodical Price Survey による。
3）　科学技術・学術審議会研究計画・評価分科会情報科学技術委員会デジタル研究情報基盤ワーキング・グループ「学術情報の流通基盤の充実について（審議のまとめ）」2002年3月12日．
4）　Crow, Raym. "The case for institutional repositories: a SPARC position paper." 2002.〈http://www.arl.org/sparc/IR/IR_Final_Release_102.pdf〉(last access 10/7/2004)（『機関リポジトリ擁護論：SPARC声明書』栗山正光；中井えり子訳
　　〈http://www.tokiwa.ac.jp/~mtkuri/translations/case_for_ir_jptr.html〉(last

access 10/7/2004))
5) Lynch, Clifford A. "Institutional repositories: essential infrastructure for scholarship in the digital age." *ARL Bimonthly Report.* 226, 2003. 〈http://www.arl.org/newsltr/226/ir.html〉 (last access 10/7/2004)
6) Crow. 前掲.
7) CODA (Collection of Open Digital Archives). 〈http://library.caltech.edu/digital/〉 (last access 10/7/2004)
8) MIT DSpace. 〈https://dspace.mit.edu/〉 (last access 10/7/2004)
9) eScholarship Repository. 〈http://repositories.cdlib.org/escholarship/〉 (last access 10/7/2004)
10) FAIR (Focus on Access to Institutional Resources). 〈http://www.jisc.ac.uk/index.cfm?name=programme_fair〉 (last access 10/7/2004)
11) CARL Institutional Repositories Pilot Project. 〈http://www.carl-abrc.ca/projects/ir/〉 (last access 10/7/2004)
12) DARE (Digital Academic Repositories). 〈http://www.surf.nl/en/themas/index2.php?oid=7〉 (last access 10/7/2004)
13) Crow. 前掲.
14) Crow, Raym. "SPARC institutional repository checklist & resource guide." 2002. 〈http://www.arl.org/sparc/IR/IR_Guide_v1.pdf〉 (last access 10/7/2004) (『SPARC機関リポジトリ・チェックリストおよびリソースガイド』千葉大学附属図書館IRワーキング・グループ訳 〈http://mitizane.ll.chiba-u.jp/information/SPARC_IR_Checklist.pdf〉 (last access 10/7/2004))
15) SPARC Institutional Repository Resources. 〈http://www.arl.org/sparc/repos/index.html〉 (last access 10/7/2004)
16) 千葉大学学術情報リポジトリ計画. 〈http://mitizane.ll.chiba-u.jp/information/index.html〉 (last access 10/7/2004)
17) メタデータ・データベース共同構築事業. 〈http://www.nii.ac.jp/metadata/〉 (last access 10/7/2004)
18) 大学Webサイト資源検索 (JuNii大学情報メタデータ・ポータル試験提供版). 〈http://ju.nii.ac.jp/index.html〉 (last access 10/7/2004)
19) Open Society Institute. "A guide to institutional repository software." 2_{nd} edition. 2004. 〈http://www.soros.org/openaccess/software/〉 (last access 10/7/2004)
20) Open Archives Initiative Protocol for Metadata Harvesting. 〈http://www.openarchives.org/OAI/openarchivesprotocol.html〉 (last access 10/7/2004)
21) Open Archives Initiative: OAI. 〈http://www.openarchives.org/〉 (last access 10/7/2004)
22) 尾城孝一 "OAI-PMHをめぐる動向." 『カレントアウェアネス』No. 278, p.12-14, 2003.
23) Day, Michael. "Prospects for institutional e-print repositories in the United Kingdom." 2003.

⟨http://www.rdn.ac.uk/projects/eprints-uk/docs/studies/impact/⟩ (last access 10/7/2004)
24) Craw. "SPARC institutional repository checklist & resource guide." 前掲.
25) CNRI Handle System. ⟨http://www.handle.net/⟩ (last access 10/7/2004)
26) Smith, MacKenzie et al. "DSpace: an open source dynamic digital repository." *D-Lib Magazine*. Vol. 9, No. 1, 2003. ⟨http://www.dlib.org/dlib/january03/smith/01smith.html⟩ (last access 10/7/2004)
27) 同上.
28) 例えば、arXiv.org のオーバレイ・ジャーナルとして、*Geometry and Topology* と *Advances in Theoretical and Mathematical Physics* を挙げることができる。*Geometry and Topology*. ⟨http://www.maths.warwick.ac.uk/gt/⟩ (last access 10/7/2004) *Advances in Theoretical and Mathematical Physics*. ⟨http://www.intlpress.com/journals/ATMP/archive/⟩ (last access 10/7/2004)
29) Lawrence, Steve. "Online or invisible?" *Nature*. Vol. 411, No. 6837, p. 521, 2001.
30) Publisher copyright policies & self-archiving. ⟨http://www.sherpa.ac.uk/romeo.php⟩ (last access 10/7/2004)
31) Lynch. 前掲.
32) DSpace Federation. ⟨http://www.dspace.org/⟩ (last access 10/7/2004)

第9章　デジタル・レファレンスの特性と課題

齋藤　泰則

1　はじめに

　インターネットに象徴されるデジタル環境は、図書館サービスに様々な影響を及ぼしている。なかでも、レファレンス・サービスは、直接的サービスにあたる質問回答サービスと間接的サービスにあたる情報源の形成の両面において大きな影響を受けている。本章では、今日のデジタル環境下のレファレンス・サービスにいたる経緯と特性について考察し、今後のレファレンス・サービスの動向と課題について明らかにする。

2　デジタル・レファレンスの展開

　デジタル・レファレンスは、質問回答サービスの方法・形態とレファレンス資料としての情報源の両面におけるデジタル化として捉えることができる。デジタル・レファレンスの種々の定義については後述することとし、ここでは、デジタル・レファレンスの歴史的な展開について考察する。
　デジタル・レファレンスは、質問回答サービス方法へのデジタル技術の導入と電子媒体の情報源の導入の各段階に応じて、次の4世代に分けて捉えることができる。
　第1世代は、質問回答サービスのための情報源としてオンライン・データベ

ースなど、電子媒体の情報源が導入、利用された時代である。1970年代から1990年代前半におけるレファレンス・サービスの特徴は、書誌データベースなどのオンライン・データベースが導入され、利用者の複雑な質問に対応した高度な文献検索が可能となった点にある。また、辞書・事典など事実検索用情報源の媒体として、CD-ROM などのパッケージ系情報源が普及し、活用された時代でもある。なお、これらの電子情報源は、今日においても依然として重要な情報源であることに変わりないが、後述するインターネット上のネットワーク情報源の登場により、パッケージ系情報メディアの利用は相対的に低下しているのが現状である。

第2世代は、1990年代後半から導入が始まった、利用者の質問を電子メールによって受け付け、電子メールで回答を提供するという質問回答方式のデジタル化である。狭義には、電子メールによる質問回答サービスをもってデジタル・レファレンスの開始と捉える場合もある。これまでにも、電話や文書によりレファレンス質問の受付が行なわれてきた。しかし、来館することなく質問の提示と回答の受理が即時に可能であり、同時にサービス時間外の質問の提示と回答の受理も可能である点で、電子メールによるレファレンスは、電話と文書の利点を兼ね備えたものであり、デジタル・レファレンスを代表するサービス方式として位置づけられる。

第3世代は、レファレンス資料としての情報源と質問回答方式の両面においてデジタル化の進展が見られた時期である。この時期（1990年代後半）には、回答に使用する重要な情報源として WWW 上の情報源が導入され、またインターネットに接続されたコンピュータのモニターを通して利用者と図書館員との対話が可能となるライブ・レファレンス（live reference）が登場する。第1世代を象徴する電子媒体の情報源のうち、特にオンライン・データベースの多くは有料であり、当時はその検索に一定の専門知識と技能を必要とするものであったため、サーチャーによる代行検索サービスが導入された。しかし、1990年代後半以降、WWW 上で無料公開されている情報源のなかには、レファレンス資料として有効なものが少なくない。また、これまでの書誌データベースのほとんどが WWW 上で利用可能であり、ブラウザのもつ統一的なインタフェースで検索できるようになり、データベースごとに特別な検索技法を習得し

なくても、基本的な検索が可能になった。

　WWW 上の情報源の充実にともない、IPL（Internet Public Library）[1]など、ネットワーク情報源を組織化し、案内紹介する情報サービスも提供されるようになった。一方、ライブ・レファレンス方式の実現は、電子メールや WWW 上での質問回答方式に欠けていた対面状況下でのサービスの提供を可能にし、従来のようにレファレンス・デスクにおける利用者の反応など、非言語コミュニケーションをも取り入れたレファレンス・インタビューが実施できるようになった。米国では、「24/7 Reference」[2]という、週7日間24時間体制でレファレンス・サービスが可能なシステムを供給する機関も登場している。

　第4世代は、インターネット環境を利用した協同デジタル・レファレンス構築の時代である。米国では、議会図書館と OCLC との協同事業として、2002年から QuestionPoint という協同デジタル・レファレンス・サービスが開始されている[3]。また、わが国でも、2002年から、国立国会図書館によって、レファレンス協同データベース実験事業が開始され、質問回答の事例を蓄積し、参加図書館において共同利用するシステムが開発されている[4]。

　第3世代までのデジタル・レファレンスは、情報源とサービス方式のデジタル化の程度により、各世代が特徴付けられる。しかし、21世紀に入り、実際に図書館で受付、処理されたレファレンス質問と回答をレファレンス事例データベースとして蓄積し、参加館および利用者に広く提供し、その活用を図るという新たなデジタル・レファレンスの段階を迎えている。

3　デジタル・レファレンスの特性

3.1　デジタル・レファレンスの定義

　ここでは、今日、デジタル・レファレンスに対して与えられている諸定義を通して、その特性を見ていく。

　アメリカ図書館協会（American Library Association: ALA）では、デジタル・レファレンスについて次のような定義を与えている。

　1）電子的にリアルタイムに実施されることの多いレファレンス・サービ

スである。利用者は、その場にいなくても、コンピュータやインターネット技術を使って図書館員とコミュニケーションが可能である。よく利用されるコミュニケーション・チャネルには、チャット、テレビ会議、電子メールが含まれる。

2）オンライン情報源はバーチャル・レファレンスの提供の際によく利用されるが、回答の探索における電子情報源の利用はバーチャル・レファレンスの本質ではない。

3）バーチャル・レファレンス質問は、さらに電話、ファックス、郵便などのコミュニケーション様式が補足的に使用される場合がしばしばある[5]。

　この定義から明らかな点として、利用者による質問の提示、図書館員によるレファレンス・インタビュー、回答提供の各段階において電子的手段が導入されていることがまず挙げられる。次に情報源として電子媒体の利用が挙げられるが、ただし、これはデジタル・レファレンスにとって必須の条件ではない点に注意する必要がある。このことから、デジタル・レファレンスは、利用者と図書館員とのコミュニケーション手段のデジタル化が基本であることがわかる。さらに、もう1つ重要な点は、図書館員が利用者と情報源との仲介者として機能するという点である。したがって、ALAの定義によれば、利用者自身が電子媒体の情報源を使って必要な情報を探索し入手するための情報探索環境の形成に留まるサービスはデジタル・レファレンスとはいえない。

　次に、米国の初等中等教育の関係者にインターネットを通じて情報源を案内紹介するサービスとして注目されているバーチャル・レファレンス・デスク（Virtual Reference Desk: VRD）におけるデジタル・レファレンス・サービスの定義を以下に示す。

　　　デジタル・レファレンスとは、インターネット・ベースの質問回答サービスであり、利用者を専門家とその主題専門知識に結びつけるものである。デジタル・レファレンス・サービスは、インターネットを使って、人々と質問に回答できる人々とを結びつけ、また、スキルの開発を支援するものである[6]。

第9章　デジタル・レファレンスの特性と課題

　このVRDは、利用者のもつ情報要求の内容に応じて、利用者をWWW上の情報源や回答提供が可能な専門家や専門機関のサイトを紹介するレファラル・サービスとしての機能を提供するものといえる。その点で、文献を主たる情報源とするレファレンス・サービスとは区別されるが、この定義においても、デジタル・レファレンスは質問回答サービスであり、利用者と情報源の仲介機能を発揮することが基本要件として示されている。

　その他、デジタル・レファレンスに対する種々の定義に共通な要素を挙げると、次の3点に集約される[7]。

　第1に利用者と情報源との仲介機能を有すること。
　第2に質問回答サービスであること。
　第3に仲介機能と質問回答サービスがデジタル環境で提供されること。

　このように、レファレンス・サービスのうち、直接サービスにあたる質問回答サービスがデジタル環境において提供される点にこそ、デジタル・レファレンスの主要な特徴がある。したがって、利用者のレファレンス質問を電子メール等で受け付け、印刷媒体の情報源を使って探索し、得られた回答を電子メール等で提供するようなサービスは当然、デジタル・レファレンスに該当する。

3.2　デジタル・レファレンスと伝統的なレファレンス・サービスとの比較

　ここでは、伝統的なレファレンス・サービスとデジタル・レファレンスとの相違点について見ていく。ここでいう伝統的なレファレンス・サービスとは、利用者が図書館に来館し、レファレンス・デスクにおいて情報要求をレファレンス質問として提示し、それに対して図書館員が回答を提供するサービスを指す。比較項目としては、次の5点を取り上げる。第1に、利用者と図書館員との対話（相互作用）方法である。第2にサービスを提供する時間帯と場所である。第3に処理の対象となるレファレンス質問の類型である。第4に回答に使用する情報源である。第5に他の図書館との協力関係である。以上の5点について比較したものが表9-1である。

　デジタル・レファレンスの特徴が最もよく現れているのが第1の相互作用の方式である。従来の伝統的なレファレンス・サービスは、文書や電話という受

表9-1 デジタル・レファレンスの特性

項目	デジタル・レファレンス		伝統的なレファレンス・サービス
	特性	方式・事例	
相互作用	非同期・間接	・e-mail ・WWW	同期・直接
	同期・間接	live reference	
サービスの時間・場所	・非限定（24時間／7日間、遠隔利用）		開館時間内・館内
レファレンス質問の類型	・調査質問 ・探索質問	・e-mail ・WWW	・案内指示的質問 ・即答質問 ・探索質問 ・調査質問
	・即答質問	・live reference	
情報源	・所蔵レファレンス資料 ・商用外部データベース		・所蔵レファレンス資料 ・商用外部データベース
	・Web 上の情報源	・MARS Best Web Reference Sites	
他館との協力関係	・質問回答事例のナレッジベース化 ・質問の転送による協同デジタル・レファレンス	・QuestionPoint ・レファレンス協同データベース事業（NDL）	・質問の照会による協力レファレンス

付・回答方法はあるものの、その中心はレファレンス・デスクにおける対面状況下でのサービスの提供にあり、時間と場所を共有しながら利用者に直接対応する点に最大の特徴がある。それに対して、デジタル・レファレンスでは、質問の受付と回答提供の方法に電子メールやWWWを利用する場合と、チャットやテレビ会議方式をとるライブ・レファレンスがある。いずれも電子媒体を介在させた間接的な相互作用であるが、後者のライブ・レファレンスは時間の共有、即時的な対応、処理（すなわち同期）が原則であるのに対して、前者は利用者の要求に即時に対応するものではない点（すなわち非同期）に特徴がある。

　上述の相互作用に見られる特徴は、サービスの時間と場所の特徴に反映されることになる。特に、電子メールやWWWを使ったデジタル・レファレンスは、時間と場所に基本的な制限が課されない。この点こそが、デジタル・レファレンスを伝統的なレファレンス・サービスと区別する最大の特徴といえる。

　次に、処理されるレファレンス質問の類型であるが、米国の大学図書館を対

第9章　デジタル・レファレンスの特性と課題

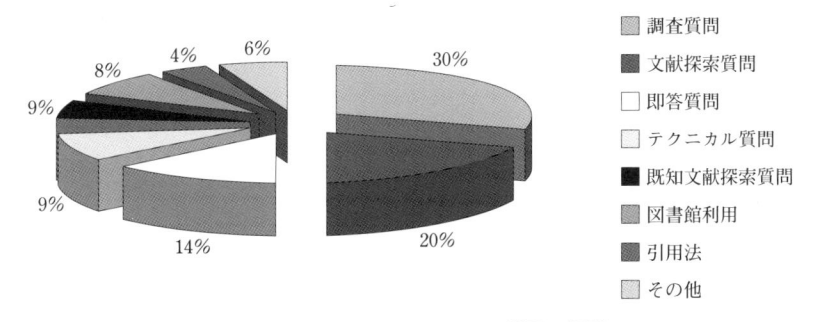

凡例：
- 調査質問 30%
- 文献探索質問 20%
- 即答質問 14%
- テクニカル質問 9%
- 既知文献探索質問 9%
- 図書館利用 8%
- 引用法 4%
- その他 6%

図9-1　デジタル・レファレンス質問の類型

象としたスローン（B. Sloan）の調査によれば、図9-1に示したように、利用者からデジタル・レファレンスに寄せられた質問の3割が調査質問（research question）であり、次いで探索質問（search question）が2割となっており、調査質問が最も多い質問類型であることが判明した[8]。ただし、ここでいう調査質問は、利用者が何らかの調査研究に従事し、そのために必要な情報を求めるような質問を広く指している。したがって、難易度が高く、多くの時間と労力を要する質問に限っているわけではない。しかし、伝統的なレファレンス・サービスにおいては、案内指示的質問や即答質問が圧倒的に多い状況を考えるならば、デジタル・レファレンスに寄せられる質問の半数近くが調査質問や探索質問など、調査研究に関わる情報要求である点は注目すべきである。伝統的なレファレンス・サービスとは異なり、対面状況下でなく間接的で非同期的または同期的であるデジタル・レファレンスというサービス方式が、調査研究に関わる利用者の抱える課題や問題を踏まえた情報要求の提示を促す効果をもたらすことが考えられる。

　次に情報源であるが、デジタル・レファレンスに特徴的なものが、WWW上の情報源の活用である。WWW上の情報源の利用にあたっては、従来の印刷媒体のレファレンス資料の選択に相当する基準によって選別する必要がある。ALAのコンピュータ支援レファレンス・サービス部門（Machine-Assisted Reference Section: MARS）では、WWW上の情報源のなかからレファレンス資料を選択する際の基準を明示し、毎年、20件程度のWWW上の情報源を推薦している[9]。その基準は従来の印刷媒体のレファレンス資料や商用の書誌デー

ベースの選択基準に該当するものでもある。WWW上の情報源をレファレンス資料として使用する場合にも、従来のレファレンス資料に求められる条件を満たす情報源を精選することが必要となる。

最後に、他の図書館との協力関係である。デジタル・レファレンスの第4世代の動向として、今後の発展とその影響が注目されるのが、協同デジタル・レファレンスの体制である。先述したように、米国では、議会図書館とOCLCが世界的規模の協同デジタル・レファレンス・サービスであるQuestionPointを提供している。そこでは、WWW上で利用者から受け付けた質問への回答を担当する図書館について、参加館の所蔵情報源の特性等により判断し、最適な図書館を選択する方式がとられている[3]。この点で、QuestionPointは利用者の情報要求に対して図書館を照会するレフェラル・システムとして機能するものといえる。なお、利用者から寄せられた質問とその回答はナレッジ・データベース化し、利用者が参照できるシステムが組み込まれている。

従来のレファレンス・サービスにおいても、協力レファレンスという方式により、自館では対応できない質問については、協力関係を結んでいる他の図書館に回答を依頼する方法がとられてきた。このQuestionPointは、最適な図書館の選択方法と参加図書館の規模、利用者への迅速な回答の提供の面で、従来の協力レファレンスを高度化したものといえる。

わが国においても、大学図書館をはじめ、公共図書館、専門図書館においてこれまで蓄積されてきたレファレンス事例をデータベース化し、広く図書館および利用者に提供する事業が、国立国会図書館によって進められている[4]。QuestionPointが、従来の協力レファレンスをデジタル環境で高度化した方式とは異なり、この国立国会図書館の事業は、各図書館で個々に集積されてきた質問回答事例を広く収集、蓄積し、図書館界全体で共有しようとする新たな協力レファレンスの体制として注目される。

4　協同デジタル・レファレンスの課題

ここでは、第4世代のデジタル・レファレンスとして位置づけられる協同デジタル・レファレンス、特にレファレンス事例データベースの協同形成に関わ

る課題について考察する。

　質問回答サービスは、情報源や検索技術に関する知識、さらに利用者へのインタビュー技法など、多くの専門的な知識を必要とする高度な図書館サービスである。それだけに、質問回答サービスの事例を各図書館で活用するだけでなく、図書館界全体で広く共有し、利用者の多様な情報要求に応えていく体制を構築することは極めて意義のあるサービスである。そこで、このレファレンス事例データベースの協同形成がより有効なものとして発展していくために、今後、検討すべき課題について取り上げる。

4.1　レファレンス質問への回答の質の保証

　レファレンス事例データベースの協同形成には、異なる館種の図書館と多様な規模の図書館のレファレンス事例が蓄積され、共同利用されることになる。そこで、問題となるのが、レファレンス質問への回答の妥当性、信頼性をどのように保証するのかという点である。レファレンス担当者の専門知識や経験の違い、所蔵している情報源によって、質問への回答内容には多様性が生じることは避けられない。しかしながら、レファレンス質問への回答を参加館が共有するには、回答内容にそのような多様性を生じさせない工夫が必要であり、そのためには、回答基準の策定が不可欠となる。

4.2　レファレンス質問に対する回答更新

　レファレンス事例を利用する場合に生じるより本質的な問題点は、質問への回答内容が時間の経過とととともに変更を余儀なくされる点である。これは、特に文献検索質問、なかでも主題探索質問を扱う場合に必然的に生じる問題である。すなわち、新たな文献の生産により、主題探索質問への回答に新たな文献の追加、更新は不可避となる。回答内容が不変と考えられる事実検索質問でも、当該主題に関する新たな研究成果によっては、回答内容にも変更が必要となる。例えば、ある歴史上の著名な人物に関する経歴に関する質問への回答内容は不変と思われがちだが、人物研究の進展や新たな史料の発見によっては、新たな事実が確認され、それにともなって経歴に変更が生じ、回答内容の更新が必要となる。このように、レファレンス質問への回答内容の経年劣化（obsolescence）の問題への対応は、上述した回答の質の保証にも関わる重要な課題となる。

4.3 利用者の個別性とレファレンス質問への回答

　レファレンス質問として提示される情報要求は極めて個別的であり、個々の利用者の置かれた問題状況や目的・動機、さらには利用者の属性（知識状態や経歴等）が情報要求に大きく関係する。レファレンス・インタビューが重視されるのも、問題状況や目的・動機などの把握が適切な回答の提供にとって重要となるからである。レファレンス事例データベースにおいて、こうした利用者の個別性をどのようにして取り入れていくかは極めて難しい課題である。しかしながら、これらの個別性に関わる情報は、利用者が回答内容の適合性を判定するうえで重要な手がかりを与える。それゆえ、利用者の個別的な状況に関する情報を類型化するなど、個別性に応じた回答の選択が可能な仕組みを導入する必要があろう。

4.4 レファレンス担当者の専門性

　最後に、レファレンス事例データベースの協同形成の課題として、レファレンス担当者の専門性の問題があげられる。レファレンス事例の登録、蓄積は一部の大規模な大学図書館や公共図書館、専門図書館に大きく依存し、他の多くの図書館は蓄積されたレファレンス事例を活用する側となろう。このことは、活用する側の個々の図書館において、サービスの第一線で利用者に対応するレファレンス担当者の実践の機会を少なくし、そのため専門職としての知識・技能の習得が進まず、人的サービスとしてのレファレンス・サービス機能を低下させる結果を招く恐れがある。

　一方、事例を提供する側の図書館においても、レファレンス事例データベースが一定規模に達した段階では、利用者の質問が蓄積された事例に該当する可能性が高まるであろう。その結果、図書館員が利用者から質問を受け付け、新たな事例として蓄積する機会は少なくなることが予想される。それにより、レファレンス事例の蓄積に貢献してきた一部の図書館のレファレンス担当者のもつ専門職としての知識・技能が維持、向上されないことになろう。専門職とし

ての能力の低下は、先述したレファレンス質問への回答の更新を困難にし、また蓄積された事例にはない新たなレファレンス質問への対応を難しくすることにもなろう。この対策として考えるべきことは、協同デジタル・レファレンスでは、利用者が事例データベースを直接利用する仕組みを採用するのではなく、利用者の質問をまず図書館員が受理し、確認する方式を取り入れることである。図書館員が常に利用者の要求を知り、それに対応する環境を用意することが重要である。レファレンス事例データベースは、あくまでも回答を提供するうえで重要な情報源の1つとして位置づけるべきものである。この事例データベースの提供をもって、図書館員による利用者への人的対応は不要であると考えるべきではない。

5 おわりに

本章では、デジタル・レファレンス・サービスについて、今日の段階に至る経緯、サービスの特性、さらには今後の主要な動向として注目される協同デジタル・レファレンスとその課題について述べてきた。

目録作成の自動化や図書館業務のアウトソーシング、自動貸出機の導入、インターネット利用による図書館サービスの提供、さらには情報環境の多様化と複雑化など、図書館サービスをとりまく環境は大きく変化している。こうしたなか、21世紀の大学図書館にはこれまで以上に利用者の調査研究活動を支援する高度なサービスの提供が求められている。デジタル・レファレンスを、図書館員による人的支援を補完し、より高度な情報サービスの提供に発展させることが重要である。

なお、2004年8月にQuestionPointは、24/7 Referenceとの統合に向かうことを表明した。今後は、双方の利用者から成る諮問委員会が、その意見を参考にしながら統合を進め、サービスの特色や機能を決定する。この統合により、利用者がいつどこにいても要求があり次第、サービスを提供するのに必要な協同作業が可能になる[10]。

注・引用文献
1) "The Internet Public Library." 〈http://www.ipl.org〉(last access 5/30/2004)
2) "24/7 reference." 〈http://www.247ref.org/〉(last access 5/30/2004)
3) "QuestionPoint." (online), available 〈http://questionpoint.org/〉(last access 30/5/2004)
4) "レファレンス協同データベース実験事業." 〈http://www.ndl.go.jp/jp/library/collabo-ref.html〉(last access 5/30/2004)
5) ALA MARS Ad Hoc Committee on Virtual Reference Guidelines. "DraftGuidelines." 〈http://www.ala.org/ala/rusa/rusaourassoc/rusasections/mars/marspubs/marsbestrefcriteria.htm〉(last access 5/30/2004)
6) "What is Digital Reference?" 〈http://vrd.org〉(last access 5/30/2004)
7) Lankes, R.D. et al. ed. *The Digital Reference Research Agenda: Compiled from the Digital Reference Research Symposium, August 2002, Harvard University*. Association of College and Research Libraries, 2003, p.2.
8) Sloan, B. "Asking Questions in the Digital Library." 〈http://www.lis.uiuc.edu/~b-sloan/ask.htm〉(last access 5/30/2004)
9) "Criteria for Selection of MARS Best Reference Websites." 〈http://www.ala.org/Content/NavigationMenu/RUSA/Our_Association2/RUSA_Sections/MARS/〉(last access 5/30/2004)
10) "OCLC and MCLS to combine QuestionPoint, 24/7 Reference services." 〈http://www.oclc.org/news/releases/20048.htm〉(last access 11/28/2004)

第10章　電子ジャーナル

藏野由美子・中元　誠

1　学術雑誌の電子化

1.1　現状

　電子ジャーナルの刊行状況を示す資料の1つに *Ulrich's Periodicals Directory*（以下「*Ulrich's*」）がある。*Ulrich's* は、1988-89年版から電子ジャーナルのデータを掲載しているが、2004年版には3万9900タイトルの電子ジャーナルを収録している[1]。大学図書館が対象とする学術雑誌の状況については、*Ulrich's* のデータベースによると、学術雑誌が4万5400タイトル、そのうちオンラインで利用可能なのは1万5700タイトル、また学術雑誌のうち、査読誌は2万1400タイトルである[2]。

　学協会出版者協会（The Association of Learned and Professional Society Publishers: ALPSP）はイギリス、ヨーロッパ、北米、アジアの275の雑誌出版者（140は協会の会員、135は非会員）を対象に学術雑誌の電子化の現状を調査している。66％に当たる183の出版者から回答があったが、そのうちの有効回答149を分析し、*Scholarly Publishing Practice: the ALPSP Report on Academic Journal Publishers' Policies and Practices in Online Publishing*[3]をまとめている。それによると、75％の雑誌がオンラインで入手可能となっており、分野別では科学・技術・医学（STM）分野の雑誌については82％、人文社会科学については72％が電子化されていて、近い将来、学術雑誌は100％電子化さ

れるであろうと予測している。Ulrich's のデータベースに見る学術雑誌の電子化の率はかなり低いが、これは収録対象が地域的に見て広範であることや年報類も含むことなどによるもので、ALPSP の調査結果が学術雑誌の現状と解してよいであろう。

1.2 価格

スエッツ・インフォメーション・サービス（Swets Information Services）社（2003年まではスエッツ・ブラックウェル（Swets Blackwell）社）は、北米、ヨーロッパ、日本、オーストラリアのSTM分野の出版者を対象に電子ジャーナルの価格モデルについて毎年調査しているが、2003年には50の出版者から回答を得ている[4]。それによると、価格モデルとして①冊子体と電子版のバンドル価格を設定している出版者は82％、②電子版単独の価格を設定している出版者は58％で電子版の価格は冊子体の80～100％と設定、③冊子体の追加料金として電子版の価格を設定している出版者は27％で追加の率は3～35％、④論文のペイ・パー・ビュー（pay-per-view）は82％の出版社が提供していて、その価格は8～30ドルと多様であり、冊子体なしで電子版のみの雑誌も25％の出版者が刊行している。また、コンソーシアム向けの価格モデルを設定している出版者は63％におよび、その際の価格設定は、過去の冊子体購読額を基礎に算定する出版者（68％）、パッケージに含まれる冊子体の定価からの値引きによる出版者（55％）、その他（33％）とある。いずれの出版者も、電子ジャーナルの価格については模索の状況にあり、2002年には35％の出版者が、2003年には24％の出版者がその価格モデルを変更している。2004年については、17％が変更の予定、50％は変更なし、33％は未定としている。

ある出版者が刊行する電子ジャーナルの全タイトルをパッケージで提供するビッグ・ディール（Big Deal）は、ALPSP の調査では59の出版者（40％）が提供している。その基準となる価格は、これも各者実験途上にあり、複数の価格モデルによっている。33％はパッケージに含まれるタイトルの総額からの値引きを適用、23％は過去の冊子体購読額を基礎とし、17％はサイト数、10％が利用者数に基づく価格を設定している。

ビッグ・ディールについては賛否両論あるが、賛成論としては利用可能タイ

トル数の増加、つまり支払額以上に電子ジャーナルが利用できる点が挙げられている。キング（Donald King）の調査では、電子ジャーナルと二次情報データベースの普及により、科学者が利用する雑誌のタイトル数は1977年の13タイトルから2002年の20タイトルに増加している(5)。反対論としては、ビッグ・ディールの中には質の低い雑誌、利用頻度の低い雑誌も含まれ、それに対しても支払いをしていること、そして、数少ない大規模出版者にまず予算の多くが割かれ、そのために中小出版者のタイトルのキャンセルを余儀なくされていること、さらにニーズに合ったコレクションを形成するという図書館員の責務を果たしていないことなどが挙げられている。

2 わが国の大学図書館における電子ジャーナルの導入

2.1 わが国におけるシリアルズ・クライシス

わが国の大学図書館は、1990年代に「シリアルズ・クライシス（Serials Crisis）」に直面した。米国においては雑誌価格の急激な上昇は1980年代から問題になっていたが、当時の円高によって円の購買力が高まっていたために、円ベースでの予算の増加がなくても外国雑誌価格の値上がり分を吸収してしまうことが可能であり、それゆえ問題として認識されることがなかった。しかしながら円高が終焉を迎えるとともにこの問題は顕在化し、大学の支出額が増えているにもかかわらず、国内で利用できる外国雑誌の純タイトル数が激減するという事態となった。わが国は、外国雑誌センターを持つなどして、利用頻度がそれほど高くない外国雑誌も国立大学に所蔵し、それをナショナル・リソースとして図書館相互貸借（ILL）を通じて共同利用することを政策的理念としてきたのであり、この理念からすればこのような状況はまさにクライシスであった。ただしわが国の場合には、外国雑誌に対する支出額が伸びていく一方でこのような問題が生じていたというところに1980年代の米国の状況との違いがある。このクライシス自体が電子ジャーナルと直接的に関係している訳ではないが、わが国におけるクライシスへの対応と電子ジャーナル導入の時期が重なったことから、電子ジャーナルの導入が問題を解決したかのように見える。しかし正確には電子ジャーナル導入に付随していたビッグ・ディールがこの問題を当面

解決したということになる。

2.2　電子ジャーナル導入の状況

わが国の大学図書館における電子ジャーナルの実験的な導入は、1990年代後半に始まっている[6]。東京大学では1995年に Immunology Today Online のサービスが開始され、1997年には Elsevier Electronic Subscriptions (EES) が導入されている。その後もさまざまな大学でさまざまな形での導入がなされたが、多くがトライアル・ベース、あるいは冊子体を購入していれば無料で閲覧ができるものの導入であり、量的にも本格的導入と呼べるものではなかった。

電子ジャーナルの導入が本格化するのは、2002年度に国立大学図書館協議会(2004年度からは国立大学図書館協会)が電子ジャーナル・コンソーシアムを形成してからである(このコンソーシアムの詳細については第13章を参照)。2004年度には17の出版者を対象としたコンソーシアムが成立し、1大学平均4,300タイトルの電子ジャーナルが利用可能となっている(表10-1)。また、有料の電子ジャーナルへの支出は、平均3,000万円である。この4年間のタイトル数の伸びは図10-1のとおりであるが、これは2002年度に文部科学省から電子ジャーナル導入経費が配分されたことが大きな要因となっている。この予算は科学技術基本計画の重点4分野の1つ、「ライフサイエンス」関連の学部を有する大学を中心に配分されたが、それ以外の大学にも、学内で電子ジャーナル予算を調達するための呼び水として配分された。2003年度は「ナノテク・材料」「情報」分野を対象に、2004年度には「環境」分野を対象に増額された。

国立大学図書館協会では、電子ジャーナル・タスクフォース(以下「タスクフォース」)が協会を代表して出版者との交渉にあたっているが、その際大きな力となっているのが国立大学図書館協会の会員館すべての電子ジャーナルを含む外国雑誌の購読状況で、各社の外国雑誌数千タイトルについてタイトルごとの購読データを把握している。これに対し、出版者側はこのような購読データを持っていないことが交渉の途上で判明した。さらにタスクフォースでは2003年から各大学の利用統計を大学の合意を得た上で出版者から直接入手している。2005年の価格モデルの交渉に当たっては、例えばエルゼビア(Elsevier)社の場合、1,800タイトルの購入状況(部数、支払い額)、タイトル毎の利用実績

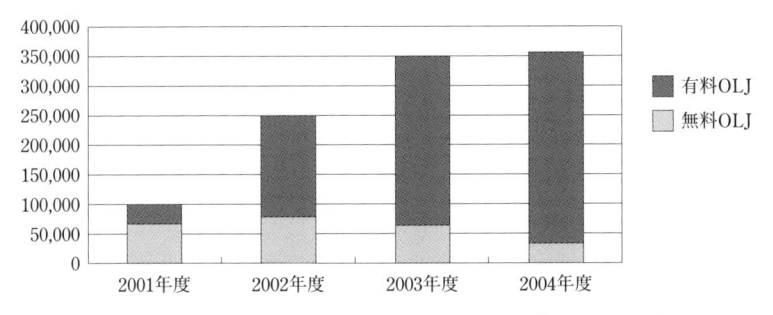

図10-1　国立大学における海外電子ジャーナル導入状況の推移

（ダウンロード数）をもとにインパクト・ファクター等も検討の要素に加えて、2007年まで持続可能な価格モデルという視点で交渉した。

　一方私立大学への電子ジャーナル導入にかかる私学の財政的な負担の軽減を組織的に図る必要性から、文部科学省により私立大学図書館に対する新たな政府補助金制度創設のために2003年度予算において8億円の概算要求が行なわれた。結果的に、2003年度私立大学経常費補助金の枠組みにおいて「教育研究情報利用経費」として4億5000万円が予算化されることとなった。2004年度以降、さらにこの補助金枠の拡大にむけて一層の取り組みの強化がもとめられている。同時に、今回の補助金をより実効性あるものとするために、電子ジャーナル、データベース導入にかかわる私立大学図書館間の横の連携を一層強めていく必要があるが、私立大学においても国立大学同様の電子ジャーナル・コンソーシアムが形成されている（第13章参照）。

3　電子ジャーナルの利用

3.1　国内における利用状況

(1) 利用実態調査

　わが国における電子ジャーナルの利用実態については、2001年と2003年の2回にわたって「大学における電子ジャーナルの利用の現状と将来に関する調査」[7][8]が実施されている。2001年の調査では、10大学の教官、院生1,003名（回収率34.2％）からの回答があり、2003年の調査では、13大学の教官、院生

表10-1 国立大学図書館協会におけるコンソーシアム契約の現状(2004年度)

出版者名	コレクション(タイトル数(概数))	参加数
ACM (Association for Computing Machinery)	ACM Digital Library, Online Guide to Computing Literature (270)	16
ACS (American Chemical Society)	(30)	27
APS (American Physical Society)	(8)	29
Blackwell	Synergy (700)	60
CUP (Cambridge Univ. Press)	Cambridge Journals Online (180)	18
EBSCO		30
Elsevier		
リミッテド・コレクション		7
コンプリート・コレクション(購読維持付き)		37
コンプリート・コレクション(購読維持なし)		8
サブジェクト・コレクション		7
フリーダム・コレクション	(1,800)	30
クロス・アクセス	(970)	31
日本ライフサイエンス・パッケージ	(390)	24
Elsevier計		94
IEEE-CS	CSLSP-e (雑誌 23、Proceedings 1,200)	20
	Proceedings のみ (1,200)	2
Karger	Karger Online (80)	7
LWW (Lippincott Williams & Wilkins)	(100)	10
Nature	Nature, Nature 姉妹誌、EMBO	41
ProQuest		17
Springer	SpringerLink (440)	71
Kluwer	Kluwer Online (640)	56
UNIBio Press	(3)	13
Thomson Scientific	Web of Science	23
Wiley	InterScience (360)	65

　1,619名(回収率43.2%)から回答があった。2回の調査を比較すると、電子ジャーナルが日常的に使われ、研究に不可欠な基盤となったことがうかがえる。

　2003年調査では全体では約52%が定常的に(週に1日以上)電子ジャーナルを利用しており、2001年調査の37%から大幅に増加している。月に1日程度の

利用まで広げると、73%になる。分野別では、自然科学系では月1日以上：85%（2001年調査では67%）、週1日以上：62%（2001年調査では44%）、人文・社会系では月1日以上：36%（2001年調査では17%）、週1日以上：18%（2001年調査では9%）で、利用タイトル数も中央値が2001年調査では6～9タイトルだったのが、2003年調査では10～14タイトルに増えている。また、電子ジャーナルの中から必要とする文献を探し入手する方法としては、「自分の専門分野の電子ジャーナルをブラウジングして読みたい文献を入手」(53%)、「電子ジャーナルの検索機能を使って得た検索集合の中から読みたい文献を入手」(43%)、「二次情報データベースの検索集合から読みたい文献を探し、リンク機能を使って入手」(36%) といった方法が「よく行なう」ものと回答されている。2001年調査の自由記述欄で、冊子体雑誌の優れた点としてブラウジング機能を挙げた回答が目立ったが、電子ジャーナルでも既にブラウジングによる文献入手がトップに上がっていることは興味深い。

電子ジャーナルを利用していない人にその理由を尋ねた質問では、人文・社会学系では「研究分野の収録が少ないから」が教官・院生とも非常に多く、さらに教官では「冊子体があれば十分だから」も34%に上っている。さらに、有料電子ジャーナルの経費負担については、「必要とする電子ジャーナルを導入するためには、購入経費の一部を負担してもよい」という設問に対して、「とてもそう思う」と回答したものが15%で、「やや思う」まで拡げると62%になる。

電子ジャーナルと冊子体の関係については、「電子ジャーナルが充実すれば冊子体の必要は大幅に低くなる」という設問に対して、「とても思う」と回答したものが20%、「やや思う」まで拡げても50%程度である。また「電子ジャーナルがあっても冊子体を使いたい」という設問に対しては31%が「とても思う」と回答しており、さらに「やや思う」まで含めると68%となる。「今後の研究活動上のために電子ジャーナルはどの程度必要か」については「絶対必要」が69%で2001年調査の51%に比べると大幅に増加している。

(2) ILLの状況

国立大学における電子ジャーナルの普及の影響はILLにも現れている。国立情報学研究所（NII）のILL流動統計（館種別）[9]によれば、国立大学からの

文献複写依頼件数は1999年度の637,517件をピークに減少を続け、2003年度は502,175件となっている。また実際にILLシステムを利用した組織当たりの依頼件数は、1999年のピーク時に比べると2003年度は27%の減となっている。一方、公立大学、私立大学からの依頼件数は増加を続けており、総件数、実際にILLシステムを利用した組織当たりの依頼件数のいずれもが、2003年度に最も多くなっている。

3.2 海外における利用状況

米国の電子図書館連合（The Digital Library Federation: DLF）と図書館情報資源振興財団（The Council on Library and Information Resources: CLIR）が2002年に実施した調査では、教官と大学院生の75%が電子ジャーナルを利用しており、77%はそれをプリントアウトして読んでいるという[10]。

またCLIRは電子情報資源の利用状況について、1995年から2003年の間に発表された200以上の研究論文をレビューした報告書 *Use and Users of Electronic Library Resources: an Overview and Analysis of Recent Research Studies*[11]をまとめている。その中で著者のテノピア（Carol Tenopir）は次のような一般的傾向が見られるとしている[12]。

- 研究者も学生も電子情報資源を好んで利用しているが、印刷資料は未だ殆どの学問分野において研究に欠かせない存在である。
- 電子ジャーナル利用者の多くは論文を紙に印刷して利用しているため、PDFのように印刷に適したフォーマットが有用視されている。
- 印刷版・電子版に関わりなく、少数のコアジャーナルのブラウジングが重要視されている。
- 雑誌の個人購読は減少し続けており、図書館が契約する電子ジャーナルやインターネット情報資源への依存が高まっている。
- 単科大学の学生や高校生は図書館よりもインターネットをよく利用している。

4 電子ジャーナルをめぐる動向

4.1 国内学術雑誌の電子化

　国内の学術雑誌の電子化とその流通に関しては、NIIと科学技術振興事業団（JST）がそれぞれ独立のメカニズムを持っており、多くの学協会がこれらを使って学術的成果の公表を電子的に行なうようになっている。NIIは1997年からNACSIS-ELSと呼ばれる電子図書館システムを本格運用しており、このシステム上でわが国の学会誌を中心に大学紀要を含む1,484誌が公開されている（2004年10月22日現在）[13]。なおこのシステムは2005年4月からCiNii（NII論文情報ナビゲータ）と統合された。CiNiiには2005年3月から国立国会図書館の雑誌記事索引も搭載されており、利用者から見ればより統合化された検索環境が創出されたことになる。一方JSTは1999年からJ-STAGEを運営しており、学協会が発行する学術論文誌、予稿集などの科学技術刊行物の電子化を促進するとともに、電子化された科学技術刊行物の国内外への流通を促進することを目的としている。NACSIS-ELSとの大きな相違は、J-STAGEには電子化された投稿審査システムがあることである。2004年8月現在、152誌が公開されており[14]、その後も公開誌数が増えている。

4.2 電子ジャーナル・リポジトリ：NII-REO

　国立大学図書館協会のタスクフォースは、活動の当初から出版者との協議の中でアーカイブの提供を求めてきたが、その活動が文部科学省による電子ジャーナル導入経費と電子ジャーナル・サーバの概算要求につながり、2003年1月にNIIに電子ジャーナル・サーバ（Repository of Electronic Journals and Online Publications: NII-REO）システムが導入された。これは電子ジャーナルの永続的アクセス保証と出版者サーバやネットワークの事故等の際の代替的アクセス保証を目的とし、大学、図書館、コンソーシアムからの依頼と各出版者からの許諾に基づき実施するもので、横断検索の機能を備えている。NIIはその受入れ方針として以下の事項を挙げている[15]。

(1) 登載申込者が、出版社の電子ジャーナル・サービスとNIIの電子ジャー

ナル・サービスを選択し、並行して利用可能であること。「出版社サーバが不調な場合のみ」、NII のサービスを利用できる等の排他的制限なしに、搭載申込者がアクセス権限に基づいて自由に2つのサービスのどちらも選択の上、並行して利用できること。
(2) 出版社および NII の電子ジャーナル・サービスのコンテンツは可能な範囲で同一内容、同時更新であること。
(3) 書誌情報は、全件提供、公開対象制限なしであること。書誌情報は契約購読にかかわらず、だれでも（大学図書館以外を含め）利用可能であること。
(4) 他の出版社のコンテンツとの横断的な検索および表示が可能であること。
(5) 抄録は、可能な限り全件提供、公開対象制限なしであること。
(6) 本文については、少なくとも PDF 形式で提供すること。
(7) 永続的な利用ができること。NII は、原則として、搭載したコンテンツは削除しない。

4.3 国際学術情報流通基盤整備事業

米国の SPARC（Scholarly Publishing and Academic Resources Coalition）および SPARC Europe の活動に呼応して、日本においても2003年、NII の国際学術情報流通基盤整備事業がスタートした。

日本国内には国際的に流通する英文論文誌が少なく、また電子ジャーナル化に対応できていないこと、また学術雑誌を発行する学協会の運営体制や経営体制が十分でなく、雑誌の編集や電子ジャーナル化を海外の商業出版社に委託する学協会も増えていること等を背景に、公募により選定した英文論文誌の国際化、電子化を図り、海外で広く認知される学術雑誌の流通を目指している。流通のためのプラットフォームとしては既に述べた J-STAGE が使われている。

この事業の基本的な考え方は、第2期科学技術基本計画を始め、科学技術・学術審議会研究計画・評価分科会情報科学技術委員会デジタル研究情報基盤ワーキング・グループの審議に基づく「学術情報の流通基盤の充実について（審議のまとめ）」（2002年3月12日）において具体的方策として示されたものであり、また科学技術・学術審議会国際化推進委員会の「科学技術・学術活動の国際化

推進方策について（報告）」(2003年1月17日）においても、重点的に推進すべき方策の1つとして「電子媒体での国際的情報発信の推進」が学術情報流通の基盤整備として重要であるとされている。

この事業は3年計画のプロジェクト事業で、選定された英文論文誌の事業成果を1年ごとに評価することとし、2003年9月には16の学会の21タイトルを選定した。

4.4 COUNTER

電子ジャーナルやデータベース等のオンライン情報資源がいかに利用されているかは、限られた予算で契約している図書館にとって重要な情報であるが、異なる出版者の異なるサービスを正確に比較するのに足る統計は提供されていなかった。一方、出版者にとっても商品である情報がどのようにアクセスされているかは重要なデータである。

COUNTER (Counting Online Usage of NeTworked Electronic Resources) は、信頼性があり、比較可能で、整合性のある利用統計の提供のため2002年3月に正式な活動を開始したプロジェクトである。出版者、仲介業者、図書館コミュニティの代表からなる執行委員会によって管理され、英国の株式公開会社として法人格を取得している。

2002年12月には雑誌とデータベースを対象とした実務指針のリリース1を公表した。2005年2月現在41のベンダーがCOUNTER準拠の統計を提供している[16]。

5　今後の課題と展望

5.1　予算

国立大学における電子ジャーナルのタイトル数とその経費はこの4年で大幅に伸びた。これは文部科学省からの配分と学内予算によるものであるが、ビッグ・ディール契約をしている4出版者への2003年支払額（冊子体、電子ジャーナル総額）は2002年に比べ7～18％の増となっている。毎年平均11％増加するということは、2009年には2倍を超すことを意味しており、2009年を待つまでも

なく継続は不可能で、これはシリアルズ・クライシスがより厳しい形で再来することを意味している。一方、国立大学は2004年の法人化に伴い、2005年度からは一般管理費等について毎年1％の削減が決まった。私立大学においても、少子化による18歳人口の減少から予算の逼迫は目に見えている。

　出版者においても、今やその収入の25％から58％をコンソーシアムによるという[17]。all or nothing 的なビッグ・ディールの中止は大学に限らず、出版者にとっても痛手なはずである。出版者もその価格設定については試行錯誤の状況下、大学は今まで以上にその交渉力を強め、継続可能な価格モデルを創出する必要に迫られている。その交渉に必要なのは、比較可能な利用統計と国内外の情報であり、国際図書館コンソーシアム連合（ICOLC）等への継続的な参加と日本からの情報発信が求められている。

5.2　組織

　電子ジャーナルの導入により、図書館の業務は質・量ともに大きく変わった。チェックイン、配架、製本が不要であるという電子ジャーナルのメリットは、電子版のみの場合であって、現在のように殆どの大学で冊子体と電子版が共存の状況では仕事量も経費も増えている。ドレクセル大学のように、電子版のみに移行することで1利用当たりの単価を下げたという報告もある[18]。人件費も含めた経費の視点と、電子ジャーナルに対応した新たなサービスと職員の再配置も検討すべき事項である。

5.3　図書館の重要性

　図書館の利用統計を見ると、いずれも入館者数は減少している。しかしそれは図書館が利用されていないことを示すものではない。研究者の資料入手方法は、個人購読から図書館資料へ確実に移行している。従来の、教官が購入する雑誌の寄せ集め的コレクションから、図書館の主導による、ニーズと利用実態を掌握したコレクション形成による予算の有効利用が求められる。

注・参考文献

1) *Ulrich's Periodicals Directory, 2004*. New Providence, Bowker, 2004, p. vii.

2) *Ulrich's Periodicals Directory*. 〈http://www.ulrichsweb.com/ulrichsweb/〉 (last access 9/22/2004) 詳細は、学術雑誌45,415、うち電子ジャーナル15,688、査読誌21,423となっている。
3) *Scholarly Publishing Practice: the ALPSP Report on Academic Journal Publishers' Policies and Practices in Online Publishing*. Worthing, ALPSP, 2003, p. 23.
4) *2003 Swets Blackwell E-journal Survey*. Lisse, Swets Blackwell, 2003.
5) King, Donald W.; Xu, Hong. "The role of library consortia in electronic journal services." *The Consortium Site Licence: Is it a Sustainable Model?* Oxford, Ingenta Institute, 2002, p.9-76.
6) 『国立大学図書館協議会電子ジャーナル・タスクフォース活動報告』国立大学図書館協議会電子ジャーナル・タスクフォース，2004, p.57.〈http://wwwsoc.nii.ac.jp/anul/j/projects/ej/katsudo_report.pdf〉(last access 10/12/2004)
7) 『大学における電子ジャーナルの利用の現状と将来に関する調査－結果報告書－』国立大学図書館協議会電子ジャーナル・タスクフォース, 2001, [90] p.
8) 『大学における電子ジャーナルの利用の現状と将来に関する調査－結果報告書－』国立大学図書館協議会電子ジャーナル・タスクフォース, 2003, [119] p.
9) ILL流動統計（館種別）〈http://www.nii.ac.jp/CAT-ILL/contents/nill_stat_flowdata.html〉(last access 3/6/2005)
10) Marcum, Deanna B.; George, Gerald. "Who uses what?: report on a national survey of information users in colleges and universities." *D-Lib Magazine*, Vol. 9, No.10, 2003. 〈http://www.dlib.org/dlib/october03/george/10george.html〉(last access 9/22/2004)
11) Tenopir, Carol. *Use and Users of Electronic Library Resources: an Overview and Analysis of Recent Research Studies*. CLIR, 2003, 66p. 〈http://www.clir.org/pubs/reports/pub120/pub120.pdf〉(last access 22/9/2004)
12) 日本語訳はCurrent Awareness-E. No.23 2003.10.1による。〈http://www.ndl.go.jp/jp/library/cae/2003/E-23.html〉(last access 9/22/2004)
13) 国立情報学研究所コンテンツ課による。
14) 「J-STAGEニュース特別号」(2004年8月15日)による。
15) 『国立大学図書館協議会電子ジャーナル・タスクフォース活動報告』前掲．なお本章では、原則として「出版社」を使わず「出版者」という表現を用いているが、この引用部分では、原典の表現を尊重し、「出版社」としている。
16) 〈http://www.projectcounter.org/articles.html〉(last access 4/30/2005)
17) Rowse, Mark. "The consortium site license: a sustainable model?" *Libri*, vol. 53, No. 1, p.1-10, 2003.
18) Montgomery, Carol Hansen; King, Donald W. "Comparing library and user related costs of print and electronic journal collections: a first step towards a comprehensive analysis." *D-Lib magazine*, Vol. 8, No. 10, 2002. 〈http://www.dlib.org/dlib/october02/montgomery/10montgomery.html〉(last access 9/22/2004)

第11章　電子図書

植村八潮

1　電子図書の背景と課題

　大学をとりまく環境は、近年、急速に変化している。その要因の1つに情報技術の進歩があり、教育・学術情報へのアクセスを提供している大学図書館に対し、役割と機能の変化を迫っている。前章でみたように電子雑誌（ジャーナル）の普及は学術コミュニケーションの構造を変えただけではなく、利用者の情報行動にも変化をもたらしている。一方、レファレンス系図書の電子化は従来の事典・辞典をはるかに凌駕するスピードで開発され、その流れは単行書にも及んでいる。さらに教科書・教材の電子化はネットワークによる教育サービスの一般化を伴って進行している。

　本章では、図書の電子化について、主に大学図書館とのかかわりの中で現状と今後の課題を取り上げることとする。

1.1　電子出版と電子図書
(1) 電子出版と電子図書の定義

　電子出版が日本で広く認知されたのは1980年代半ばであるが、技術の進歩と社会とのかかわりの中で、その概念は未だ定着することなく変化しつづけている。また、その内容や範囲についても立場・分野により異なることが多い。一般的には、CD-ROMなどの電子メディアによる出版物に加え、電子的な編集

制作過程とネットワークにより配布する出版活動の3つを総称して、〈電子出版 (electronic publishing)〉という用語が使われている[1]。

〈電子図書 (e-Book)〉は、字義通りでいえば図書 (book) の電子的形態である。図書と定期刊行物である雑誌を分けるように、電子図書は電子雑誌と区別される電子出版物ということになる。

一方、図書館資料としては紙メディア以外に、従来からマイクロ資料、録音・映像資料、さらにはコンピュータ・ファイルなどのメディアが取り扱われてきた。これらのパッケージ系資料に対し、1990年代半ばにインターネットが普及したことで、オンライン・メディアとしての電子雑誌や電子図書が注目されたともいえる。現在では、もともと印刷体で存在する図書の内容（コンテンツ）を電子化し、デジタル・データとしてインターネット利用して配信するオンライン出版が主流となっている。このため電子図書といった場合、ネットワークにより配信される電子出版物（デジタル・コンテンツ）を指すことが多い。

ここでいう図書は、もっぱら図書館で用いられる用語であり、一般には本とよばれ、出版流通では書籍とよばれているものである。同様に電子図書は一般に電子本、あるいは電子書籍、eブックと呼ばれることが多い。なお巻子本に始まる歴史的文脈で本を語るとき、書物という用語が好んで使われている。そのため歴史的概念を含むことになり電子と結びつけて〈電子＋書物〉という呼称はしない。

(2) 電子図書の範囲

日本では電子図書を狭義にとらえた場合、コンテンツの種類としては小説やエッセイなどの読み物、マンガ、写真集などの単行書を指す。一方、広義にはCD-ROMによってある程度の市場を確立した辞書、辞典などのレファレンス系電子出版物や情報家電製品でもある電子辞書を含むこともある。

また、前章で詳述したようにネットワーク出版として、すでに学術電子雑誌が確立されており、特に欧米においても20世紀末にその流れが単行書出版に押し寄せてにわかに電子図書ブームとなった。しかし、ITバブルの崩壊で一般書における電子図書業者の多くが市場から撤退している。むしろ、図書館での図書資料、学校における教科書・教材、学術研究における専門書こそ、電子図書として普及する可能性が指摘されている。

1.2 電子図書の歴史的経緯

　図書の電子化は米国での学術コミュニケーションにおける抄録誌や索引誌の編集・組版にコンピュータが導入された1960年代に始まっている。1970年代初期に印刷データから独立した文字情報データベースとして提供が開始されて、電子出版の黎明期を迎える。さらに1970年代後半になって新聞記事や判例を収録した全文データベースが作成されて、それが1980年代のCD-ROMを利用した提供に置き換わっていく。

　出版界での電子出版は、1980年代半ばに登場したCD-ROMによるニューメディアブームとともに始まっている。1990年代に入ってからマルチメディア化が進んだが、百科事典のCD-ROM化が読者に受け入れられたころには、すでにインターネット時代となっていた。

　電子図書の普及は、学術コミュニケーションの変化の中で早くから予言されてきた。21世紀になって、大学図書館をはじめとする研究型図書館が情報ハブとなって、情報技術が学術コミュニケーションを支えていることはいうまでもない。一方、ランカスター（F. W. Lancaster）が予想したようにはペーパーレス化が進まなかったことも事実である。

　現在では、デジタル技術が情報の生成、流通、利用、蓄積を統合することで、印刷・出版・新聞が独占してきた文字情報発信をネットワーク上に開放している。図書がデジタル化されることの重要な意義は、文字による知の編集や流通が相対化され、利用者にとってオルタナティブになっていることである。

2　電子図書の現状と先進的事例

　ひとくちに図書を〈読む〉といっても、極めて多様な読書体験と行為を意味している。読書対象において真っ先にイメージされるのが「小説」などの読み物である。しかし、図書の中で小説やエッセイなどの読み物が占める割合は決して高くない。それは多様な図書の一分野にすぎないといえる。

　この小説に代表される物語を体験する行為を狭い意味で〈読む〉とすれば、それ以外の図書利用行為として〈調べる〉ことや〈学ぶ〉ことが挙げられる。

ここでは、利用行為に応じて〈調査研究のための電子図書〉〈読み物系電子図書〉〈e ラーニング図書〉に分類してとりあげることとする。

2.1 調査・研究のための電子図書

〈調べる〉図書には、辞書・百科事典などのレファレンスや学術雑誌が含まれる。電子出版が学術雑誌の電子化に始まり、日本初の CD-ROM 出版物が1985年の『最新科学技術用語辞典』(三修社)であることからもわかるように、検索性とデータ処理の点で調べることはコンピュータと親和性が高い。

(1) 事典・辞書

大型百科事典は1990年代後半になって、音・映像を含んだマルチメディア百科事典の刊行が相次いだ。その影響は定かではないが、国内外とも紙の百科事典は、出版の継続が困難な状況になっている。

一方、辞書においても辞書データを半導体メモリに収めた専用端末による〈電子辞書〉が紙の辞書に置き換わりつつある。電子辞書市場は1990年代末に急拡大し、2000年代に入って辞書内容をすべて収めたフルコンテンツ版が主流となっている。利用者への浸透を市場規模で比較すれば、電子辞書は金額で紙の辞書の2倍である。また単純な冊数換算はできないが、基本的な辞書に限っても紙の辞書冊数を超えていると予想される。辞書の利用行動の変化は、教育現場からも指摘がある。

(2) 学術電子図書のプロジェクト

電子雑誌の多くは自然科学系学術雑誌を主体としている。一方、人文系学術図書の電子化を試みている大規模プロジェクトとして「ヒストリー・E ブック (History E-Book)」[2]が注目される。これは米国学術団体協議会 (American Council of Learned Societies: ACLS) が中心となり、米国歴史学会をはじめとする学会や大学出版部が共同参加した歴史学における電子出版プロジェクトである。

1999年から開始し、既刊書の電子化は一応の成果をみている。今後はデジタル的な工夫が施された新作の出版が待たれている。ダーントン (Robert Darnton) によれば、それらは単なるリンクやサーバによる資料の提供ではなく、何層にもなったいわばピラミッド型の構造を持った新しい本のかたちをめざし

ているという⁽³⁾。その限りでは、電子図書と同様の読書形態を印刷本で提供するのは不可能と思われる。

2.2 読み物系電子図書の新しい動向

　読み物系の電子図書は、出版界でも何度となく話題になってきたが、読者を獲得したとは言いがたい。2004年に複数のメーカーから読書専用端末機が発売され、電子図書プロジェクトが相ついで開始されたが、利用者の支持を得られるか未知数である。一方、著作権の切れた日本の近代小説をウェブサイトで無料公開しているプロジェクト『青空文庫』がよく知られている。これは読むためよりも近代の文芸作品を公共財とする目的が強く働いている。

　『青空文庫』で公開されている作品は、印刷本を原本としてデジタル化されているが、デジタル・メディアから印刷図書化された例に『Deep Love』シリーズがある。この作品は作者が2000年に開設した携帯電話向けサイトで無料配信された小説である。口コミで評判が広まり、商業出版社より刊行されてベストセラーとなっている。

　この例では、結果的に図書として普及することになったが、携帯電話への電子図書販売も好調である。既存の読み物系作品を配信するサービスだけではなく、ケータイノベルとよばれるオリジナル作品も多数生まれつつある。

　携帯電話で小説を読むようになったのは画質が向上といった技術的解決があっただけではない。むしろ社会的な文脈で文字情報流通の新しいメディアが成立したととらえるべきである。

3　eラーニング図書と大学

　急速なeラーニングの普及の中で、〈学ぶ〉図書の電子化が進んでいる。また、大学設置基準の改正によりインターネット授業で単位取得が認められることになり、多くの大学・大学院で積極的に取り組まれている。このため大学で電子図書教材の開発が試みられている。学ぶ本としての図書について、eラーニングにおけるマサチューセッツ工科大学（MIT）の試みなどを取り上げながら考えてみる。

3.1 eラーニングとデジタル化教材

eラーニングとはコンピュータを学習端末にし、CD-ROMやインターネットにより学習教材を配信する教育システムを指す。オンライン教育とか、さらに高等教育機関が行なう場合はバーチャル大学と呼ばれることもある。これまでも遠隔教育やコンピュータ利用教育として取り組まれてきたが、インターネットの発達により統合されて利用しやすくなり広く普及したのである。

日本の大学でインターネットを利用した授業は、2001年3月30日の「大学設置基準の一部改正する省令の施行等について」で可能となり、2001年度授業から行なわれている。メディア教育開発センターの調査報告[4]によると、日本でインターネット授業の配信を行なっている大学は16.5%、計画しているのが22.6%である。そのうち14科目以上実施している私立大学が23%存在している。

eラーニングが普及することは図書の利用環境が変化することであり、図書そのものの変化を意味する。実際にバーチャル大学ではデジタル化されたコンテンツが教材として主に使われており、このことが図書の本質的な変化を強く促すことは明らかである。

eラーニングにおけるデジタル教材は〈講義〉と〈教材〉と〈教科書〉がデジタル技術により一体化したもので、単に従来からの教科書をデジタル化し、オンラインで配信しているわけではない[5]。デジタル・メディアとして提供されるeラーニング教材を、印刷本を基本とした教科書とするか、インターネットを利用した教育とするのか、立場・利用者によりさまざまな解がある。

3.2 MIT OCW

MITは、MIT OpenCourseWare (MIT OCW) と名づけたプロジェクトを2001年4月に発表した。発表時点での概要は、MITで行なわれる2000を超えるほぼすべての講義内容を無料で公開するというものであった。MITはOCWをeラーニングではなく、むしろインターネット技術を用いた新たな出版活動としてとらえている。今後の大学における図書教材を考える上で示唆に富んだプロジェクトである。

2005年10月現在で、33分野1250講座の教材がウェブサイト[6]で公開されている。利用対象は MIT のみならず世界中の学生や教育機関で、高品質で無料の教材コンテンツを流通するとしている。OCW は名前から明らかなように、基本思想はリナックスに代表されるオープンソースである。基本ソフトウェアやネットワークのようなインフラを共有財産にするだけではなく、その上で流通する〈知〉をもフリーウェア化するというプロジェクトである。

　OCW の検討メンバーであったラーマン（S. Lerman）と宮川は「世界中で多くの教科書が教育に影響を与えてきたように、OCW のウェブサイトを通して提供される情報もまた、学外の教授法や学習法の参考となることを切に期待している」[7]と書く。彼らは OCW を「インターネット技術によって可能になった教育教材の電子出版モデルを構築する」とし、新たな出版プロジェクトととらえている。

　知のフリーウェア化が商業出版活動を阻害し、結果的に教科書の供給を滞らせることにつながりはしないだろうか。著者の質問に対して宮川は、「OCW はインターネットにおける体系的知識の提供や事業の継続性も考慮した良いものを無料にする初めてのプロジェクト」と答えている。OCW が出版社の存在を否定するものではないにしても、「21世紀型情報発信のかたちとして理想的である」と考えているのも事実である[8]。

　OCW が国内外の大学やそこでの e ラーニングに与えた影響は大きい。教育機関の基盤組織でもある大学図書館が、OCW と同様なプロジェクトに対し、どのような役割を担えるのか課題となるだろう[9]。

3.3　カスタム出版

（1）カスタム出版によるコースパック

　e ラーニング図書の前段階として、米国で主流となっているのが〈カスタム出版〉とよばれるオンデマンド印刷による教材図書の作成である。これは複数の図書資料から必要な部分だけ選び（カスタム化）、そのすべてに対し著作権処理をした上で必要部数のみオンデマンド印刷するサービスである。素材はすべて教員から持ち込まれ、その多くは市販の書籍、雑誌、新聞などのコピー原稿で、できあがった教材をコースパックと呼ぶこともある。

第11章　電子図書

　日本と比べて、米国で大学内部におけるカスタム出版が盛んなことについて、いくつかの理由が考えられる。第1には法律、経済、経営、ビジネスなどは大学院を主体とした教育が行なわれており、図書だけでなく新聞、雑誌など生きた資料を伝統的に教材として使ってきたこと。さらに1990年代にオンデマンド印刷技術が確立されたことで需要が急速に拡大したことなどがある。

　また日本では著作権法第35条により、授業のための著作物の複写が限定的ながら認められているが、米国では利用に際し許諾と対価が求められる。このため著作権集中処理機構（Copyright Clearance Center: CCC）によるコースパックにおける権利処理として、アカデミック・パーミッション・サービス（APS）がある。

　現在、全米のほとんどの大学でカスタム出版が行なわれている。一例としてコーネル大学では全教材のうち13％がカスタム出版で、毎年35,000冊以上を販売している。最近では図書館資料をもとにデジタル・アーカイブしておき、教員の要請により短期間で出版できる体制となっている。カスタム出版の売上げ全米一は南カリフォルニア大学で、全教材の27％を占めている。

（2）デジタル・コースパック

　今日、米国のコースパックの内容は、著作権フリーの古典から、学術雑誌、一般誌、新聞、オリジナルの著作、論文など多岐にわたっている。またメディアも紙から電子図書といったように多様化が進んでいる。しかし、CCCで許諾されている著作物の多くはコピー機によるアナログ複写である。デジタル・データをコピーした電子図書の作成に対しては、出版社側の対応も慎重である。そこでカスタム出版サービスに電子図書の許諾・複製をあわせコースパックを作成するサービスをProQuest系列のXanEduが行なっている。XanEduは多様なコンテンツやメディアを統合する営利のアグリゲーション・サービスとして、海外、特に米国での利用が高まっている。

3.4　アグリゲーション・サービス

（1）図書館への電子図書サービス

　電子図書を提供する組織は、学会や学術プロジェクト、学術出版社、アドビ社やマイクロソフト社などのソフト会社のほかに、複数の出版社の学術図書を

集めて提供するアグリゲーション・サービスがある。

　前節で述べた XanEdu は、大学のブックストアなどを窓口に教員や学生に対してサービスしている。このほかに図書館との契約を主体としているサービスに OCLC 傘下になった netLibrary や ebrary があり、個人との定額契約で大学教科書や参考図書を主に提供している Questia などがある。netLibrary のパイロット校として早くから契約したコロラド大学を例に見ると、電子図書のリザーブ（e リザーブ）を中心に学生の利用率も高まっているとのことである。

(2) LMS と電子図書

　米国の大学では学内における e ラーニングのために WebCT や Blackboard など、民間企業の開発による学習管理システム（LMS）が普及している。LMS 上の教材として電子図書が使われており、米国の教育図書出版社は自社の図書を電子化して LMS に対応している。この結果、LMS 各社のサイトが電子図書の販売チャンネルとなっている。WebCT や Blackboard は LMS だけでなく、e パックとよばれるオンライン教材の製作システムであり、さらに各社は電子図書や e パックのアグリゲーターでもあることになる。

　e パックは単に教科書を電子化しただけではなく、その名の通り電子的な教材を統合したコースパックである。ビデオ、アニメ、詳しい講義概要、講義ノート、プレゼンテーション、クイズと演習問題集、宿題などを授業にあわせてカスタマイズすることができる[10]。

4　文字情報コミュニケーションにおける図書の課題

　図書は、出版・流通における出版者と利用・蓄積における図書館が役割分担したシステムの中にある。しかしながら、電子図書の先進的な事例を概観した上でわかることは、電子図書は必ずしも伝統的な図書システムの中にない、ということである。言い換えれば図書の生産、流通、消費サイクルの外で、電子図書は生み出され利用されていることになる。

　すでに電子図書を含むデジタル・メディアは、技術的な側面で語られる段階を終え、社会的文化的文脈に組み込まれる段階に入っている。いわゆる「文字

離れ」の要因としてデジタル・メディアが取りざたされることが多いが、コミュニケーションという視点で見直せば、デジタル・メディアは文字情報量の爆発的増大を引き起こしている。そこにあるのは、むしろ「文字洪水」ともよぶべき現状である。

　紙に印刷するために文字データベースを作成することが、文字情報コミュニケーションの基盤となった。今ではその関係が逆転し、膨大な文字情報コミュニケーションの出力・流通形態の1つとして、図書が選ばれている。当然、学術コミュニケーションや教育情報において、相対的に図書の役割は低下し、電子図書に代表されるデジタル・テキストの役割はますます重要なものとなる。図書館は、図書が文字文化を代表していた時代に果たしてきた役割を、電子図書時代になっても担えるのだろうか。大学においても、利用者からみて文字による学術情報へのアクセスがオルタナティブになっている今、再び統合するサービス基盤として大学図書館が変革されていくのか、あるいは代替するサービスが確立されていくのかが、今後の大きな課題であろう。

注・参考文献

1) 植村八潮"電子出版."『白書出版産業』文化通信社, 2004, 179p.
2) ⟨http://www.historyebook.org/⟩
3) ロバート・ダーントン著, 磯島幸子訳"本の新たな時代."『みすず』No. 459, p. 2-11, 1999.
4) メディア教育開発センター『第5回高等教育機関におけるIT利用実態調査2003年度概要』2004.10.20.
5) 吉田文"バーチャル・ユニバーシティと教科書."『大学出版』No. 48, p.9, 2001.
6) ⟨http://ocw.mit.edu/⟩ (last access 10/1/2005)
7) スティーブン・R・ラーマン, 宮川繁"MITオープン・コースウェア・プロジェクトにおける決断とチャレンジ・"『IDE現代の高等教育』No. 440, 民主教育協会, p.55-62, 2002.
8) 植村八潮"デジタル化と出版文化."『情報は誰のものか?』青弓社, 2004, 232p.
9) 日本でもMITとアライアンスを組み東京, 東京工業, 京都, 大阪, 早稲田, 慶應義塾の六大学が日本OCW連絡会を設立し, 2005年春から講義の公開を開始した。
10) 2005年10月12日にBlackboard社とWebCT社は共同記者会見を開き, 両社が合併することを表明した。

III

サービスを支えるマネジメント

第12章　地域連携

逸村　裕

1　地域連携とは

　現代の大学とは教育と研究を行なう機関である。研究活動により、新たな知見を創造し、図書や論文などでその知識集積を世に問いそして学生を教育することで伝承を、さらに公開講座、講演、ワークショップなどさまざまな形で社会への普及を行なう。それらの活動を通じて、大学は文化を担ってきたといえる。大学が行なってきた学問の創造、伝承、普及の3つの使命のうち、普及が地域貢献につながる。近年、大学の役割として教育と研究に加え、地域貢献が強く言われるようになってきた。

　地域貢献は3種類に分けることができる。第1に知識を創造し、また体系化し、文化として残すことである。第2に経済的に採算は取れないが重大な課題に取り組み、その発展を促し、また命脈を保つこと。第3に産業技術の創生と育成に関わり、地域と協力連携して、経済を活性化することである。今日では第3のいわゆる産学連携が主として語られることが多いが、本来、大学総体として3種の地域貢献のバランスをどのように取るかは検討を要する課題である。

　ともすれば、大学の活動は内向きに、いわゆる「象牙の塔」となる向きがある。大学の閉鎖性は長く言われてきている。古くからその問題は指摘され、1970年前後に世界的に吹き荒れた「学園紛争」でもその問題はとりあげられた。

1981年、中央教育審議会は、大学と社会との結びつきの弱さを指摘しその改善を求めた。徐々にではあるが、大学は地域への窓を開き、今日、多くの大学が公開講座等を実施し受講生は100万人を超えるものと推測される。

この数年「地域貢献」は大学のキーワードの1つになっている。文部科学省では2002年度、国立大学に対し「地域貢献特別事業」の募集を行なった。地元産業の活性化、地域文化の研究など多岐にわたった提案が多くの大学から寄せられ、その中から31大学（25県）が採択された。その中には茨城大学「茨城県図書館協会における電子的コンテンツ形成支援事業」や名古屋大学「木曽三川流域の歴史情報資源の研究と活用」のように図書館をその中に含んでいるものもある[1]。

大学の教育研究学習を支援することを主たる目的とする大学図書館においても利用対象者を学内関係者に加え、地域社会に公開し、地域貢献とする事例が増えてきた。ここでは図書館が所蔵する学術文献資料の閲覧貸出サービスだけでなく、情報探索などの調査支援サービスを提供する例も出てきている。

1998年生涯学習審議会社会教育分科審議会計画部会図書館専門委員会「図書館の情報化の必要性とその推進方策について－地域の情報化推進拠点として－（報告）」が出された。ここでは公立図書館を中心に述べながらも、筑波大学、京都大学、奈良先端科学技術大学院大学などの電子図書館の例を引き、コンピュータやネットワークを介しての地域での図書館活用を促している。

同じ1998年北海道大学附属図書館は『附属図書館新営構想に関する報告書―21世紀をひらく大学図書館をめざして』を示し、その中で地域との連携について明記した。

ここでは図書館の機能として、(1) 学習、(2) 研究、(3) 地域センター、(4) 保存、(5) 電子、(6) 総合の6種類を挙げている。地域センター図書館機能としては以下のように記している。

> 本学附属図書館が地域で果たすべき任務には、……（中略）……札幌圏を中心とした北海道地区全体に対する情報の提供という「地域センター図書館」としての機能がある。これは本学が札幌農学校以来、北海道という地域社会と密接な関係を保ちながら発展し、地域に人材を輩出してきた大

学として地域に対して果たすべき責務であり、本学が今後とも地域社会と一体となって共存共栄し、生涯学習の１つの拠点として発展していくために必要不可欠な任務でもある。

　（中略）

　地域社会への情報提供は本来、地方自治体が運営する公共図書館の果たすべき役割であり、国立大学図書館がこれと設置目的を異にしていることは言うまでもない。しかし、生涯学習社会への貢献、あるいは地域や産業への協力という観点から、国立大学が「開かれた大学」として高度で専門的な情報を納税者・地域社会に提供していくことは、今や社会の普遍的要請ともなっている。今後、本学附属図書館が開放された地域社会のセンター図書館としての役割を十全に果たしていくためには、本学附属図書館と北海道・札幌市などの公的図書館の果たす役割分担を明確にし、公共図書館や地方自治体等との連携のもとで従来からの閲覧・貸し出し・文献複写サービス、電子媒体による情報提供の他、地域社会の「知の拠点」としての情報発信の機能を充実・展開させることが必要であろう。また本学附属図書館に、札幌市民等が本学図書館を利用するための市民図書利用センターを設置し、住民と大学構成員の対話による交流をより広めていく「交流ゾーン」の設置も重要であろう。基幹総合大学が果たすべき役割の一つとして、公立・私立を含めた道内を主とした大学図書館同士の教職員の研修・業務提携などの交流をより一層広めていくことも大切である[2]。

　大学図書館が地域に開放されることは今日、常識に近いものとなった。課題はそれがたんなる門戸開放に留まらず、積極的なサービスとなりえて、大学構成員にも地域社会にも肯定的なものとなるか否か、一方的な「開放」ではなく、両者にメリットのある連携、すなわち「地域コラボレーション」となるか、である。

2　法制度と大学図書館開放

　大学図書館が主体となる「地域連携」には図書館としての理念の問題と制度

の問題がある。ここでは法制度を中心に述べる。

2001年、情報公開法における「行政文書」の対象外として図書館資料の指定は、総務大臣がその指定を行なうこととなった。この時点で国立大学に適用されている情報公開に関する法律には「行政機関の保有する情報の公開に関する法律」（情報公開法）および「行政機関の保有する情報の公開に関する法律施行令」があった。

この情報公開法施行に先立ち、国立大学附属図書館は、学術的資料の「行政文書」除外を規定した情報公開法第2条第2項第2号他の適用を受けるべく、総務大臣に指定を申請した。この際、以下の4件の管理要件が適用されることとなった。

(1) 当該資料が専用の場所において適切に保存されていること。
(2) 当該資料の目録が作成され、かつ、当該目録が一般の閲覧に供されていること。
(3) 原則として、プライバシーに関する情報等の制限を除いて、一般の利用の制限が行なわれていないこと。
(4) 当該資料の利用の方法および期間に関する定めが設けられ、かつ、当該定めが一般の閲覧に供されていること

ここでは、大学図書館への学外者利用については図書館規程で「学術研究、調査研究を目的とする者に閲覧等を認める」としておけば、「一般の利用を認めている」と解釈されていた。

2004年4月、国立大学が国立大学法人に移行するのに伴い、適用される法律が「独立行政法人等の保有する情報の公開に関する法律」および「独立行政法人等の保有する情報の公開に関する法律施行令」に変わった。そのため国立大学附属図書館は、法人化の際にはこれまでの指定がいったん取り消され、再度指定を受けることが必要となり、その際、図書館規程等に変更が必要な部分が生じることとなった。従来は、大学図書館は学外者の利用について「学術研究、調査研究を目的とする者」に閲覧等を認めていれば、「一般の利用を認めている」として情報公開対象外指定の認可が下りたが、この条件が厳しくなり、例外事項を除き一般に図書館資料の利用が許可されていなければ認可されない、という状況であった。

そのため、図書館資料を「行政文書」適用除外とする総務大臣の指定を改めて受け直すこととなった。

「図書館資料」は以下の3種に分けられる。

a　官報、白書、新聞、雑誌、書籍その他不特定多数の者に販売することを目的として発行されるもの

b　古文書などの歴史的資料

c　大学紀要など販売することを目的としない雑誌、図書などの学術研究用資料

このbとcは行政機関が作成保有する資料であり、一般にはアクセスの難しい資料であり、そのため「行政文書」とされた。ほとんどの大学図書館はa、b、cどれをも所蔵している。そのうちbとcが行政文書であるため情報公開法が適用されることになった。

しかし国立大学法人化移行に先立ち、「学術研究、調査研究を目的とする者」という学外利用者規程は、一般の利用を制限することになる、とされた。また「身分証等の提示を求める」等の規程も利用制限にあたり、不可とされた。「大学図書館は学術研究、教育の目的で設置されており、一般市民といえどもこの目的のために開放しているのであって、通常の公共図書館とは異なる」等の異論は出たが、2002年8月に公表された総務省北海道管区行政評価局による「国立大学における施設等の運営に関する行政評価・監視調査結果」では「一般市民への公開方法について、利用証の発行には、(イ)閲覧の継続的利用手続きにおいて、一般市民に負担のかかる大学職員の紹介状等の提出を求めないようにし、手続きの簡素化を図ること。(ロ)調査研究を目的としている大学、学校、官公庁関係者に実施している貸出措置について、一般市民に対しても拡大すること、と明記され、それへの対応を迫られ、現時点では多くの国立大学附属図書館では緩やかな形で地域市民への開放を行っている[3]。

これら社会を取り巻く情勢の変化にも、大学図書館は対応を迫られている。学生、教員といった内向けの視点だけでなく、社会そして地域への意識をいっそう高める必要がある。

3　地域貢献の事例

　地域貢献を考えるにあたっては、大学の立地する地域社会との関係により、その内容が変化する。大学は地域社会の一部を構成するものであり、そのあり方は都会型の大学と地域密着型の大学による差異は大きい。今日、大学図書館の地域貢献は単に図書館の市民への公開、図書資料の貸出にとどまるものではない。多くの事例、調査が報告されている。本章では事例を中心に述べる。

　(1)　九州大学附属図書館では「本学における学習・教育・研究を支援する学術情報基盤であり、構成員に対するサービスを第一義的な目的として運営」しているとした上で、「学校教育法に示された理念に基づいて、本学構成員に支障のない範囲で学外の皆様の生涯学習や研究活動の利用にも対応したい」としている。中央図書館は、このような基本姿勢の下に、福岡市総合図書館との協力関係を始めとして、多様なサービスシステムを整備してきている。1994年には学外者来館利用が可能となるよう、規程を整備し、2001年には福岡市総合図書館（各区民図書館を含む）との相互貸借に関する協定を結び、同館登録者が最寄りの市立図書館を通して本中央図書館の図書貸出が可能になった。2002年には中央図書館が所蔵する学術図書を一定期間継続的に必要とされる学外の方に、直接に貸出できる試行サービス開始した。

　(2)　三重大学附属図書館

　三重県には三重大学を除いて、大規模な大学が存在しない。そして三重県にある大学と公立図書館蔵書を合計すると600万冊余であるが、三重大学と三重県立図書館の蔵書の合算でその4分の1強を占める。さらに四日市、津、鈴鹿、名張の比較的規模の大きい市立図書館と神宮文庫を合計すると三重県全体の図書館蔵書数の過半を占める。このような寡占状況で、三重大学附属図書館は1993年から「三重県図書館雑誌・新聞総合目録」作成に参加している。1997年からは三重県立図書館との合同実務研修が始まり、1998年からは学外利用者への館外貸出を開始している。「三重大学附属図書館地域貢献ポータル」において、「地域貢献のポリシー」を明示するなど活発な活動を行なっている。

　(3)　横浜市立大学学術情報センター

横浜市立大学学術情報センターでは市民が総合的に利用できるよう「市民利用制度」を設けている。サービス内容としては、調査・研究活動に取り組むあるいは地域・社会活動において必要な資料を求める住民に向けて、学術情報センター（本館）が所蔵する学術情報とサービス機能を活用できるよう、図書の貸出サービス、情報検索支援や情報探索ガイダンスなど、総合的な利用サービスを支援している。2001年からはそのサービスを拡張し、「市民向けオープンガイダンス」を行なっている。ここでは大学の知的財産の蓄積とノウハウを学外に発信することにより、学内外で共有しようとし、a.情報探索概論、b.図書館の所蔵検索、c.各種データベースの紹介、d.インターネット情報についてのガイダンスを行なっている[4]。これにより、市民の調査研究活動に貢献できるよう活動を行なっている。

(4) 関西学院大学図書館

私立大学においては「地域開放」に数十年の歴史を持つ大学も存在する。利用者の範囲、利用に際し、年会費などの経費徴収、利用できる資料、貸出の際の大学構成員との利用条件の差異などその実態は多様であるが、全体としては過半数の私立大学が市民開放を行なっている。中には市民利用登録者数が四桁に及ぶ大学もある。市民開放を始めた理由は学校法人の方針、大学のPR、地域からの要望が多い。市民開放のためには、開館時間の延長、建物やBDS等安全設備の整備、資料排架など利用増加への対応そして利用規程の見直しを迫られることになる。

反面、デメリットとしては、増加する情報機器の利用指導、資料やサービスリクエストにどこまで応えるか、契約による電子ジャーナルなど電子情報源の利用の可否、時間外のレファレンス・サービス、他大学への文献複写など相互協力業務の是非、そしてなによりも大学構成員への情報サービス、図書館利用の妨げにならないか、があげられる。

関西学院大学図書館では1998年から一般公開を行なっており、「地域社会の多様な教育的・文化的要請に応えるために、大学図書館の有する学術情報や資料を地域住民の方に提供」するとし、「20歳以上の西宮市、三田市等近隣の地域に在住し、本学図書館の図書・資料を用いた調査・研究の目的が明確である」希望者に対し、登録制での図書貸出、図書・資料の複写、利用相談を行なって

いる。

また関西学院大学がある兵庫県では、兵庫県大学図書館協議会の活動として、公共図書館等との連携協力を進め、国公私立大学加盟各図書館の地域市民への公開状況を一覧表の形で公開している。そこでは、公共図書館からの図書館相互貸借（ILL）依頼、一般市民の来館利用（閲覧・貸出・複写等）を受け付け、一般市民からの郵送による文献複写依頼等の項目が掲載されている。

(5)「福島県内大学図書館連絡協議会」は1985年に加盟館相互の緊密な連携と協力により、図書館の施設、管理、運営などについての進歩、改善を図ることによって、地域社会の進展に寄与することを目的として発足している。福島県内大学図書館11館、福島県立図書館、そして福島工業高等専門学校図書館の13館により構成されている。1989年からは県内の公共図書館19館を加えた福島県内大学図書館間相互利用制度を実施し、文献複写、相互貸借業務を行なっている。また1994年からは加盟館の図書館職員研鑽の場として「実務者研修会」を毎年開催している。

同様の県レベルの活動は岐阜県、和歌山県でも行なわれている。また愛知県、岐阜県、三重県、静岡県を包含した東海地区では館種を超えた図書館の連携・協力の推進を目的として愛知芸術文化センター愛知県図書館、岐阜県図書館、三重県立図書館、静岡県立中央図書館、名古屋市鶴舞中央図書館の公立図書館と名古屋大学、岐阜大学、三重大学、静岡大学、名古屋市立大学、金城学院大学、中京大学、名古屋女子大学、南山大学等の図書館関係者が集まり、「東海地区図書館協議会」の活動が始まっている。

(6) 大学図書館の子ども図書室

山梨大学附属図書館、鳴門教育大学附属図書館、大分大学附属図書館では図書館内に子ども図書室を設け、地域ボランティアや学生サークルとの協力を通じて図書館を公開し、読み聞かせなどの児童サービスを行なうとともに、学生への教育機会、福祉看護の実践活動を行なっている。

4　今後の展望

2004年国立大学図書館協会総会ワークショップで報告された87国立大学附属

第12章 地域連携

表12-1 国立大学附属図書館で行なっている地域社会貢献の取り組み（複数回答）

n＝87

学外者の利用	61	70.11%
地域内図書館との連携	19	21.84%
地域関連資料の収集・展示	7	8.05%
地域相互協力	7	8.05%
展示会・講演会等	14	16.09%
デジタルコンテンツ、情報発信	5	5.75%
ボランティア	6	6.90%
公開講座、インターンシップ、研修会	7	8.05%
子ども図書館	3	3.45%
オープンキャンパス	3	3.45%
その他	7	8.05%
計	87	

　図書館の地域社会貢献への図書館の取り組みは表12-1の通りである。

　このように、大学図書館では数多くまた多様な形で地域との協力連携を行なっている。しかし、これらはPRの問題もあり、社会一般にはそれほど知られていない。

　上記で紹介した以外にも地域図書館と全国規模の図書館との連動だけでなく、博物館・美術館・文書館・史料館といった類縁機関との協力事業も目立ってきている。これらは大学の規模とは別に、小規模であっても、工夫によっては多面的な活動が可能となる。

　大学が公開講座・開放講座などで一般市民への開放を行なうケースが増えてきただけに図書館も構成員へのサービスと両立させ、よりいっそう高い次元の情報活用を行なえるコラボレーションをどのように実現するかが課題になっている。

　諸外国の事例は、日本との設置状況に大きな違いがあり、一概に述べることはできないが、サンホセ州立図書館とサンホセ州立大学図書館では共同で生涯学習のために構築した図書館を持ち、そこでは「Connecting people with technology and human expertise」と標榜したサービスを行なっている[5]。

　今日、情報通信技術とコンテンツの保有に関しては大学図書館が先を行って

いる。この状況を活用した地域連携が望まれる。

注・引用文献
1） 平成15年度地域貢献特別支援事業費の選定について－国立大学の地域貢献の促進－〈http://www.mext.go.jp/b_menu/houdou/15/06/03060601.htm〉(last access 9/21/2004)
2） 〈http://www.lib.hokudai.ac.jp/koho/hokoku/shinei.html〉(last access 10/12/2004)
3） 〈http://www.soumu.go.jp/kanku/hokkaido/pdf/setumei_a_03.pdf〉(last access 9/30/2004)
4） 岩元重紀"横浜市立大学学術情報センターにおける情報リテラシー教育の実践と地域貢献についての報告."『東海地区大学図書館協議会誌』No. 48, p.31-36, 2003.
5） 〈http://www.sjlibrary.org/index.htm〉(last access 10/12/2004)

第13章　図書館コンソーシアム

加藤信哉・中元　誠

1　図書館コンソーシアムとは何か

　コンソーシアム（consortium、複数形 consortia）は、ラテン語に起源を持ち、元来は partnership という意味である[1]。現代用法としては、17世紀に夫と妻の間のつながりと仲間同士（すなわち配偶者）であることに関連して使われはじめ、法律用語では未だに夫婦の関係に使用されている。最も普通の意味である協力関係や連合という意味は1820年代まで現れず、製造業や金融機関との結びつきにはさらに100年を要した。1950年代と1960年代に科学分野と教育分野で取り上げられ、図書館分野でもその頃に使われはじめたようである。図書館用語としての確立は、1972年に出版されたパトリック（Ruth　Patrick）の報告書[2]以降であるといわれている[3]。

　図書館コンソーシアムには明確な定義がなく、図書館ネットワークや図書館システムと同義に使われることがある。ここではボスティック（Sharon Bostick）にしたがって「一定の類似の要求（通常は資源共有）を充足するために相互に協力することに合意した2つ以上の図書館の集合体」と定義しておく[4]。

2　米国における図書館コンソーシアムの歴史[5][6]

　米国における図書館協力には長い伝統があり、図書館コンソーシアムには1

表13-1　米国における図書館コンソーシアムの設置数の推移(1931〜1971)

設置年	設置数
1931-1940	2
1941-1950	3
1951-1960	5
1961-1971	115

出典：Kopp, James J. "Library consortia and information technology: the past, the present, the promise." *Information Technology and Libraries*. Vol. 17, No. 1, p.8, 1998.

世紀を超える歴史がある。表13-1に1931年から1971年までの米国における図書館コンソーシアムの設置数の推移を示す。

米国のコンソーシアムは、3つの段階を経て発展してきた。第1段階は、19世紀後半からで、アメリカ図書館協会（American Library Association: ALA）による協力委員会（Cooperation Committee）の設置に始まる。1900年代の初めに米国議会図書館（Library of Congress: LC）は共同目録作業計画を開始し、参加館に目録情報と印刷カードを配布するサービスを開始した。最も初期の大学図書館コンソーシアムは、ノースカロライナ大学、デューク大学およびノースカロライナ州立大学を会員館とするトライアングル図書館ネットワーク（Triangle Research Library Network: TRLN）であった。

このコンソーシアムは後にノースカロライナ中央大学を加えて4館構成となり、現在も続いている。当時のコンソーシアムの目的は、蔵書の共有（資源共有）と共同購入であった。第2段階は、1960年代から始まり、それは、図書館業務自動化の実現可能性を受けた公式のコンソーシアム形成の契機となった。この時期にオハイオ・カレッジ・ライブラリー・センター（Ohio College Library Center: OCLC）、研究図書館グループ（Research Libraries Group: RLG）およびワシントン図書館ネットワーク（Washington Library Network: WLN）のような書誌ユーティリティとしても知られているメガコンソーシアム（mega-consortium）が発展した。コンソーシアムの運営形態は、まちまちで、TRLNのように大学レベルの協力グループの一部であるもの、ビッグ・トゥエルブ・プラス（Big Twelve Plus）および機関協力委員会（Committee on Institutional Cooperation: CIC）のような学術図書館の資源共有グループ、ボストン図書館

第13章　図書館コンソーシアム

表13-2　米国における図書館コンソーシアムの成長（1971～1998）

調査年	コンソーシアム数	参加機関数
1971	125	―
1977-1978	608	29,400
1985-86	760	72,100
1997-98	(400～500)	―

出典：King, Donald W.; Xu, Hong. "The role of library consortia in electronic journal services." *The consortium site licence: is it a sustainable model?* Oxford, Ingenta Institute, 2002, p.32-33. を基に作成。

コンソーシアム（Boston Library Consortium）のように大学がメンバーで活動と運営は図書館に委任されているもの、イリノイ図書館コンピュータ・システム機関（Illinois Libraries Computer Systems Organization: ILCSO）のように州が設置し、大学図書館、公共図書館がメンバーとなるものがあった。

　この時期の図書館コンソーシアムは、高額な図書館統合システムの共同購入を目的とするものであった。第3段階は、1990年代から始まり、図書館コンソーシアムの役割は、電子ジャーナルやデータベースのような電子情報資源（electronic resources）の共同購入へ拡大され、第2段階で主流であった図書館統合システムの共同購入のためのコンソーシアムから他の適切なコンソーシアムに移動する図書館が出てきている。表13-2に1971年以降の米国における図書館コンソーシアムの成長を示す。

3　図書館コンソーシアムの現状

3.1　数と種類

　世界中にどれくらいの図書館コンソーシアムがあるか正確な数は不明であるが、2002年にキング（Donald King）とシュウ（Hong Xu）が行なった調査では、世界の216の図書館コンソーシアムを対象としている[7]。表13-3から米国以外では図書館コンソーシアムが最近になって発達してきたことがわかる。

　また、表13-4からわかるように図書館コンソーシアムの規模も大きくなっているようである。

　図書館コンソーシアムには、例えば大学図書館のみから構成される同一館種

表13-3 図書館コンソーシアムの運用開始年：2002

運用開始年	米国 (n=45)	米国以外 (n=12)
2001-2002	9%	—
1999-2000	4%	25%
1997-1998	13%	17%
1995-1996	4%	25%
1990-1994	9%	17%
1989以前	60%	17%

出典：King; Xu 前掲 p.38.

表13-4 図書館コンソーシアムの規模

参加機関数	コンソーシアムの規模	
	1985-86	2002
2-9	20%	—
10-19	23%	28%
20-29	12%	14%
30-49	15%	7%
50以上	31%	50%

出典：King; Xu 前掲 p.34.

コンソーシアムと大学図書館や公共図書館のような館種の異なる図書館から構成される多館種コンソーシアムがある。多館種コンソーシアムが米国の図書館コンソーシアムで占める割合は56％、米国以外では49％である[8]。多館種コンソーシアムの参加機関の内訳を表13-5に示す。全体として大学図書館の割合が高いことがわかる。

　また、図書館コンソーシアムは、単一のプロジェクトを行なうものもあれば複数の任務を持つものもある。現在の協力の取り組みは、電子ジャーナルの利用者への提供、仮想目録（virtual catalog）を通じた資源の共有およびドキュメント・デリバリー・サービスの提供[9]に絞られているようである。最近では、図書館コンソーシアムは、コアリション（coalition）やネットワークという名称で呼ばれることがある。ミシガン図書館コンソーシアム（Michigan Library Consortium）やオハイオネット（OhioNet）のように州単位の図書館コンソーシアムもあれば、南西部のアミーゴス（Amigos）、北部のネリネット

表13-5　多館種図書館コンソーシアムの参加機関の内訳：2000

種類	米国（n=93）		米国以外（n=39）	
		平均数		平均数
大学図書館	94%	52	90%	31
公共図書館	43%	78	28%	8
学校学校図書館	24%	104	13%	29
専門図書館	37%	65	44%	32
その他	15%	9	8%	8
計		182		83

出典：King; Xu，前掲，p.39

(Nelinet)、南部のソリネット (Solinet) のような複数の州にまたがる地域コンソーシアムもある。なお、一部の図書館は複数のコンソーシアムに加盟する傾向がある[10]。

3.2　運営[11]

図書館コンソーシアムの運営概念図を図13-1に示す。理事会は、意思決定の最高機関で加盟館の館長から選出され、コンソーシアムの政策課題を設定し、その政策課題が加盟館の利害と相反するときは調整を行なう。幹事会は、大規模なコンソーシアムで広範囲にわたって意思決定を行なう必要がある場合に設置される。メンバーは、理事会のメンバーから選出される。コーディネータ（事務局長）は、煩瑣で多忙な定型的業務の管理と日常業務における調整を行なう。コーディネータは理事会が任命する。会員館と直接コンタクトを取り、委員会の活動および会員館のスタッフが行なう活動を監督する。連絡スタッフは、大規模コンソーシアムで見られる。パートタイマー1人であることが多い。多数のスタッフを抱えるコンソーシアムもある。その場合、契約交渉や研修プログラムの担当スタッフもいる。

一方、コンソーシアムに加盟すると加盟館のスタッフは委員会活動にかなりの時間が割かれる。また、図書館相互貸借（ILL）の量が増える。コンソーシアムの種類や活動によってスタッフが費やす時間は異なるが、加盟館のスタッフの参画は、コンソーシアムの成功の鍵である。

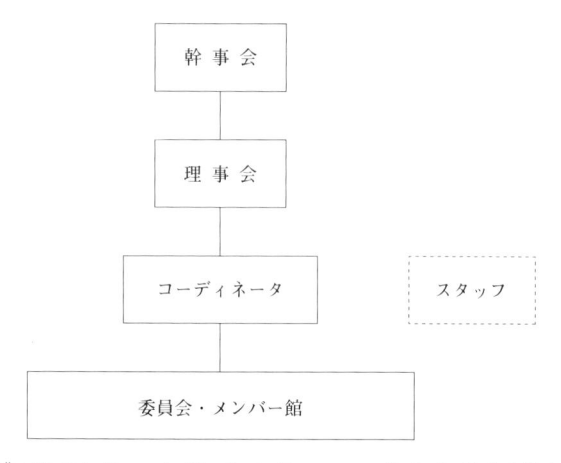

```
        ┌─────────┐
        │  幹事会  │
        └────┬────┘
             │
        ┌────┴────┐
        │  理事会  │
        └────┬────┘
             │
   ┌─────────┴──┐      ┌──────────┐
   │コーディネータ│      │ スタッフ  │
   └─────────┬──┘      └──────────┘
             │
   ┌─────────┴──────┐
   │ 委員会・メンバー館 │
   └────────────────┘
```

出典：Bostick, Sharon L. "Academic library consortia in the United States: an introduction." *LIBER Quarterly*. Vol. 11, No. 1, p.9, 2001. を基に作成。

図13-1　図書館コンソーシアムの運営概念図

表13-6　図書館コンソーシアムの財源

種類	米国 (n=32)		米国以外 (n=24)	
	出資元	金額	出資元	金額
政府	50%	34%	58%	68%
会費	59%	32%	71%	30%
サービス査定	65%	29%	46%	―
会員外への販売	3%	5%	4%	2%
その他の資源	3%	1%	4%	―

出典：King; Xu, 前掲, p.40.

3.3　財源[12]

　財源は、図書館コンソーシアムの種類によって多様である。表13-6に図書館コンソーシアムの財源の出所を示す。財源が州などから出資される場合は、会費が無料となる。ほとんどの場合、会費は有料であり、会費は図書館コンソーシアムの提供サービス、スタッフ数、遂行プロジェクトによって異なる。図書館コンソーシアムは、企業に似たアプローチを取るようになり、持続可能な財政モデルを作り出そうと試みている。

第13章　図書館コンソーシアム

表13-7　コンソーシアムから電子ジャーナル・サービスを受けている図書館の割合：2002

種類	米国（n＝62）	米国以外（n＝36）
大学図書館	84%	99%
公共図書館	44%	100%
学校図書館	12%	10%
専門図書館	67%	83%
その他	89%	12%

出典：King; Xu，前掲，p.40.

表13-8　コンソーシアムが提供している電子ジャーナル・サービスの内訳：2002

サービスの種類	米国（n＝38）	米国以外（n＝30）
グループ・ライセンスの交渉	89%	97%
図書館サイト・ライセンスの交渉	26%	13%
電子ジャーナル、データベース等のデモ	45%	36%
全文ジャーナル・アクセス用サーバの提供	8%	10%
技術相談、助言、支援	50%	33%
電子購読契約の請求	89%	63%
論文単位（pay-per-view）の利用への請求	6%	－
電子ドキュメント・デリバリー・サービス	29%	－
ユーザ認証	5%	25%
利用統計	8%	13%

出典：King; Xu，前掲，p.41.

3.4　電子ジャーナル・コンソーシアム[13]

(1) 現状と背景

電子ジャーナル・コンソーシアムは、1990年代後半に設置されたもので電子ジャーナル等の電子情報資源のライセンス交渉を目的としている。コンソーシアムから電子ジャーナル・サービスを受けている図書館の割合を表13-7に、提供している電子ジャーナル・サービスの内訳を表13-8に示す。

現代の図書館コンソーシアムの役割は、会員館を代表して、単一の機関が単独交渉で達成した価格よりも安く、電子情報資源のグループ割引価格を交渉することにあるといっても過言ではない[14]。この背景には、情報技術の発展による学術情報のオンライン配布の出現、図書館の財政状況の悪化、多年にわた

る雑誌価格の高騰と購読タイトル数の減少である「シリアルズ・クライシス (Serials Crisis)」の継続、比較的安価な追加料金で大量の電子情報資源にアクセス可能となったことがある。

(2) コンソーシアム・サイト・ライセンス[15]

コンソーシアムが電子ジャーナル出版者と締結するコンソーシアム・サイト・ライセンスには、出版者の全タイトルへのアクセスができるビッグ・ディール（Big Deal）とコンソーシアムの参加館が購読している冊子体の雑誌を相互利用するクロス・アクセス（cross access）とがある。契約期間は一般に3年から5年間で、電子ジャーナルのILLや授業での利用も認められている。コンソーシアム・サイト・ライセンスは出版者にとっては一定期間安定した収入の確保が可能であり、コンソーシアムの加盟館にとっては、以前には利用できなかった広範な電子ジャーナルが利用できるという、共存共栄（win-win）のメリットがある。しかしながら、ビッグ・ディールについては、経費面での維持の難しさ、必ずしも質の高くない雑誌の混入、購読中止の禁止条項によるタイトル単位での選定の制約などの問題点によって将来とも持続可能なモデルなのかについて疑問が寄せられている。

4 事例

ここでは、代表的なコンソーシアムについて簡単に紹介する。

4.1 海外

(1) オハイオリンク[16]

オハイオリンク（The Ohio Library and Information Network: OhioLINK）は、1980年代末に形成された図書館コンソーシアムでオハイオ州の85の大学図書館等を会員とし、60万人を超える学生教職員に対して中央目録、相互貸借サービスおよび電子情報資源を提供している。2004年7月現在、オハイオリンクは、100以上の研究データベース、80以上の出版者からの5900タイトルを超える電子ジャーナル、1万9000タイトル以上の電子ブックなどへのアクセスを提供している。特に電子ジャーナルは年間420万件以上の論文がダウンロードさ

れている。

(2) ICOLC[17]

国際図書館コンソーシアム連合（International Coalition of Library Consortia: ICOLC）は1996年に創立された200機関を超える図書館コンソーシアムの非公式な国際的団体である。ICOLCは、米国とヨーロッパで1年に交互に1回会合を開催し、コンソーシアムとベンダーが電子情報資源の購入についてさまざまな点から議論する機会を提供している。また、電子情報資源の購読契約、利用統計等に関わる声明を随時出している。国内では国立大学図書館協会（2004年3月までは国立大学図書館協議会）および私立大学図書館コンソーシアム（PULC）がメンバーとなっている。

4.2 国内

(1) 国立大学

国内では、国立大学図書館協会が国立大学図書館をメンバーとする電子ジャーナル・コンソーシアムを形成する枠組みとして機能している。国立大学図書館協会を代表して実務に当たっているのは、国立図書館協議会（当時）の下に2000年9月に設置された電子ジャーナル・タスクフォース（以下「タスクフォース」）である[18]。2004年には学術商業出版社、学会など13の出版者を対象としたコンソーシアムが成立し、合わせると1万タイトル以上の電子ジャーナルの利用ができるようになった。世界水準から見てもきわめて短期間に急速に成長した相当大規模な電子ジャーナル・コンソーシアムということができる。タスクフォースの設置は、エルゼビア・サイエンス（Elsevier Science）社（当時）が1999年に示した2000年からの日本向け円価格、並行輸入問題に対して国立7大学の図書館長が抗議の文書を送ったことに始まる。エルゼビア・サイエンス社からの回答は、価格問題には触れず従来からの主張をくり返すのみであったが、回答の最後で国立大学の代表メンバーと直接会談したい旨の記載があり、これに対応する協議の組織として設置された。その後協議の対象出版者は拡大し、2002年にはエルゼビア・サイエンス社（93大学が参加）、シュプリンガー（Springer）社（77大学が参加）、ブラックウェル（Blackwell）社（56大学が参加）、ワイリー（Wiley）社（48大学が参加）を対象としたコンソーシアムがスタートし

た。その後2003年の交渉対象出版者は30を超すまでになった。

　このコンソーシアムの特徴として、交渉主体と契約主体の分離が挙げられる。コンソーシアムとしての交渉はタスクフォースが代表して行なうが、それは国立大学図書館としての最低条件の交渉であり、各大学はさらに個別の交渉をした上でそれぞれが契約するという形を取っている。また各国立大学図書館は、国立大学図書館協会のメンバーであるからといってすべてのコンソーシアムに参加する訳ではなく、出版者ごとに参加するかどうかを決めることができる。この方式は、契約条件をめぐってコンソーシアム参加館の合意を得るのに苦慮している欧米のコンソーシアムからも注目されている。またタスクフォースの活動は、出版者との交渉にとどまらず、電子ジャーナルの普及とデジタル・デバイドの解消に向けた広範なもので、電子ジャーナル・ユーザー教育担当者研修会の開催、「大学における電子ジャーナルの利用の現状と将来に関する調査」の実施、「ベンダーが提供する電子ジャーナルの利用統計の改善について」（提言）や「アーカイブの指針」の発表、およびメンバーへの広報を含み、さらにはICOLC会合への参加やSPARC（Scholarly Publishing and Academic Resources Coalition）への賛意の表明といった国外に向けた活動の原動力となった。タスクフォースの活動が広がるにつれ、そのメンバーも当初の13名が2003年の38名（うちオブザーバ3名）にまで拡大した。メンバーの活動はボランタリーなもので、必要経費はメンバー所属の大学の予算によっていた。国立大学の法人化にともない、タスクフォースは2004年7月から国立大学図書館協会に新たに設置された学術情報委員会の下の小委員会となった。

(2) 私立大学

　私立大学におけるコンソーシアム形成の契機は、2001年12月に国立大学図書館協議会より非公式に早稲田大学および慶應義塾大学に対し、同協議会電子ジャーナル・タスクフォースが交渉中であったISI社Web of Science導入にかかわり、国立大学の交渉の枠組みへの私立大学からの参加の可能性について、また私立大学図書館における図書館コンソーシアム形成の可能性について打診があったことにある。国立大学図書館協議会からの打診に対応して、すでにISI社の同製品を導入している5つの私立大学図書館（早稲田大学、慶應義塾大学、東京慈恵会医科大学、関西大学、九州産業大学）により、新たな枠組みによるコ

ンソーシアム契約のための協議を2002年1月より開始した。交渉の結果、2002年10月に、15私立大学と ISI 社との間でコンソーシアム契約（2002〜2004年）が成立した。このコンソーシアム契約により製品定価の圧縮、年間価格上昇率にかかるキャップ制度の導入などをはじめとして導入にかかる諸条件が格段に改善することとなった。

　2003年7月、コンソーシアムとしては先行して活動を開始していた私立大学図書館 Web of Science コンソーシアム発足にかかわった5つの私立大学図書館を基本として、関東地区では早稲田大学と慶應義塾大学、関西地区では関西大学、関西学院大学、同志社大学、立命館大学が中心となり、全国の私立大学図書館に対して PULC の設立とそこへの参加を呼びかけることとなった[19]。呼びかけでは、コンソーシアム形成の目的として「私立大学図書館における電子ジャーナル、データベースの導入、利用にかかわり、導入、維持にかかる価格、提供、利用などの諸条件について、関連する学術出版者、販売代理店等と加盟私立大学を代表して統一的な交渉をおこなうこと」がうたわれ、70余りの私立大学図書館の参加をえて2004年度契約交渉がすすめられた（2004年10月現在の参加校数：86校）。交渉は当初より各版元との直接交渉を原則とし、呼びかけを行なった大学図書館を中心にすすめられ、2004年度については、オックスフォード大学出版会（Oxford University Press）、ブラックウェル、ワイリー各社について最終提案がまとめられた。また2005年度契約交渉については、関東地区から早稲田大学、慶應義塾大学、法政大学、明治大学、東京慈恵会医科大学、関西地区から関西大学、関西学院大学、同志社大学、立命館大学からなる幹事会を組織し、必要に応じた役割分担をしながら交渉をすすめている。

(3) その他

　日本医学図書館協会と日本薬学図書館協議会が歩調を合わせて自然科学、医学薬学関係の出版者の電子ジャーナル・コンソーシアムを形成している[20]。2004年には26の商品についてコンソーシアムが成立している。同じ出版者であっても大学向けと企業向けのコンソーシアムを用意していること、加盟館以外の参加ができるオープン・コンソーシアムとなっていることが特徴である。

　地域の大学コンソーシアムとしては、東京の多摩地区にある多摩アカデミック・コンソーシアム（TAC）がある[21]。TAC は国際基督教大学、国立音楽大

学、東京経済大学、津田塾大学、武蔵野美術大学の5私立大学から構成される大学連合体で1995年1月に設置された。その中に図書館部会があり、身分証明証による自由閲覧、個人貸出可能な閲覧証の発行、巡回便による貸出・返却、複写料金の無料化などの相互協力事業を行なっている。山手線沿線私立大学図書館コンソーシアムは2000年8月から活動を始めた青山学院大学、学習院大学、國學院大学、東洋大学、法政大学、明治大学、明治学院大学、立教大学の私立大学8図書館による相互協力による利用者サービスの向上と図書館活動のためのコンソーシアムである[22]。10種類の相互協力プログラムを展開しており、来館利用、所蔵情報の提供、図書の貸出、合同研修・研修職員の受入、新聞・雑誌の分担収集を行なっている。わが国でも、主題、館種あるいは設置母体別に設置された図書館協議会ではなく、加盟館の直接の関心に基づく、図書館コンソーシアムを通した図書館協力活動が開始されたといえよう。

5　図書館コンソーシアムの評価と課題

　最近の大学図書館における最も重要な展開は、組織としての自己充足から図書館コンソーシアムへの成長に象徴される、連携による生き残りモードへの移行であろう[23]。また、利用者に対する明らかな便益と利用者と図書館サービスの改善のためにコンソーシアムの会員となることがごく当たり前であると世界中の図書館で考えられるようになっている[24]。このように図書館コンソーシアムは、図書館活動にとって不可欠な存在である。スケールメリットを活かした費用対効果の高い資源共有、図書館統合システムの共同購入、電子情報資源の共同利用に成功している。一方、新たな課題が出現している。それらは、図書館マーケティング、仮想目録（virtual catalog）、ウェブポータル、デジタル・レファレンス・サービス、デジタル図書館の開発、遠隔教育の授業支援、災害に対する事前対策などである。いずれにしても、図書館コンソーシアムの将来は明るく、刺激的であろう[25]。

　　　注
　　1）　*The Oxford English Dictionary*. 2nd ed. Oxford, Clarendon Press, 1989. Vol. 3,

p.781.
2） Patrick, Ruth J. *Guideline for Library Cooperation: Development of Academic Consortium*. Santa Monica, Calif., System Development Corporation, 1972.
3） Kopp, James J. "Library consortia and information technology: the past, the present, the promise." *Information Technology and Libraries*. Vol. 17, No. 1, p.7-12, 1998.
4） Bostick, Sharon L. "Academic library consortia in the United States: an introduction." *LIBER Quarterly*. Vol. 11, No. 1, p.6-13, 2001.
5） Bostick 前掲．
6） Bostick, Sharon L. "The history and development of academic library consortia in the United States: an overview." *Journal of Academic Librarianship*. Vol. 27, No. 2, p.128-130, 2001.
7） King, Donald W.; Xu, Hong. "The role of library consortia in electronic journal services." *The consortium site licence: is it a sustainable model?* Oxford, Ingenta Institute, 2002, p.9-76.
8） King; Xu，前掲，p.38.
9） 原田隆史"図書館コンソーシアムとドキュメント・デリバリー."『同志社図書館情報学』No.12, p.1-18, 2001.
10） Bostick，前掲，p.8.
11） Bostick，前掲，p.9.
12） Bostick，前掲，p.10.
13） Rowse, Mark. "The consortium site license: a sustainable model?" *Libri*. Vol. 53, No. 1, p.1-10, 2003.
14） Childs, Mirriam; Weston, Wil. "Consortia and electronic journals: an overview." *E-serials: collection management: transitions, trends, and technicalities*. David C. Fowler, ed. New York, Haworth Information Press, 2004, p.91-110.
15） 野口幸生"コンソーシア・ライセンシング：学術図書館を事例として（解説）."『情報管理』Vol. 44, No. 5, p.308-318, 2001.
16） OhioLINK のウェブサイト．〈http://www.ohiolink.edu/〉（last access 10/6/2004）
高木和子"OhioLINK：最近の活動状況と今後の計画（アメリカ図書館報告）."『情報管理』Vol. 47, No. 3, p.204-211, 2004.
17） ICOLC のウェブサイト．〈http://www.library.yale.edu/consortia/〉（last access 10/6/2004）
尾城孝一"国際図書館コンソーシアム連合（International Coalition of Library Consortia: ICOLC）第12回会合報告."『大学図書館研究』No. 67, p.28-36, 2003.
村上泰子"International Coalition of Library Consortia（ICOLC）の動向."『情報の科学と技術』Vol. 52, No. 5, p.266-271, 2002.
18） 国立大学図書館協議会電子ジャーナル・タスクフォース活動報告．東京，国立大学図書館協議会電子ジャーナル・タスクフォース，2004. 100p．
〈http://wwwsoc.nii.ac.jp/anul/j/projects/ej/katsudo_report.pdf〉（last access

10/6/2004)
19) 影山幸子"私立大学図書館コンソーシアム（PULC）の形成に関わって."『関西大学図書館フォーラム』No. 9, p. 10-17, 2004.〈http://www.kansai-u.ac.jp/Library/pdf/forum_fulltext/2004_vol_9/LF2004_03.pdf〉(last access 10/6/2004)
20) 母良田功"日本薬学図書館協議会電子ジャーナル・コンソーシアムの取り組み：雑誌問題検討委員会報告."『薬学図書館』Vol. 49, No. 2, p.141-145, 2004.；殿崎正明"日本医学図書館協会（JMLA）における電子ジャーナル・コンソーシアム形成の歩みと今後の展望."『医学図書館』Vol. 49, No. 2, p.172-185, 2002.
21) 松下鈞"主題と地域のアカデミック・コンソーシアムと図書館運営：TAC（多摩アカデミック・コンソーシアム）と MLAJ（音楽図書館協議会）."『情報管理』Vol.44, No. 2, p.89-97, 2001.
22) 飯澤文夫"山手線沿線私立大学図書館コンソーシアムの利用状況と展望."『図書館の譜：明治大学図書館紀要』No. 6, 2003.〈http://www.lib.meiji.ac.jp/openlib/issue/kiyou/no6/pdf/iizawaJ4.pdf〉(last access 4/27/2005)
23) Allen, Barbara McFadden; Hirshon, Arnold. "Hanging together to avoid hanging separately: opportunity for academic libraries and consortia." *Information Technology and Libraries*. Vol. 17, No. 1, p.36-44, 1998.
24) Bostick，前掲，p.129.
25) Bostick，前掲，p.11.

第14章　アウトソーシング

鈴木正紀

1　アウトソーシングとは何か

　1999年9月、大阪市立大学で開催された第17回大学図書館研究集会で、発表者として招かれた小林（麻美、ユナイテッド・テクノロジーズ・インフォメーション・ネットワークジャパンオフィス代表（当時））は、アウトソーシングについて次のように述べている。

> 「アウトソーシングとは、図書館がこれまでやってきたような「業務委託」とはまったく関係のないものである。これは、我々がこれまでやってきた業務を、我々よりも上手に安価に行う外部機関がやることになり、我々自身は部門ごと解雇される、ということを意味している」[1]

　日本でも「アウトソーシング」という言葉はよく聞かれるようになってきた。しかし、論ずる人によってその意味するところはかなり幅があるというのが実情ではないだろうか。大学図書館についていえば、アウトソーシングを積極的に推進しようとする立場からは、小林が言うほどの厳しさで受け止めているという感触は伝わってこない。後にも述べるが、大学図書館で実際に行なわれている業務の外部化が実態としては「業務委託」でありながら、そのことを「アウトソーシング」と（おそらく何の疑問もなく）表現するということ自体にその

ことは現れている。日本社会のそこかしこで行なわれている「日本語で言えることの横文字表現」にすぎない。業務委託であれば、委託側が小林の言う意味での痛み（＝解雇）を負うことはさしてない。「アウトソーシング」はこのように、業務の外部化のさまざまなレベルの現象を説明するのに都合のよい概念、言い回しとなっている。

　本章では、一般に「アウトソーシング」（Outsourcing）と呼ばれる業務の外部化について概念の整理を行なった後、大学図書館における現状を概観する。そのうえで問題点を指摘し、最後に、これからの可能性について論じてみたい。

　なお、本章で「アウトソーシング」という場合、業務委託など、業務の外部化一般をそのなかに含め、広い意味で使用していくこととする。

　アウトソーシングは、「外（out）に源泉（source）を求めること」を意味する造語であり、もともと米国の企業が情報部門の業務を外部化、すなわち自社組織の外側に委託したことに始まる。こうしたことは1960年代には始まっていたが、1980年代後半から顕著になった。一般的には、当該企業にとって中核的ではない業務（ノン・コア業務）を外部に出すことが念頭に置かれる。しかしその一方で、重要だが外部化によって効率化を図れる業務や、適任者がいないために外部化したほうが高い成果が期待できる業務がアウトソーシングされる場合もある。

　日本では、アウトソーシングというと、コスト削減が主たる理由として挙げられる。米国でもコスト問題はアウトソーシングする際の重要な要素となっている[2]。しかしそれだけではアウトソーシングの積極的な意味を見逃してしまうことになる。

　花田（光世、アウトソーシング協会会長、慶應義塾大学総合政策学部教授）は、アウトソーシングとそれに類似する概念を図14-1のように整理している[3]。ここでは、業務の設計・企画を内部で行なうか外部化するか、業務の運営を内部でやるか外部化するかによって区分を設け、それぞれに当てはまる業務形態を布置している。アウトソーシングは、その両方とも外部化してしまう形態であることがわかる。

　花田はまた、「アウトソーシングが企業の下請けやコスト削減の手法に終わるだけでなく、クライアント企業の価値創造に貢献するという価値創造型の戦

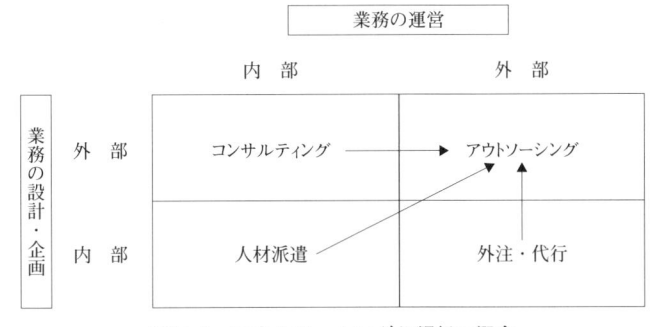

第14章　アウトソーシング

```
                          業務の運営
                    内　部              外　部
     　外　部    コンサルティング ──→ アウトソーシング
業務の                              ↗
設計・
企画 　内　部     人材派遣            外注・代行
```
　　　　　　図14-1　アウトソーシングと類似の概念

略性がアウトソーサーに要求されている」として「戦略アウトソーシング」を提唱している。それは次のように整理される。
- アウトソーシングはコストダウンではなく新しいビジネスモデルの構築
- アウトソーシングは価値創造（企業の変革にとって特に大事）
- アウトソーシングには中・長期的な視点が必要
- アウトソーシングには経営全体の判断が必要
- アウトソーシングは仕事・人材の切りだしではなく、プロフェッショナルの役割評価とその意義の醸成

ここで指摘されていることがらを図書館でどう具体化するかについては最後に述べる。

2　大学図書館におけるアウトソーシング

　大学においても業務のアウトソーシングは進んでいる。いささか古い資料だが、大学行政管理学会が1999年に行なった調査[4]によると、「（それまで）職員が担当していた業務を一部またはすべてを外部委託していますか」という質問に対して、62.9％（89大学中56大学）が「はい」と回答し、14.6％（13大学）が現在導入を検討中と答えている。また、大学のどの業務がアウトソーシングされているかについては表14-1の通りとなっている。
　アウトソーシングしている業務内容は回答者の自由記述であるため、食堂系が低いなど、結果には疑問符がつく点もあるが、それにしても図書館系業務が

表14-1　大学図書館におけるアウトソーシングの実態（1999年調査）

アウトソーシングの種類［回答大学数52校（b）］	大学数（a）	a/b
現業（労務系）（清掃、警備、各種受付等）	38	73.1%
現業（技能系）（ボイラー、電話交換、運転手等）	13	25.0%
図書館業務系	12	23.1%
人事事務系（給与計算等）	11	21.2%
システム管理系（SE、システム保守、プログラム開発等）	7	13.5%
情報処理系（データ入力等）	6	11.5%
食堂系	4	7.7%
広報業務系（広報誌作成）	2	3.8%
教学系（教育補助、公開講座等）	2	3.8%

　高い割合でアウトソーシングされていることはこの数字からも、また大学の現場で仕事をしている実感からしてもほぼ間違いのないことである。

　大学で業務のアウトソーシングが進むのは、よく指摘されるように、少子化を主たる要因とする大学財政の逼迫からコスト削減の圧力が増し、それまで専任職員によって行なっていた業務を、よりコストのかからない委託という形に移行していくということがあるからである。また一方で、大学図書館の業務量そのものが増えた結果というとらえ方もできよう。すなわち、図書館の利用教育、資料の電子化などの新たなサービスの実施、貸出・利用者対応の増加、開館時間の延長、開館日の増加といったように、図書館の業務の絶対量は昔に比べて増えている。業務量の増加に対しそれをすべて専任職員の増員で対応するというのは現実的ではない。これまではそうしたところに非常勤職員をあてて行なってきたが、それが現在は業務のある部分についてはアウトソーシングによって行なうといった形が普及してきたと捉えることができるだろう。

　そうした一方、アウトソーシングされた業務に対してはその受け皿が必要であり、図書館業務についてはそうした受け皿が、大学の他の業務に比べて相対的に充実しているということはいえるだろう。図書館のアウトソーシング市場には、図書館資料の整理・納入を受託する企業から大手書店、そしてカウンター業務等については一般的な人材派遣会社も参入してきている。

　では、大学図書館ではどういった業務がアウトソーシングされているのだろ

うか。これについての包括的な調査を確認することはできないが、大学図書館の業務をおおむね「資料選択・収集」「資料組織」「利用サービス」に分けて捉えると、おおよそのところ、資料組織（目録）、利用サービスのうち貸出返却業務についてとりわけ進んでいると考えられる。

目録業務は、かつて図書館のもっとも専門的な業務といわれていた。しかし、書誌ユーティリティのデータベースを利用したコピーカタロギングが主流になるに従い、目録記述の能力を十分に持っていなくとも、書誌を同定する能力が一定程度あれば、標準的な図書については作業が行なえるようになってしまったため、早くから委託が進んだ領域である。一大学で複数の図書館を有する大学図書館では、整理業務を一箇所で集中的に行なうといった業務スタイルも出現している[5]。

貸出返却業務については、図書館業務管理システムが導入され、コンピュータによる管理が一般化したため、オペレーションはパターン化したものとなり、委託が容易となった。なお、少数の例であるが、大学図書館の中核的業務といわれるレファレンス・サービスを委託している大学図書館も存在する[6]。

また、アウトソーシングは図書館業務管理システムのメンテナンスについても行なわれている。これはほとんどの図書館の業務管理システムが、メーカーが販売しているパッケージソフトであるため、その保守管理をメーカーに委託することが自然に行なわれていることの結果である。

3　アウトソーシングの問題点

ここでは以下の3点を指摘しておく。
(1) 新規の人材（専任職員）確保がむずかしくなる
(2) 専任職員の減少により、専任職員であるがゆえに可能であった「大学図書館界」としての調整・企画といった事業を担う人材の確保がむずかしくなる
(3) 経験・ノウハウの蓄積ができなくなる

大学は専任職員の新規採用を抑える傾向にある。図書館職員も例外ではない。その代わりにアウトソーシングを行ない、派遣職員を現場に配置しているので

ある。特に20歳代の専任職員採用は相当に少ないといってよいだろう。このことは専任職員の年齢構成が逆ピラミッドの形状をなすこととなり、結果として職場の高齢化を招くことになる。このことは、職を求める立場から見れば、専任職員として働く可能性が縮小されることを意味し、図書館で仕事をしようとした場合には、派遣職員等の立場で仕事に従事することを余儀なくされるということである。所得など派遣職員の待遇については多くの問題があることはよく知られているところである[7]。

　専任職員の採用が減少することの問題は一職場の問題にとどまらない。図書館は大学に所属する機関であるとともに、それを超えた図書館同士の協力関係を構築、緊密化することによってよりよいサービスを実現してきた。図書館相互貸借（ILL）はその典型である。そうしたことは、図書館関係者が集い協議を重ねてきたがゆえに実現したことである。また、職員の研修についても、一図書館を超えて共通の問題について関心を持つ人間が集まり議論することによってそのスキルを高めてきたことを図書館は歴史としてもっている。

　しかし、近年こうした活動が難しくなってきている。専任職員が減少しているため、彼/彼女らはそれぞれの職場の問題にかかりきりとなり、一図書館を超えた事業への参加が難しくなる傾向がある（それに加えて、特に私立大学の場合、人事異動によって図書館外への人の異動が多くなり、長期的展望を持って図書館界を「担う」人材が育ちにくくなったという問題も存在する）。研修に関してこのことは顕著に現れている。私立大学図書館協会東地区部会研究部の研究分科会[8]は、かつては分科会によっては50～60人の会員を抱える規模で運営されていた時代もあったが、現在ではどの分科会も存続そのものがあやぶまれるほど参加者は少ない。これは分科会が魅力のないものになったということではなく、参加したくとも職場の事情がそれを許さなくなっているためである。

　以上はアウトソーシングの導入が結果として引き起こす問題である。それに対し、3番目の問題はアウトソーシングそのものに備わる問題である。アウトソーシングを花田のいう意味（＝業務の設計企画・運営を外部化する）で行なうということは、図書館の特定部門を、その運営を含めてアウトソーサーに引き渡してしまうことである。図書館サイドとしては、アウトソーサーとの交渉窓口を持つだけとなる。そのような形をとると、業務のノウハウ、スキルはアウ

トソーサーの側に蓄積されることとなり図書館には何の蓄積もされなくなる。したがって、いったんアウトソーシングした業務をその後何らかの理由によって再び自らで行なおうとしても、そのときには何のノウハウも持たない状態から始めなくてはならないということが起こりうる。図書館運営・サービス提供能力の空洞化である。

4　アウトソーシングとどう向き合うか

　大学図書館の現場では、アウトソーシングが進む現実とどう向き合っていけばよいのだろうか。

　現在の大学が置かれた状況のなかで、図書館のサービス計画、事業計画を立案しようとする際、業務のアウトソーシングを考慮の外に置くことは難しい。上でも述べたが、専任職員が増えることが期待できないなかで仕事量そのものは増えているのだから、それに対して業務をアウトソーシングすることで対応していくことは、有力な選択肢となる。

　ただし、ここではっきりさせておかなくてはならないのは、まず、アウトソーシングは目的ではなく、あくまでも大学・図書館の目的・目標を実現するための手段である、ということである。極端な場合、アウトソーシングによってコストダウンをはかる、これ自体が目的のように語られることがあるが、ここからはその組織にとって生産的な結果が生まれてくることは期待できない。コスト面からいっても、非常勤職員を雇用する場合と業務を委託する場合とでは、後者の方がコストを下げられるとは一概には言いきれない。非常勤職員の場合は、業務一般ということで雇用契約を結べば比較的融通のきくかたちで業務に当たってもらうことが可能だが、委託の場合は、委託する業務の内容は細かく決められ、費用もその内容によって決定される。多くの業務を委託しようと思えばそれだけ単価が上がることを覚悟しなくてはならない。この場合、大学・図書館側にとって多少なりとも負担が軽くなるのは、職員の管理を派遣会社の責任とすることくらいである（例えば、ある派遣職員が病気で休むような場合、代わりの職員を派遣するのは派遣会社の責任となる）。

　そしてもう1つはっきりさせておかなくてはならないのは、それぞれの大

学・図書館は何らかの課題を常に抱えているが、アウトソーシングはそれを解決するための選択肢の1つでしかない、ということである。特徴的なアウトソーシングを行なっている大学図書館のスタッフから異口同音に指摘されるのは、自分たちがとっているスタイルは、自分たちに与えられた環境・条件の結果であり、違う条件があれば異なった形で行なうだろう、他機関の形をまねるだけでは、アウトソーシングは成功するとは思えない、ということである。いずれもそれぞれの条件のなかで自ら考え、ある場合には必要な交渉を人事部など大学の担当部局と行ない、実現してきたものなのである。そのなかには、そうした環境を専任職員の専門職化を推し進める機会と捉え、組織デザインをしたという図書館も存在する。

慶應義塾大学三田メディアセンターでは、これまで一定の成果を上げてきた教育支援に加え、研究支援の充実という課題を設定している。それを実現するため、専門職制度の導入という観点から、図書館員の養成に取り組んでいる。そこでは7つの機能と5つの主題領域を専門職が担うべき職務として設定している[9]。

〈機能〉

University Librarian（広い意味での図書館管理職）, Bibliographer, Archivist, System Librarian, Cataloger, Reference Librarian, Serials Librarian

〈主題領域〉

Science, Medicine, Law, Business, Humanity

この図書館が描く組織像は、「少数精鋭のプロフェッショナル・ライブラリアンが知恵を絞ることによって、具体的に動き、そのことで具体的な問題を解決し、具体的な次の事業を策定していく」というものである。そしてこれを実現するためには「専門職制度を導入し、図書館に特化した人材を育てながら、なおかつ、財務、管財、人事等の管理、運営にも参加できるバランス感覚のあるスタッフを育成・養成していかなくてはならない」。アウトソーシングは、このような文脈のなかで導入される。「業務委託、人材派遣といういわゆるアウトソーシングの導入は、生産性と人件費を考えた場合、いっそう増加傾向にあり、プロフェッショナル・ライブラリアンは、その管理も業務のひとつとなる」。

第14章　アウトソーシング

　図書館のアウトソーシングとは、図書館業務の一部（あるいは全部。大学は図書館をまるごとアウトソーシングすることも論理的には可能である[10]）を、アウトソーサーに預けることである。そこでは何を預けるのか、ということが重要な問題となる。何を預けるのか、ということは、すなわち「何を預けないのか」ということでもある。その前提として、図書館にはどういった業務があり、どのような性格、難易度・特殊性があるのかという分析、すなわち業務分析が必要となる[11]。

　そのうえで、図書館をどのようなものにしていこうとするのか、どのようなサービスを実現しようとしていくのか、という図書館の経営戦略が必要となってくる。その際、専任職員は何をするのか／アウトソーサーは何をするのか、という役割分担について、明確な方針を出す必要があるだろう。（なし崩し的に業務委託を実施しているところは別にして）なんらかの戦略をもってアウトソーシングを進めているところの多くは、専任職員は図書館の中核的業務（コア・コンピタンス）に集中する、という選択を行なう。「預けない」のはそのコア・コンピタンスである。

　そのコア・コンピタンスをどのようなものとするか、それ自体、各大学・図書館の置かれた条件、考え方によって一様ではない。たとえば先述の慶應義塾大学三田メディアセンターは、「研究支援の重視」を明確に打ち出し、高度なサービスそのものを専任職員が行なうという選択をしている。一方、京都精華大学の情報館（これは、「図書館」「AVセンター」「情報処理」といった情報サービス機能をもつ施設と、「博物館」「研究所」「出版」「生涯学習」などの情報発信機能をもつ施設とで、合計7つの部門から構成されている）では、企画・運営機能とサービス機能を明確に分離し、前者を専任職員の仕事とし、後者を人材派遣職員が担当するようになっている[12]。図書館・AVセンター・情報処理のセクションに専任職員は各1名配置され、合計3名の体制となっている（その他の部門は、出版、生涯学習、研究所を各1名の計3名。すなわち情報館全体で専任職員は6名）。それに対して非専任職員は、人材派遣職員16名、学生アルバイト35名（登録者数）、嘱託職員4名となっている（人数はいずれも情報館全体。また専任職員の数を含め、人数は1998年に発表された論文に拠っている）。「情報館における専任職員の仕事は、第1に、マネージャーとして担当部門の管理・運営の責任（ライ

ン職能）を持つことである。さらに第 2 に、プロデューサーやディレクターとして『もうひとつの大学』（著者注：「情報館」を指す）の教育実践（スタッフ機能）を行なうことである（著者注：サービスの企画立案と解してよいと考える）」。

　慶應義塾大学と京都精華大学、これらのいずれが正しいかを問うことはさして意味がない。それを決定するには、その大学の経営方針、図書館の戦略、現有スタッフの力量、組織文化、財政的裏付け等の要因が影響してくる。

5　アウトソーシングの今後

　大学図書館業務のアウトソーシングをめぐる議論では、図書館にとっての中核的業務は何であるかを明確にして、専任職員はその業務に集中し、それ以外の業務、コアでない業務をアウトソーサーに任せる、という考え方が主流である。

　そのこと自体は間違いではないし、著者も一方でそのように考えるものである。しかし、それとはいくぶん違った発想があってもよい。

　現在の大学図書館が、サービス資源である資料について、伝統的な印刷媒体と新たなメディアである電子媒体が混在するハイブリッド（混合的）な状態であることはよく指摘されるところである。オンライン・データベース、電子ジャーナルの導入・提供に見られるように、図書館は外部機関が作成した様々なコンテンツ、サービスをいかに取り込んでサービスを充実させていくかということが当然の課題として認識されるようになっている。

　一方、情報サービスをめぐる状況を概観してみると、データベースの提供などにおいて、図書館以外の機関がインターネットをバックボーンとして多彩なサービスを提供するようになってきている。図書館の利用者（顧客）は、それらのサービスを図書館が提供するサービスと同列において、より使いやすいサービスを選択できるような立場にある。たとえばオンライン・データベースについて、人々は図書館を経由せずとも利用することが可能となっている。類似のサービスが競合するなかで、図書館のいわば「中抜き」ということが現実に起こりうる、あるいはすでに起こっている。図書館はこうした「競争的環境」のなかで利用者の支持を獲得・維持すべく努力することが必要となってきてい

るのである。

　例えば、索引・抄録といった二次情報データベースの作成・提供を考えてみると、現在これを自前で作成・提供する図書館は決して多くない。データベース作成機関が作成したものを購入して提供するというところが大多数であろう。この面における図書館の役割は、データベースの作成にはなく、利用環境を整えることのほうにあるといえるだろう。

　長谷川は、こうした状況を「分業」という観点から考察している。すなわち、図書館業務システムの開発、二次情報データベースの作成、雑誌の購入手続（特に外国雑誌）といった、現代の図書館にとって不可欠なこれらの業務については、図書館とそれぞれの業者の間で「分業する」という認識が定着している。「すでに分業化が定着している業務については、『餅は餅屋に任せる』ことに疑問をもつことはないが、現在、分業化が進行しつつある業務については、アウトソーシングの是非が議論されている」[13]。

　アウトソーシングの進行は、図書館現場からはどちらかというと否定的な目で受け止められてきたといえるだろう。少なくとも好意的に受け止められては来なかった。それは、冒頭に述べた「解雇」とまではいわなくともやはり「自分たちの仕事」を奪われるといった漠然とした不安感があったことは否定できない。しかし、冷静に考えてみると、長谷川が指摘しているように、これまでも図書館はさまざまな機能・業務を外部に預け（アウトソーシングし）、図書館サービスを構築してきていることがわかる。ただそれが、これまでは類似のサービス機関もそれほど存在しないという、比較的安定的であった図書館サービスのマーケットで行なわれてきたのに対して、近年は、競争的な環境を促進するような要因が多く発生し、それとの競争（あるいは／そして共存）が求められるようになってきたという点が、異なっていることである。

　この国の大学図書館が置かれる環境は、おおむね以下のようなものといえるだろう。

(1) これまでのようなマーケット（高等教育の顧客）の量的拡大（少なくとも「飛躍的拡大」）は期待できない

(2) その結果として、財政規模の拡大は期待できない

(3) 情報サービスの市場において、これからも次から次へと新たなサービス

　　　　が開発・提供され、それとの競争・共存が求められる

　このような環境のなかで、図書館は情報サービスを展開していくことが求められているのである。

　上であげたうちの（1）（2）は、「市場の成熟化」という捉え方をすることができる。量的な拡大が期待できないなかで、その市場に参加しているプレイヤーは自らの存在領域を確保、あるいは比較優位の立場を獲得していかなくてはならない。

　成熟した市場にあっては、他からの差別化によって競争優位を確保するという戦略はとりわけ重要なものとなる。市場の量的拡大が見込めないなかで、多くの企業が多品種少量生産によって、次々と新しい商品・サービスを市場に投入して利益を確保しようとしていることは、そのことを証明している。

　図書館についてこのことはどのような形で具体化するのだろうか。

　図書館サービスの基本的資源はコンテンツである。情報媒体が印刷体であれ電子形態であれ、そのことに変わりはない。図書館はそれぞれの時代に存在したメディアを収集し、編集することによってそれに付加価値をつけ、それを求める人に提供してきた。付加価値とは目録情報などのメタデータが主たるものである。

　現代は、図書館が提供する二次情報の生産までもが外部機関によって行なわれるような時代である。そうした中にあって図書館とその専門スタッフが集中すべき課題の1つは、くり返しになるが情報提供環境の構築ということではないだろうか。外部機関作成のコンテンツが充実してくればくるほど、それを利用者に対していかにスムースに提供するかということは大切なこととなってくる。このことは環境の構築と、利用に当たっての支援ということをあわせて、広い意味で「情報ナビゲーション機能」ということができるだろう。そして、この機能を組織としてどう実現させていくかということが重要な課題として現れてくる。それを検討するには人の問題を避けて通ることはできない。

　本章ではアウトソーシングの事例として慶應義塾大学と京都精華大学をとりあげた。この2つの大学では、アウトソーシングに対する考え方、具体的現れ方は異なっている。そのため専任職員が担う職域も異なったものとして描かれている。

しかし、専任職員に求められる能力として、経営管理能力が挙げられているという点では共通している。慶應義塾大学では、専任スタッフは、専門職制度のなかで図書館に特化した能力を備えつつ経営管理能力を持つことがもとめられている。一方、京都精華大学では、利用者サービスなど、一般に言われる図書館員の専門的能力は求められず、企画運営において力を発揮することが求められている。ただ、ここでいう企画運営能力とは、とりわけ「情報館」という組織が従来の図書館の概念には収まりきらない複合的な機能を持った組織であるということもあって、そこで求められる企画運営能力とは事務組織一般において求められるようなものではなく、きわめて特殊専門的な能力であると捉えることができるであろう。それは慶應義塾大学で言われている"University Librarian"の概念に近いのではないだろうか。

アウトソーシングは一般化した、あるいはしつつある。すでに述べたように、さまざまな制約条件が課されるなかにあって、図書館は業務組織をスリム化し、そのなかで自らの役割を明確にしていかざるを得ない状況にある。「自らの役割」は、変化する環境のなかで常に再定義していくことが求められる。たとえば大学コミュニティが生産した学術情報の発信を担うといったことは今後重要な役割となってくるであろう。そのようなこともあわせ、既存のサービスの充実・洗練とともに、新たに生産・提供される情報サービスをいかに編集し提供していくかということが問われている。

注・引用文献

1) 小林麻美"コア・コンピタンスとアウトソーシング：リストラされないライブラリーとは何か."『第17回大学図書館研究集会予稿集』日本図書館協会大学図書館部会；国公私立大学図書館協力委員会，1999.9, p.35.

2) Outsourcing Instituteの1995年と1998年の調査では、アウトソーシングする理由のランキングは以下のようになっている。コスト要因のランキングの上下が著しい。

	1995	1998
カンパニー・フォーカスの改善	1	2
世界レベルの能力へのアクセス	2	3
リエンジニアリング効果の加速	3	6
リスクの分散	4	9

他の目的への経営資源の転用	5	4
設備投資資金の捻出	6	8
キャッシュ・フローの改善	7	10
コスト削減	8	1
社内にはない経営資源へのアクセス	9	5
経営困難、またはコントロール外の機能への対応	10	10

http://engr.smu.edu/~brp/cse-7360/topten.html (last access 10/11/2004) および
http://www.capacityllc.com/research/top_ten.pdf (last access 10/11/2004) より作成

3) 〈http://www.socj.net/aisatsu.html〉(last access 10/11/2004)
4) 大学行政管理学会「大学人事」研究グループ（アンケート担当）"1999年度大学職員人事政策に関する調査結果概要."『大学行政管理学会誌』No. 3, p.79-100, 1999.
5) 入江伸"慶應義塾大学メディアセンターにおける整理部門の集中処理センターの現状と方向性."『大学の図書館』Vol. 20, No. 5, p.66-68, 2001.
6) 田中康雄"アウトソーシングを活用した大学図書館運営：立命館大学における現状と課題."『図書館雑誌』Vol.97, No. 3, p.159-161, 2003.
7) 特定非営利活動法人「派遣労働ネットワーク」では、派遣労働にともなう問題点をアンケート等を通してまとめ、公表している。
〈http://www.union-net.or.jp/haken/〉(last access 10/11/2004)
8) 〈http://www.jaspul.org/e-kenkyu/index.html〉(last access 10/11/2004)
9) 慶應義塾大学の事例については、以下の資料によってまとめた。
加藤好郎"慶應義塾大学図書館：大学図書館における専門職制度導入の必要性."『情報管理』Vol. 45, No. 3, p.202-205, 2002.
加藤好郎"慶應義塾図書館が21世紀に目指すもの：専門職としての図書館員."『大学図書館研究』No. 60, p.24-28, 2001.
10) 本章執筆後、江戸川大学における完全業務委託という事例が登場した。
11) 業務分析の事例として、日本図書館協会「専門性の確立と強化を目指す研修事業検討ワーキンググループ」が作成したものをあげておく。
〈http://www.jla.or.jp/kenshu/kenshuwg/siryo2.pdf〉(last access 10/11/2004)
12) 京都精華大学の事例については、以下の資料によってまとめた。
藤岡昭治"情報館の経営戦略：大学図書館における人の問題と今後の課題."『現代の図書館』Vol. 36, No. 4, p.246-255, 1998.
13) 〈http://www2d.biglobe.ne.jp/~st886ngw/outsource/os1.htm〉(last access 10/11/2004)

第15章　大学図書館の評価

佐藤義則

1　大学図書館のマネジメントと評価

1.1　サービスの計画と評価

　本書の他の章で紹介されているように、大学図書館をとりまく環境は急激に変化している。現在の大学図書館ではコンピュータやネットワークの利用による電子的なアクセスにより、サービスの提供方式および利用スタイルは大きく変わりつつある。電子的な外部情報資源への依存度が高まる一方で、館内情報資源は予算的な制約の中で縮小を迫られつつある。また、図書館あるいは図書館員の役割についても見直しが求められている。

　大学という枠組みにおいては、少子化による18歳人口の減少による競争の激化、国立大学の法人化が進行するなか、組織としての新たな状況への対応能力やアカウンタビリティ（説明責任）が強く求められるようになっている。こうした状況は、学校教育法の改正（2004年4月施行）における大学の自己評価および機関別認証評価の義務付けに端的に現れているといえよう。

　評価とは、「サービス又は設備の有効性、効率性、有用性および適合性を推定する過程[1]」であり、すなわち、1）大学図書館の利用者は図書館に何を求めているか、2）何をどのようにサービスしているか、3）いかにしてサービスを向上させることができるか、を明確にすることである。評価には2つの側面がある。サービスや組織のパフォーマンスについてのデータまたは証拠の収集

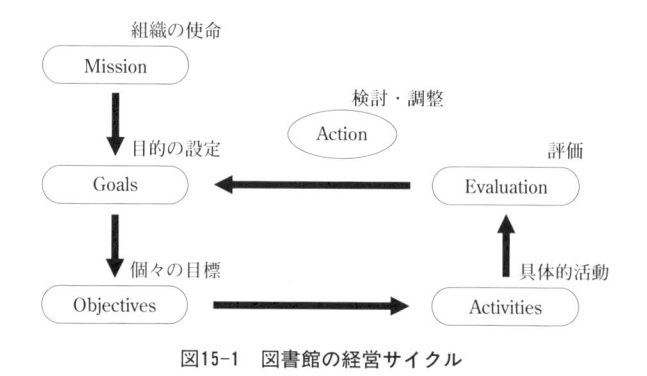

```
        組織の使命
       ┌─────────┐
       │ Mission │
       └─────────┘
            │            検討・調整
            │目的の設定  ┌────────┐
            ▼           │ Action │
       ┌─────────┐     └────────┘           評価
       │  Goals  │◀──────────────────  ┌────────────┐
       └─────────┘                     │ Evaluation │
            │                          └────────────┘
            │個々の目標                      ▲
            │                          具体的活動
            ▼                          ┌────────────┐
       ┌──────────┐                    │ Activities │
       │Objectives│───────────────────▶└────────────┘
       └──────────┘
```

図15-1　図書館の経営サイクル

と、収集したデータのある種の評価基準との比較である。重要なことは、評価はそれ自体で完結するものではなく、現状を評価基準に適合させる診断を実践し、向上につなげるプロセスである[2]。図15-1は、PDCA（プラン・ドゥ・チェック・アクション）サイクルにおける計画・実行・評価の一連の流れを図式化したものである[3]。使命とは上位の組織との関連の中で、組織が目指すべきことを声明として述べるものであり、使命にもとづいて個々の目的、および具体的な目標が設定される。そして、こうした経営計画を実行した後、目的・目標の達成度の測定とそれに基づく評価作業、問題を検討し調整する活動が行なわれるのである[4]。

1.2　サービス評価の手法

(1) 指標のタイプ

サービスの良し悪しとは、あくまで抽象的な概念[5]であり、それを直接測定することはできない。そこで、何らかの観点（の集まり）から成るデータを収集することになる。このような観点にあたるものを「指標（indicator）」と呼ぶ[6]。糸賀は、図書館評価に用いられる指標のタイプを、①インプット指標（投入資源）、②アウトプット指標（産出）、③アウトカム指標（成果）、④プロセス指標の4つに分類している[7]。

大学図書館における従来の評価では、業務統計をもとに主として「蔵書数」「購入タイトル数」「スタッフ数」といったインプット指標（投入資源）や、

「貸出数」や「ILL利用件数」といったアウトプット指標（産出）が用いられてきた。しかし、蔵書数の多いことや、利用件数が多いことが、必ずしも「良い」図書館につながるわけではない。蔵書規模が大きくとも実際に利用されない（できない）資料が多数含まれているかもしれないし、利用件数が多くとも必ずしも利用者の求めるものに適っていないかもしれないからである。

こうしたことから、たんなるインプット、アウトプットだけではなく、それらの組み合わせによって図書館の計画やサービスの到達度、有効性、効率を表現する指標（プロセス指標）をも含めた、ISO11620[8]、JIS X0812[9]といった図書館パフォーマンス指標（Performance Indicators）の開発が進められた。

JIS X0812（ISO11620）では、従来の業務統計では扱われてこなかった、非利用者や使われないコレクション、あるいは書架上に見当たらない冊数といった部分が考慮されている。また、単位当たりの数値への置き換えを図ることによって、データの比較が行なえるようになっている。

パフォーマンス指標の利用において重要であるのは、ある種のパフォーマンス指標の間にはトレードオフの関係があるという点である。例えば、高い「蔵書回転率」は低い「要求タイトル利用可能性」をもたらすであろう。つまり、パフォーマンス指標では、図書館ごとの条件や状況によって、どの指標を重要視するかを選択的に判断することが必要である。

(2) ベンチマーキング

図書館の計画やサービスの評価を行なうためには、良し悪しを判断する際に照らす何らかの判断基準が必要である。指標を用いた測定（measurement）の結果はその図書館の状態を表すだけであり、そのままではその結果が良いか悪いかを語りはしないからである。

この点に関して、よく使われる用語に「ベンチマーキング」があるが、その意味するところは曖昧で多義的である。大住によれば、公共部門において「ベンチマーキング」は、次の3つの意味で用いられているという[10]。

① ベンチマーキングからベスト・プラクティス（最善実践例）を見つけ出し、それに学ぶこと（民間企業でいう「ベンチマーキング」の意味で、組織全体ではなく特定のプロセスに焦点をあてる分析的で狭義の概念）
② 戦略計画における目標と現状の比較（①よりも広義の概念）

③ 適当な外部基準値（たとえば、専門的な基準値や、州レベルや国民レベルの統計値など）との比較

　JIS X0812（ISO11620）の第一義的な目的は「自己評価[11]」、すなわち「図書館が行なっていること（パフォーマンス）と、図書館が行なうと声明していること（使命）、達成したいと願っていること（目的）を比較すること[12]」で達成度を的確に把握しようという点にあるとされる。言葉を換えて言えば、図書館の使命、目的と実際にズレがあるかどうかを把握することであり、上記の②に対応するものといえよう。また、第二義的な目的として「同様の使命又は目的をもつ図書館および情報サービスとの間でのパフォーマンスの比較分析に資すること[13]」があげられているが、ただしこの場合、「比較上の制約に関する十分な注意および認識のもとに行うことが望ましい」[14]とされる。また、③の外部基準値（standard）との比較は考慮されていない。これは、各図書館には、それぞれに異なる環境条件（使命や目的・目標、利用者集団、管理機構その他の違い）が存在するので、単純な比較は意味を成さないばかりでなく、適切な経営を阻害する場合もあることを前提にしていると考えられる。例えば、大学図書館の「人口当たり貸出数」について、工学系大学と人文系大学の比較は意味を成さないであろうし、また全国平均との比較においても、利用者集団における専攻分野の分布や大学院生と学部生の比率の異なりなどを考慮すれば限定的に扱うことが求められよう。

2　顧客に注目する評価

2.1　外部マネジメントとアウトカム評価

　アリソン（Graham T. Allison）は、営利、非営利を問わず、一般的なマネジメントに共通する機能として、1) 戦略、2) 内部マネジメント、3) 外部マネジメントの3つを挙げている[15]。戦略とは、組織の目標と優先順位の確立、および目標達成のための計画の策定であり、内部マネジメントとは、組織編制と人材配置、指揮と人事管理のシステム、業績のコントロールのことを言う。一方、外部マネジメントとは、上位組織における他の業務部門（大学図書館でいえば、学部や他の事務組織）、独立した外部組織（利益団体、民間企業その他）、

メディアおよび一般公衆(利用者)といった利害関係者(stakeholder)への対応である。

　従来型の公共・非営利部門における「ひと・もの・かね」を主体とする経営では内部マネジメントが重要視されてきたが、NPM(ニュー・パブリック・マネジメント)のもとで外部マネジメントが大きくクローズ・アップされるようになってきた。これに対応して、アカウンタビリティの概念も、法的アカウンタビリティ(法律や会計規則の遵守)、プロセス・アカウンタビリティ(適切で有用性の高い手段の使用)のレベルから、パフォーマンス(経済的な手段の能率的な運営)やプログラム・アカウンタビリティ(目標達成度(有効性)の追求)、政策に対するアカウンタビリティ(政策選択の責任)のレベルへと大きく拡張されてきた[16]。

　このようななかで、公的部門の評価においてアウトカム(成果)が重要視されるようになってきている。アウトカムとは、計画の遂行やサービスによって、「顧客がどのように変化したか」のことを指す。図書館の場合には、「図書館利用者が、図書館の情報資源やプログラムを利用した結果、どのように変化したか」ということになる。

　前述のインプット、アウトプット、プロセスの各指標は、サービスにおいて「何を提供できるか」「どれだけ提供したか」「どれだけ効率的、効果的に提供したか」を見ることにより使命、目的、目標の達成度を測るのに対し、アウトカム指標は図書館利用者のサービス利用による「変化」を観察するものである。米国においては、大学(カレッジ)・研究図書館協会(Association of College and Research Libraries: ACRL)の「大学図書館標準．2000年版」[17]に「図書館の目的や目標の達成状況に焦点をあてる」アウトカム評価が重要な要素として盛り込まれ、地域の認証団体(accrediting agency)の評価要件として特に学生の学習アウトカム評価(特に、情報リテラシー能力の習得に関連して)が強調されている[18]。

　また、日本における機関別認証評価においても、大学評価・学位授与機構の「大学評価基準(機関別認証評価)(案)」において、基準6として"教育の成果"が組み込まれている[19]。

2.2 サービス品質

　サービス品質と顧客満足は、アウトカムに密接に関連するものである。質の劣るサービスや満足を与えないサービスからはよいアウトカムは得られないだろう。また、逆に優れた品質のサービスがなければよいアウトカムがあってもその間の因果関係を説明することができない。

　サービスの良し悪しを判断する際には、「何を提供したか（できるか）」だけでなく「どのように提供するか」を考えなければならない。なぜなら、サービスには、モノ製品の場合とは異なり、非有形性（サービスは、行動あるいは行為であるので、形がない）、不均一性（一定のパフォーマンスと品質を保つことが難しい）、生産と消費の不可分性（サービスでは生産と消費が同時に発生し、買い手もサービスの生産過程に参加しパフォーマンスと品質の決定に関与する）、消滅性（サービスは基本的に保存、保管できず、また返品できない）という特徴があるからである[20]。

　このため、モノ製品の品質は基本的には「仕様への適合」、つまり耐久性や問題点（欠陥）の数というように客観的に測ることができると考えられるが、サービスの場合においては、顧客の心に生じる認知品質（perceived quality）によって把握することが求められる。つまり、顧客に尋ねてみなければサービスの品質は把握することができないのである。

　パラシュラマン（A. Parasuraman）、ザイタムル（Valarie A. Zeithaml）、ベリー（Leonard L. Berry）は、サービス品質とはサービスに対する顧客の全般的な評価であり、顧客の受け取ったサービスに対する認知と顧客のサービスに対する（事前の）期待の差によって測定できるとし[21]、測定ツールとしてのSERVQUALを開発した[22]。パラシュラマン等は、Gapsモデルに基づいて顧客の期待と認知を見る。Gapsモデルとは、組織とその顧客の間に生じ得る次のような5つのギャップを定義したものである。

　Gap1　顧客の期待と、経営側による顧客の期待の認知
　Gap2　顧客の期待について経営側の認知とサービス品質マニュアル
　Gap3　サービス品質マニュアルと実際に提供されるサービス
　Gap4　サービス提供の実際と、それについて顧客に伝えている内容
　Gap5　顧客が期待するサービスと、サービス提供の実際についての認知

最初の4つのギャップはGap5の原因となるものであり、SERVQUALでは主にGap5（場合によってはGap1をも）を測定対象とする。そして、このGap5を把握することで、Gap1からGap4のいずれに問題があるかを突きとめ、それを解消する経営行動に繋げようというわけである。

パラシュラマン等は、最初に4つのタイプのサービス産業の顧客を対象としたフォーカスグループ・インタビューの記録分析から10局面に対応する97の質問項目を作成し、次にそれらの質問項目によるアンケート調査とその結果の探索的因子分析を繰り返し実施して、最終的に有形性（tangibles：物理的な施設、設備、担当者の外観、見かけや様子）、信頼性（reliability：約束したサービスを信頼できるやり方で確実に実行する能力）、応答性（responsiveness：顧客を手助けし、迅速なサービスを提供する意思）、保証性（assurance：従業員の知識と礼儀正しさ、および信用と信頼を得る能力）、共感性（empathy：顧客に対する思いやりと個別の配慮）の5つの局面（dimension）に対応する22の質問項目にまとめた。

2.3 サービス品質と顧客満足

JIS X0812（ISO11620）では、指標の最初の項目として利用者満足度があげられているように、満足はサービス品質と同じように適切な経営の遂行のために不可欠な要素である。満足している利用者と満足していない利用者は、異なった行動をとると考えられるからである。満足もサービス品質もともに顧客の主観によるものであり、しばしば混同される傾向にあるが2つは異なる概念である。

サービス品質は「サービスの卓越性に注目しての、全般的な判断または意見」であり、一方、満足は「特定のやりとりに対応する」情緒的反応である[23]。すなわち、サービス品質における期待は理想的なまたは卓越したサービスを前提とするのに対し、満足における期待は単なる予想である。また、サービス品質では、サービス提供者が制御可能な範囲にある、サービスの構成要素の品質を尋ねるのに対し、満足では「期待する経験に照らしてみた、実際から生じた満足感[24]」を尋ねる。

サービス品質の場合と違って、満足の場合は特定の項目にあまり焦点をあてず、自由記入式の設問をより多く用いる。質問のリストは、サービス品質調査

と比べて短く、かつ一般的である。満足度調査のねらいはいくつかの一般的な分野で精査が必要かどうかを確認することにある[25]。

　満足度調査で重要であるのは、質問項目をどの程度に設定するかであろう。最も単純なものは、例えば「この図書館のサービスに満足しましたか？」というように、1つの質問で直接的に尋ねるものである。しかし、こうした質問で何を測定しているかについては疑問があるとともに、単純な質問ではサービス提供のやり方を変更するために十分な情報をもたらさない[26]。このため、少なくともサービス機能の単位ごとに尋ねることが必要であろう。

2.4　大学図書館におけるサービス品質の調査

　SERVQUAL を大学図書館のサービスの領域に適用する試みは、1990年代当初から始められた。初期の段階では、SERVQUAL の質問項目をそのまま大学図書館向けに置きなおしたものであったが、次第に SERVQUAL の5局面の構成がそのままでは大学図書館のサービスには適合しないのではないかという疑問が提示されるようになった[27]。

　こうした結果を踏まえ、テキサス A&M 大学チームと研究図書館協会（Association of Research Libraries: ARL）は、"New Measures Initiative"の展開の中で、1999年から「LibQUAL＋™」という SERVQUAL をベースにした調査プロジェクトを開始した。このプロジェクトでは、SERVQUAL 本来の局面構成の修正を前提に、最初にグラウンデッド・セオリーに基づく質的調査（大学図書館利用者へのインタビュー）の分析から、SERVQUAL に追加すべき3つの局面として「場所としての図書館」「コレクションへのアクセスの容易さ」「セルフ・リライアンス」（他人の手助けなしに1人で利用が行なえること）を提示した[28]。

　これを受け、2000年には41項目からなる調査を[29]、2001年には56項目からなる調査を ARL 加盟館35館、非加盟館8館を対象に実施し、56項目中の25項目を対象とした主成分分析から「サービスの姿勢」「パーソナル・コントロール（電子的情報環境において手助けなしに情報アクセスを行なえる環境の提供）」「場所としての図書館」「情報アクセス」の4局面の確認が報告された[30]。2002年には対象館をより拡大し、上記の主成分分析で用いた25項目をもとにした調査が

実施された⁽³¹⁾。2003年には米国、カナダ、欧州の308機関にまで参加が拡大し、その中にはオハイオリンク（OhioLINK）などのコンソーシアムや英国の国立・大学図書館協会（Standing Conference on National and University Libraries: SCONUL）も含まれている⁽³²⁾。

　LibQUAL＋™の特徴の1つは、統一的な、組織を超えて適用可能な「基準となる測度（normative measures）の設定装置」⁽³³⁾をめざしている点にある。基準の設定方式としては、各調査対象館におけるスコアを全調査対象館中でのパーセンタイル順位として示す方法と、偏差値（T-score；平均50、標準偏差10の正規分布に近似するように換算したスコア）に置き換える方法が示されている⁽³⁴⁾。また、図書館間の比較を前提とするため、LibQUAL＋™では期待やGapよりも実際のサービスに対する認知を重視する傾向が強い。

　ハーノン（Peter Hernon）等はサービス品質の重要性を強調しSERVQUALの考え方を評価しつつも、一貫して独自の立場をとっている。「サービス品質は組織内でのベンチマーキングにともなうローカルな問題であり、同等の組織との比較は限定されるべきで⁽³⁵⁾」、利用者の期待と実際に提供されているサービスの比較に集中することを強調する。そして、それぞれの図書館におけるそれぞれのサービスの期待を明確に把握するためにはSERVQUALの質問をそのまま使用するのではなく、「事例研究に基づいてサービス品質を把握するための枠組みを開発し、そして調査の枠組みから質問項目を選定することがきわめて重要⁽³⁶⁾」であるとする。

　ニテッキ（D. Nitecki）とハーノンは、ニュージーランドの2大学図書館における調査結果をもとに、Gap分析に基づいたSERVQUALとは異なるサービス品質評価の方式を提示している⁽³⁷⁾。彼らの方式の特徴の1つは、それぞれの図書館におけるサービス全般に対する利用者の評価と、個々の図書館の戦略的必要性に応じて評価対象として選択するサービスの利用者評価の内面とその性質を把握するために、それぞれの図書館が質問項目を選定できるいわばオーダー・メードの調査方式であるという点である。ハーノン等は、図書館のサービス品質は、資源（情報コンテンツ）、組織（サービス環境と情報提供）、スタッフによって提供されるサービス、という図書館サービスに基本的な3要素に関わるものであり、3つの分野のいずれもがさまざまな変数を組み合わせたも

のから構成され、その中にはSERVQUALの5局面が包含されるとする[38]。

　ベンチマーキングの手法をめぐり、このような対立が見られるが、先に紹介したパフォーマンス指標の活用の場合と同様に、第一義的には期待と認知を比較することが重要であろう。その分析から検討が必要な部分を抽出したうえで、他の図書館との比較にもとづきベスト・プラクティスの設定に向かうことが望ましいと考えられる。

　大学図書館のサービス品質調査のもう1つの問題は、局面構成に関するものである。SERVQUALでは「どんなサービス産業においてもわずかな修正のみで適用可能な汎用的な測定方法[39]」がめざされたために、サービス産業間に共通するファンクショナル・クオリティ[40]（どのように提供されるかというプロセスに関わる品質）に重点を置く局面構成および質問項目となっている。しかし、大学図書館のサービスでは図書館ごとに提供する内容（例えば、コレクションや、電子ジャーナル提供の有無のようなサービス品目）がまちまちであり、大学図書館サービスに固有のテクニカル・クオリティを考慮しなければならない。永田と佐藤はテクニカル・クオリティに対応する質問項目を追加したSERVQUAL調査を、国内外（日本、英国、フィンランド）の6大学図書館において実施した。その調査データの探索的因子分析から、「職員のサービス性」「『場』としての図書館」「コレクション・アクセス」「組織のサービス性」の4因子モデルが確認され、続いて行なった検証的因子分析により、この4因子モデルは学生、大学院生、教員の別、専攻分野別などのグループ毎に分析した場合でもあてはまりの良いモデルであることがわかった[41]。この4因子モデルとLibQUAL＋™との主たる違いは、「組織のサービス性」と「パーソナル・コントロール」の部分であるが、パーソナル・コントロールを組織のサービス性の一部分として考えることも可能である。前述したように、LibQUAL＋™では質的分析から導出したモデルに適合する質問項目を主成分分析によって選択する方法がとられた。質的分析からのカテゴリー抽出の過程で、「パーソナル・コントロール」という特定の部分に対する注目が、上記の違いを生み出したのかもしれない。

3 電子的サービスの評価

3.1 従来の大学図書館サービスと電子的サービス

以上では、大学図書館サービスの全般にわたる評価の視点と方法について見たが、利用の比率が急激に高まりつつある電子的なサービスについては、特別な配慮が必要である。なぜなら、従来の図書館サービスと電子的サービスでは、特性が大きく異なるからである。

まず、リモート利用が前提となる電子的サービスでは、利用者と図書館員とのエンカウンター（接触）がきわめて限定される。このため、利用者の反応を直接目にすることができず、そのため利用者のニーズの把握、あるいは適切なサービスが行なえているかを判断することが困難になる。したがって、運営の事前、中間、事後の各段階での評価、すなわちいずれかの方法により利用者がサービスに抱く期待や反応を把握することがますます重要となる。

しかし、評価データの収集という面では大きな問題がある。量的なアウトプットのデータでさえ一貫性のあるデータを捕捉するのが難しいことが、しばしば指摘される[42]。OPAC等のサービスでは一般的に、利用者の便宜を考慮して、アクセスの際の認証を求めることはしていない。このため、利用された回数はカウントできても、利用者の属性は不明である。また、電子ジャーナル等の場合、各出版社やアグリゲータがログ・データを管理しており、通常、図書館はデータを持たない。仮にデータの提供を受けたとしても、供給者ごとにデータ採取の方法はまちまちであり、比較を難しくしている。さらに、サーチ・エンジン（収集ロボット）の影響や、パソコン上やネットワーク上のキャッシュ・データの利用があるため、サーバ上でカウントされたアクセス数は必ずしも実数を反映しているとは限らない[43]。

3.2 電子的サービスの評価に向けた取り組み

(1) パフォーマンス評価

こうした困難な状況を背景に、国際図書館統計に関する規格の第3版としてISO2789：2003が制定されている。ここでは、電子的サービスの利用測定と、

表15-1　ISO TR20983　電子図書館サービスのパフォーマンス指標一覧

測定対象		パフォーマンス指標
利用者サービス		
	全般	サービス対象人口当たりの電子図書館サービスの利用率
	電子図書館サービスの提供	情報提供に関わる支出全体に占める電子資料費の率
	資料探索（利用）	セッション当たりのダウンロード件数
		データベースセッションの費用
		ダウンロード資料当たりの費用
		セッションの拒否率
		OPACのリモート利用率
		全来館者数に占める電子的来館者数の率
	照会、レファレンスサービス	電子的に申し込まれた質問の率
	利用者教育	サービス対象人口当たりの電子図書館サービス講習会の参加人数
	施設	サービス対象人口当たりのコンピュータ利用可能時間
		図書館に設置されたコンピュータ数当たりのサービス対象人口
		図書館に設置されたコンピュータ利用率
人的資源の利用可能性および利用		
	利用者教育	図書館員当たりの正式なIT関連講習会への参加人数
	スタッフの配置	電子図書館サービス提供・開発に従事する図書館員の率

　その前提となる利用形態に関する用語や概念の定義が行なわれている[44]。

　電子的サービスのパフォーマンス評価については、ヨーロッパ連合（European Union: EU）のEQUINOX[45]、ARLのE-Metrics[46]などのプロジェクトが展開されてきたが、これらを受けISO TR20983：2003が出された[47]。ISO TR20983では、表15-1のように利用者サービスと人的資源（図書館のスタッフ）という2つの側面に関する15の指標が定義されている。

　これらの指標では従来のサービスに比した電子図書館サービスの浸透度や進捗状況、および費用的な面が主たる対象とされている。このことは、ISO 2789において、電子図書館サービスが、OPAC、図書館Webサイト、電子コレクション、（仲介者としての）電子的ドキュメントデリバリ、電子的レファレンスサービス、電子サービスの利用者講習、それに図書館によるインターネッ

トアクセスの提供として定義されていることを受けたものである。宇陀が指摘するように、電子的な図書館サービスとは何かという点を含めた今後の議論が必要となろう[48]。

(2) 電子的サービスの利用者と利用への注目

電子図書館サービスの対象と範囲は常に変化を続けている。また、電子図書館サービスの変化だけでなく、コンピュータおよびネットワーク利用環境の変化やサービスの浸透により、利用者の期待と変化も大きく変化し続けている。電子的なサービスでは、従来のサービスの場合よりももっと、提供するサービスと顧客のニーズとの間にズレが生じやすいと言えるだろう。こうしたズレは、インプット、アウトプット、あるいはパフォーマンス評価によっては把握することが難しい。

近年、研究者や学生の情報利用スタイルの変化に焦点を合わせた調査研究が盛んに行なわれるようになっている。例えば、スタンフォード大学と High Wire Press による eJUSt（ejournal user study）[49]、Pew Internet & American Life プロジェクトの学生等のインターネット利用に関する一連の調査[50]、OCLC の委託によるハリス・インタラクティブの学生の Web 利用に関する調査[51]、セントラル・イングランド大学の eVALUEd[52]などがあげられる。これらの調査は必ずしも評価を直接の目的としているわけではないが、インタビュー、フォーカスグループ・インタビューなどをもとにした質的な分析方法を取り入れ、インターネット上の情報資源や電子ジャーナルの利用の文脈を明確にしようとする取り組みである。利用の文脈を明確にすることができてはじめて評価の方向性が定まるのであり、今後のサービス評価を考えるにあたって貴重な情報をもたらすものと言える。

電子図書館のサービス品質については、全米科学財団（National Science Foundation: NSF）からの資金を受け、LibQUAL＋™ を米国国立科学電子図書館（National Science Digital Library: NSDL）のサービスへ適合させるプロジェクトが進行中であり、最初の段階として探索的調査（利用者へのフォーカスグループ・インタビューなど）が実施されている[53]。一般的な Web サイトのサービス品質については、SERVQUAL の開発者達により e-SERVQUAL の開発が行なわれてきた[54]。フォーカスグループ・インタビューおよび 2 段階の実

証的データ収集とその分析から、Web サービス全体に共通するコアサービス尺度（scale）としての、効率性（efficiency）、信頼性（reliability）、フルフィルメント（fulfillment）[55]、プライバシー（privacy）の 4 局面と、トラブルや問題が発生した場合のリカバリー・サービス尺度としての、応答性（responsiveness）、補償性（compensation）、交渉性（contact）の 3 局面が報告されている。この結果が示唆するのは、電子的なサービス環境ではサービス・エンカウンターは限定されるものの、ユーザビリティだけでサービスの良し悪しが決定されるわけではないという点である。しかし、電子ジャーナルの場合のように、商品そのものの電子化が前提とされる場合にはどうなるのか。今後の展開に注目したい。

4 おわりに

以上で紹介したように、評価にはさまざまな視点と方法がある。これらの中のどれか 1 つの方法だけが適切で、他の方法が適切でないということではない。大切なのは、個々の大学図書館の状況に適切な方法を選択することである。また、統計やアンケート調査の数値化された集計（例えば、平均値）は断片的なものとなりがちであり、問題があることがわかったとしても、その原因がどこにあるかについては必ずしも情報をもたらさない場合もある。それぞれの方法の長所、短所を考慮したうえで、複数の方法を組み合わせて用いることが望まれる[56]。

国立大学図書館協議会の報告書[57]に見られるように、国立大学の法人化や機関別認証評価を受け、わが国の大学図書館においても積極的な取り組みが開始されている。適切な評価およびその図書館経営への反映によって、より充実した図書館サービスが実現されることを期待したい。

注
1) 『図書館パフォーマンス指標．JIS X0812：2000』日本規格協会，p.2.
2) Childers, T. A. and Van House, N. A. *What's Good: Describing Your Public Library's Effectiveness*. Chicago, American Library Association, 1993, 93p.
3) 図の作成にあたっては、次の文献を参考にした。Poll, Roswitha and Boekhorst,

Peter te. *Measuring Quality: International Guidelines for Performance Measurement in Academic Libraries*. München, K.G. Saur, 1996, p.17.

4) 永田治樹"大学図書館の経営計画と「顧客評価」."『図書館の経営評価：パフォーマンス指標による新しい図書館評価の可能性』勉誠出版，2003, p. 30-31.（シリーズ・図書館情報学のフロンティア No. 3）

5) 心理学の領域では"構成概念"という用語を用いる。構成概念とは，"その存在を仮定することによって複雑に込み入った現象を比較的単純に理解することを目的として構成した概念"である。参照：豊田秀樹『共分散構造分析：構造方程式モデリング．入門編』東京，朝倉書店，1998, p.1.

6) 測度（measure）や尺度（scale）が指標と同義に使われることもあるが，心理学の領域では，測度は指標を実際の質問項目に置き換えたものであり，尺度は測度の対象に数値を割りあてる規則のことを指す。参照：南風原朝和ほか『心理学研究法入門：調査・実験から実践まで』東京，東京大学出版会，2001, p.65, 68.

7) 糸賀雅児"アウトカム指標を中心とした図書館パフォーマンス指標の類型と活用."『図書館の経営評価：パフォーマンス指標による新しい図書館評価の可能性』勉誠出版，2003, p.87-104.（シリーズ・図書館情報学のフロンティア No. 3）

8) *ISO11620：1998 Information and Documentation ‒ Library Performance Indicators*. Geneva, ISO, 1998, 56p.

9) JIS X 0812, 前掲．

10) 大住荘四郎『ニュー・パブリックマネジメント：理念・ビジョン・戦略』東京，日本評論社，1999, p.180-182.

11) JIS X0812, 前掲, p.8.

12) Poll and Boekhorst, 前掲, p.16.

13) JIS X0812, 前掲, p.6.

14) JIS X0812, 前掲, p.8.

15) Allison, Graham T. "Public and private management: Are they fundamentally alike in all unimportant respects?" in *Classics of Public Administration*. 2nd. ed., Shafritz, J. M., & Hyde, A. C. eds., Chicago, Dorsey Press, 1987, p.514.

16) 山谷清志『政策評価の理論と展開：政府のアカウンタビリティ』京都，晃洋書房，1997, p.71.

17) Association of College & Research Libraries. *Standards for College Libraries. 2000 edition*.
〈http://www.ala.org/ala/acrl/standards/standardscollegelibraries.htm〉（last access 2004/3/17）

18) Hernon, P., and Dugan, R. E. *An Action Plan for Outcomes Assessment in Your Library*. Chicago, American Library Association, 2002, p.1-17.

19) 大学評価・学位授与機構『大学評価基準（案）についての説明資料』
〈http://www.niad.ac.jp/sub_hyouka/ninsyou/symkizyun.pdf〉（last access 2004/10/19）

20) Zeithaml, V. A., and Bitner, M. J. *Services Marketing: Integrating Customer Focus across the Firm*. 2*nd ed*. Boston, McGraw-Hill, 2000, p.11-14.

21) Parasuraman, A., Zeithaml, V. A., and Berry, L. L. "A conceptual model of service quality and its implications for future research." *Journal of Marketing*. Vol. 49, No. 3, p.41-50, 1985.
22) Parasuraman, A., Zeithaml, V. A., and Berry, L. L. *SERVQUAL: A Multiple-Item Scale for Measuring Customer Perceptions of Service Quality*. Cambridge, MA, Marketing Science Institute, 1986, 38p.; Parasuraman, A., Zeithaml, V. A., and Berry, L. L. "SERVQUAL: a multiple-item scale for measuring consumer perceptions of service quality," *Journal of Retailing*. Vol. 64, No. 1, p.12-40, 1988.; Zeithaml, V. A., Parasuraman, A., and Berry, L. L. *Delivering Quality Service*. New York, Free Press, 1990, 226p.
23) Parasuraman, A., Zeithaml, V. A., and Berry, L. L., 前掲, 1988, p.16.
24) Hernon, P., and Whitman, J. R. *Delivering Satisfaction and Service Quality: a Customer-based Approach for Libraries*. Chicago, American Library Association, 2001, p.32. (『図書館の評価を高める：顧客満足とサービス品質』永田治樹訳, 東京, 丸善, 2002, p.38.)
25) Hernon, P., and Dugan, R. E., 前掲, p.128.
26) Applegate, R. "Models of user satisfaction: understanding false positives." *RQ*, Vol. 32, No. 4, p.535, 1993.
27) Nitecki, D. A. *An Assessment of the Applicability of SERVQUAL Dimensions as Customer-based Criteria for Evaluating Quality of Services in an Academic Library*. College Park, MD, Graduate School of the University of Maryland, 1995, p.139-142.; Nitecki, D. A. "Changing the concept and measure of service quality in academic libraries." *Journal of Academic Librarianship*. Vol.22, No. 3, p.184-185, 1996.; Edwards, S. and Browne, M. "Quality in information services: do users and librarians differ in their expectations?" *Library and Information Science Research*. No. 17, p.179, 1995.; Andaleeb, S. S. and Simmonds, P. L. "Explaining user satisfaction with academic libraries: strategic implications." *College and Research Libraries*. Vol. 59, No. 2, p.163-164, 1998; Cook, C. and Thompson, B. "Reliability and validity of SERVQUAL scores used to evaluate perceptions of library service quality." *Journal of Academic Librarianship*. Vol. 26, No. 4, p.248-258, 2000.
28) Cook, C. and Heath, F. H. "User's perceptions of library service quality: a LibQUAL+ qualitative study." *Library Trends*. Vol. 49, No. 4, p.548-584, 2001.
29) Cook, C. and Thompson, B. "Psychometric properties of scores from the web-based LibQUAL+ study of perceptions of library service quality." *Library Trends*. Vol. 49, No. 4, p.585-604, 2001.
30) Cook, C. *A Mixed-methods Approach to the Identification and Measurement of Academic Library Service Quality Constructs: LibQUAL+$^{(TM)}$*. College Station, TX, Graduate Studies of Texas A&M University, 2001, p.260-265.
31) Waller, C. A., Hoseth A. and Kyrillidou, M. *LibQUAL: Policies and Procedures Manual*. Washington, D. C., Association of Research Libraries, 2003, p.31.

32) Association of College & Research Libraries. *LibQUAL+™: Charting Library Service Quality*. 〈http://www.libqual.org/Information/Consortia/index.cfm〉 (last access: 2004/3/15)
33) Cook, C. and Heath, F. H. 前掲.
34) Cook, C. and Thompson, B. 前掲, 2001, p.595-599.
35) Hernon, P. and Calvert, P. J. "Methods for measuring service quality in university libraries in New Zealand." *Journal of Academic Librarianship*. Vol. 22, No. 5, p.388, 1996.
36) Hernon, P. and Altman, P. *Service Quality in Academic Libraries*. Chicago, American Library Association, 1996, p.50.
37) Nitecki, D. and Hernon, P. "Measuring service quality at Yale University's Libraries," *Journal of Academic Librarianship*. Vol. 26, No. 4, p.259-273, 2000.
38) Hernon, P., Nitecki, D. A., and Altman, E. "Service quality and customer satisfaction: an assessment and future directions," *Journal of Academic Librarianship*, Vol. 25, No. 1, p.11, 1999.
39) Parasuraman, A., Berry, L. L., and Zeithaml, V. A. "Refinement and reassessment of SERVQUAL scale," *Journal of Retailing*. Vol. 67, No. 4, p.445, 1991.
40) Grönroos, C. "A service quality model and its marketing implications," *European Journal of Marketing*. Vol. 18, No. 4, p.38-39, 1984.
41) 佐藤義則『大学図書館のサービス品質を構成する局面に関する研究』(図書館情報大学大学院情報メディア研究科博士論文) 2003, p.73-103 ; 永田, 前掲, p.38-40.
42) Blixrud, J. C. "Measures for electronic use: the ARL E-Metrics project" in *Statistics in Practice: Measuring and Managing (LISU Occasional Paper. No. 32)*, 2002, p.73.
43) *ISO 2789. Information and Documentation: International Library Statistics*. 〈http://www.iso.org/iso/en/CatalogueDetailPage.CatalogueDetail?CSNUMBER=28236&ICS1=1&ICS2=140&ICS3=20〉 (last access 3/17/2004)
44) *ISO 2789,* 前掲.
45) *EQUINOX: Library Performance Measurement and Quality Management System*.
〈http://equinox.dcu.ie/〉 (last access 3/7/2004)
46) 〈http://www.arl.org/stats/newmeas/emetrics/proj.html〉における一連の文書を参照。(last access 3/17/2004)
47) *ISO TR20983. Information and Documentation: Performance Indicators for Electronic Library Services*.
〈http://www.iso.org/iso/en/commcentre/CatalogueDetailPage.CatalogueDetail?CSNUMBER=34359&ICS1=1&ICS2=140&ICS3=20〉 (last access 3/17/2004)
48) 宇陀則彦"電子図書館パフォーマンス指標に関するテクニカルレポート ISO/TR20983の動向."『カレント・アウェアネス』No. 276, p.12-15, 2003.
49) *E-journal User Study*. 〈http://ejust.stanford.edu/〉 (last access 3/17/2004)

50) *Pew Internet & American Life Project. Our Latest Reports*. 〈http://www.pewinternet.org/reports/index.asp〉 (last access 3/17/2004)
51) *How Academic Librarians Can Influence Students' Web-Based Information Choices. OCLC White Paper on the Information Habits of College Students*. Columbus, Online Computer Library Center 2002.6, 12p. 〈http://www5.oclc.org/downloads/community/informationhabits.pdf〉 (last access 3/17/2004)
52) *eVALUEd – an evaluation model for e-library developments*. 〈http：//www.ebase.uce.ac.uk/evalued/〉 (last access 3/17/2004)
53) Blixrud, J. Evaluating Library Service Quality: Use of LibQUAL+™. 〈http://www.iatul.org/conference/proceedings/vol12/papers/blixrud.pdf〉 (last access 3/17/2004)
54) Zeithaml, V. A., Parasuraman, A., and Malhotra, A. "Service quality delivery through web sites: a critical review of extant knowledge." *Journal of the Academy of Marketing Science*. Vol. 30, No. 4, 2002, p.362-375.
55) フルフィルメントとは、商品の受注から梱包、配送、アフターサービス、在庫管理、入金管理までの一連の過程を適確に実行することを指す。
56) 量的な分析方法に、フォーカスグループ・インタビュー等の質的な分析方法を重ねて実施することで、原因の明確な把握に繋がることもある。質的な分析は大学図書館の実務において、もっと取り入れられてしかるべき有効な方法である。
57) 国立大学図書館協議会法人格取得問題に関する附属図書館懇談会図書館評価WG『大学図書館における評価指標報告書（Version 0）』国立大学図書館協議会，2002, 114p.

第16章　史料管理

秋山晶則

1　大学図書館と史料

　大学図書館では、紙媒体や電子媒体による多種多様な学術情報を提供しており、古文書など歴史史料の原本を公開している館も少なくない。しかし、史料は、後述するように、一般の図書とはその性格が著しく異なるため、独自の取り扱いが要請される。
　そこで本章では、大学図書館が所蔵する史料のうち、その多くを占める近世の古文書を中心に、紙媒体史料の管理（整理・保存・利用）について、特に留意すべき点をとりあげる。

1.1　史料の概念

　まず最初に、史料概念について整理しておきたい。歴史学で用いる狭義の古文書は、手紙や証文などのように必ず差出者と受取者が存在し、かつ現用的な意義を喪失（反比例して歴史的な価値が増大）したものを指す。これに、一方的な意思表示の産物である日記や書付、さらには照合帳簿なども含めたものが広義の古文書となる。
　近年では、この広義の古文書を包摂したより広い概念として、史料＝記録史料（アーカイブズ）概念が注目されている。これは、欧米の文書館界の影響をうけ、わが国でも1985年頃から発達してきた記録史料学（Archival Science）

にもとづくもので、古文書はもとより、現代の公文書・私文書、音声映像記録、電子媒体というように、歴史研究に利用可能なすべての一次情報物を指す非常に広い概念である。

　その特徴は、史料を、社会的存在としての組織体や個人が、その活動を遂行する過程で作成・授受・蓄積した一次的な記録情報「群」としてとらえ、これらを広く社会に役立てるべく、保存・管理の対象とするところにある。

　なお、地域での史料調査を行なっていると、江戸時代の古文書は膨大に残されているにもかかわらず、明治以降の役場文書や私文書など、比較的新しい史料は保存対象とみなされず、廃棄されて痕跡もとどめないといった状況に遭遇する場合が少なくない。将来に禍根を残すこうした事態を回避するには、歴史史料の間口を拡げ、古文書から近現代史料までを包摂するアーカイブズとして持続的に保存・管理する仕組みが不可欠となる。これは、地域のみならず、大学や大学図書館自身にも問われることであろう。

　こうした記録史料の保存と利用については、1987年に施行された公文書館法により、ようやく法的な基盤が確保されたものの、それが民主主義社会の維持・発展に不可欠な情報基盤であるとの認識が共有されているとは言いがたい。図書館に司書、博物館に学芸員が必要であるのと同様に、史料を扱う文書館（史料館）には記録史料の専門職であるアーキビスト（文書士）が不可欠であるが、その養成はまだ緒についたばかりで、本格的な議論がようやく始まったところである。

　以上が、史料をめぐるわが国の概況であるが、このような史料は、本来ならば、それを専門に扱う文書館などの施設に一括保存されることが望ましい。しかし、それぞれの大学が置かれた環境や、大学図書館に所蔵されるに至った歴史的経緯等もあり、ことはそう単純ではない。理想像はそれとして、当面する課題は、大学の教育・研究の基盤である図書館機能を高度化する方向で、史料を活用できる環境を整備することである。その前提として、特に注意しなければならない点は、整理・保存・利用において、一般図書と区別した扱いを厳守することである。

1.2 利用環境

上述の図書館機能の高度化という点に関連していえば、現在、大学図書館では、高度情報化社会の発展にともない、インターネット環境やマルチメディアの進展への対応を迫られている。一方で、こうした電子情報源の急速な普及は、伝統的な紙媒体の利用環境にも大きな変化をもたらしている。このような情報環境のもと、今後、大学図書館は、紙・電子情報それぞれの形態を活かしたコンテンツを、効果的かつ効率的に作成・収集・保存・提供できるよう高度化を遂げねばならない。

そこで、伝統的な紙媒体である古文書史料についていえば、近時隆盛のデジタル・コンテンツ化は、通常では閲覧困難な大型絵図のシームレスな利用等、貴重史料へのアクセスを容易にするのみならず、閲覧による劣化問題を回避し、またさまざまな情報技術を介在させることで、高度な活用にも道を拓くものとして期待されている（長期保存には向かないため、媒体変換などの手当てが必要）。

しかし、（記録内容以外に様式や紙・墨などの素材を含めた）モノとしての原史料の存在価値や可能性が限りない広がりを有するのに対し（写真1：名古屋大学附属図書館所蔵高木家文書、以下同じ）、いったん成形された利用価値としての情報は、急速に陳腐化しやすいという限界性を持っている。したがって、この差異を十分認識し、何をどのようにコンテンツ化するのか、大学図書館としての方針を持つことが大変重要になってくる。

このように、史料の利用環境も大きく変貌しつつあるが、一般図書資料と区別した扱いを厳守することなど、史料を扱う場合の基本原則にはさほどの変更はみられない。

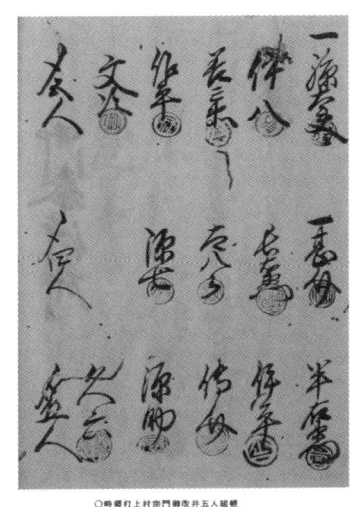

○峙郷打上村宗門御改并五人組帳
寛延4年(1751)3月

写真1　判子も情報

1.3 史料の扱い

繰り返しになるが、史料はただ1点しか存在しない貴重な歴史情報資源であ

写真2　整理を待つ文書塊

り、利用にあたっては格別慎重な扱いが求められる。たとえば、汚破損防止のため、閲覧時の筆記具は木製鉛筆に限り（インク類は論外であるが、刺突した場合のリスクからシャープペンシルなども避けたい）、指輪・時計・メジャーなど金属製品の使用や、伏せたり押し広げたりといった史料に負担をかける行為を厳に慎む必要がある。また、新しい栄養分を付着させてカビや害虫といった生物被害を発生させないように、手洗い消毒を励行するなどの細心の注意が求められる。加えて、折目や付札なども貴重な歴史情報であることに鑑み、史料の現状を変更しないといったことにも留意しなければならない。

　さらに、図書と大きく扱いが異なるのは、整理のあり方である。図書は、不特定多数の読者を想定したもので、それぞれが独立した存在であり、日本十進分類法（NDC）などの普遍的基準による整理・排架を行なっても何ら本質的性格が変わらないのに対し、文書史料は相反する立場を持っている。

　手紙を例に考えると、それは当事者間の特定目的のために作成され、ほとんどの場合、ただ1点しか存在しないオリジナルな情報資源である。もちろん、不特定多数の利用を前提とするものではなく、書誌にあたるデータが付されていないか、あっても不完全な場合がほとんどのため、整理者による解読・標題の付与・年代比定（通例、手紙には年号が付されない）といった作業が欠かせない。

　また、これらの文書史料の多くは、村や家などの組織体を母体に作成・伝達・蓄積されたもので、当時の社会関係が投影された個性的な史料「群」として存在している。個々の史料は、担当部署や事件などに即して1つのまとまりを持ち、それらがいくつものグループを構成することで、史料群全体が有機的につながったピラミッド型の階層構造を有することに注意する必要がある。図

書の分類概念（NDC 等）の影響をうけた主題分類や文書形態といった普遍的基準によって分類を施してしまうと、史料が群として持っていた内的構造や文書相互の関連性が破壊され、認識手段が失われてしまう危険性がある。

　しかし、いくら古文書などが貴重な情報資源であるといっても、そのままでは埃をかぶった塊のような状態である場合が多く（写真2）、保存と利用のためには、どうしても一定の整理を行なう必要が出てくる。そこに、史料整理をめぐる考え方や方法についての議論が登場するわけだが、これらの点も含め、実際の整理では専門家の協力が不可欠である。ただ、専門家任せにするのではなく、図書館としても、以下にみるような史料の扱いや整理方法について、不断に情報収集を行なっていく必要があろう。

2　史料の整理

2.1　整理方法をめぐる課題

　史料の整理・保存の要諦は、過去・現在・未来をつなぐ人類共有の歴史情報資源（紙媒体）を、「誰もが自由に、科学的に、永続的に利用」できる環境整備にあるといわれている。

　ふりかえれば、近世史料（古文書）の整理が本格化するのは、戦後における史料の急激な散逸を防ごうとして起こった史料保存運動に遡るが、そこでは、限られた時間と費用で効率的に史料を保存・利用するため、物理的分類や主題別分類が当然のこととして行なわれていた。これは、やむを得ぬ時代の制約によるものであったが、その後も、この整理方法が無批判に踏襲された結果、とりかえしのつかない「破壊」が行なわれたとの批判を浴びている（そういう筆者も、学生時代、この「破壊」的方法で史料調査を行なった経験を持ち合わせているだけに、反省しきりである）。

　それで、よく引き合いに出されるのが、現在でも図書館に排架され、入門者に広く読まれている児玉幸多編『古文書調査ハンドブック』（吉川弘文館、1983年刊、2003年第6刷発行）である。文書の調査方法が丁寧に書かれていて定評のある書物であるが、そこでは、「多量の史料の時は第一段階として荒仕分けをする。（中略）荒仕分けの最初の作業として、記録帳簿の冊子類と一紙もの

の証文・書付類とに形態的に大別する」と、物理的・形態別に整理するという旧来方式が推奨されている。これでは、史料相互の連関性は破壊され、史料群が持っていた歴史情報は永久に失われてしまいかねない。

　しかし一方、こうした過去の行為への批判は、超越的批判になりがちである。重要なことは、現在を絶対化するのではなく、私たちが行なう史料整理という行為自体が、歴史性を帯びているという、その歴史被拘束的な立場を自覚しつつ、現状において最善を尽くすことである。

　そのような意味も含め、「破壊」への反省にたって、整理の原則として共通の認識に鍛えあげられてきたものは、①残された「現状」を最大限尊重することと、②史料群の構造的認識をめざすことであろう。これは、最大公約数的な理解であり、その方法をめぐってはさまざまな意見の相違があるが、重要なことは、伝来した情報を、可能な限り未来へ手渡すということと、なぜこのような史料がここに「在る」のかということを解明しなくては、科学的な利用を保証できないということである。

　それを定式化したものが、1) 出所原則（史料群の混在禁止）、2) 原秩序尊重（史料配列等の情報保全）、3) 原形保存（包み方などの情報保全）、4) 段階的整理（分析レベルを順次深化させ、史料群の構造認識に至る方法）、である。

　整理にあたっては、こうした原則を念頭に、史料群の歴史的個性を読み解き、それに即した整理をこころがけるとともに（もとより、原則を機械的に適用・処理するのではなく、許容される諸条件との折り合いのなかで、整理者が責任をもって判断すべきである）、最終的には、史料群の構造認識にたった目録編成に至ることが目標となる。

　このように、史料整理は、史料群の内的秩序を発見し、それを再構成することを意味しており、整理者の史料認識レベルが徹底して問われるという「怖さ」と同時に、未来の利用者に対しても大きな責任をともなうことを肝に銘じなければならない。

2.2　目録基準の国際標準化

　もう1つ触れておかねばならないのが、目録記述の国際標準化の動向である。すでに図書館界では、ダブリンコア（Dublin Core）として周知の事柄であるが、

歴史史料についても、国際的な情報の共有化が進展しつつある。1992年にICA（国際文書館評議会）がマドリッド原則を採択し、94年に国際標準記録史料記述（一般原則）ISAD（G）、96年に国際標準記録史料典拠記録（団体・個人・家史料）ISAAR（CPE）、1999年にはISAD（G）2を作成している。

その大きな特徴は、史料群を多階層構造として記述することと、メタデータ（史料の出所情報）の重視にある。ISAD（G）については、わが国でも実験例が報告されているが、文書構造分析の課題などから、未だ積極的導入には至っていない。メタデータの統一と共有を目的とするISAAR（CPE）のほうは、国立史料館などが調査・実践しており、Web上でも公開されている（関係資料については、『記録史料記述の国際標準』などを参照されたい）。

なお、博物館界では、これらの動向と軌を一にして資料ドキュメンテーション形式の国際標準としてCRM（Conceptual Reference Model）の開発が進められている。資（史）料情報をめぐって、文字通り三者三様の動きが見られるが、これらは相対立するものではなく、コラボレーションの進展により、近い将来、図書館、文書館、博物館などの有する情報資源を横断的に活用できる環境が整備されていくものと考えられ、今後の目録編成にあたっては、こうした国際標準化動向への配慮が必要となる。

3 史料の保存・修復

3.1 保存

先にふれた通り、史料の整理・保存の要諦は、過去・現在・未来をつなぐ人類共有の歴史情報資源（紙媒体）を、「誰もが自由に、科学的に、永続的に利用」することにあるが、整理4原則と同様、保存（含修復）についても、1）原形保存、2）安全性、3）可逆性、4）記録の4原則が定式化されている。

なお、「永続的」利用を保障するうえで、各館の保存環境および史料状況の確認は欠かせない。その調査にあたっては、史料全体を視野に入れ、将来を見据えた保存方針、全体を底上げしていく段階的な保存計画をたてることが重要であり、現実的でもある。

それには、館内で正規承認された形で、他の図書資料とあわせ、史料保存方

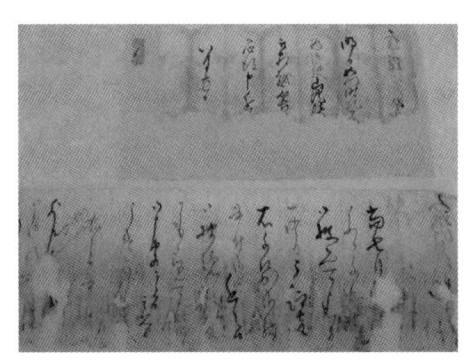

写真3　湿害による劣化文書

針を立案し、業者との交渉等も含め、実践する能力を備えた保存管理者、あるいは保存管理グループが不可欠である。館全体としても、外部研修や館内研修の充実を図り、科学的データにもとづく史料保存に取り組む必要がある。

ここでも、保存の中心となるのは紙媒体史料であるが、和紙・洋紙を問わず、史料は常に温湿度変化や人の手による物理的劣化、光（太陽および蛍光灯の紫外線）や汚染物質、酸性紙による化学的劣化、虫菌害による生物的劣化の3大攻撃に苛まれている。蒸し暑い夏には、黒カビやフォクシング（狐色に変色する現象）が発生し、冬季には暖房による乾燥が、紙繊維の脆弱化や酸化劣化を促進する（写真3）。

そのため、環境管理のための適正値として、20℃±2℃、55%±5%程度の温湿度が推奨されてきたが、大幅に温度変化がある地域で、莫大な費用をかけて温度を一定に保つような方法は疑問であり、現実的でもない。IFLA-PAC（国際図書館連盟資料保存コアプログラム）が1998年に発行した資料保存の原則でも、「あらゆる種類の図書資料に適した理想的なひとつの状態（ある1つの温度と湿度）というものはない」と注意を喚起しているように、史料の性格、季節や地域性を考慮した環境設定が求められる。

なかでも、空調の断続的稼働（日中のみの運転など）は、書庫内の相対湿度を変動させ、吸放湿の繰り返しによる紙の劣化（角質化）を促進するため、厳に避けるべきである。問題は、急激な温湿度変化にあり、冬季などはむしろ加温せず、低温でも安定した湿度環境を保つほうが望ましい。日常的な温湿度の測定、記録、検証を行なうことは、こうした劣化予防に役立つだけでなく、将来への保存環境履歴としても大きな意義がある。

なお、近年の史料保存・管理論で注目すべきは、かつて薬物に依存した大規模薫蒸が全盛であったのに対し、オゾンホール問題を契機に、これまで威力を発揮してきた臭化メチルが2004年限りで全廃されるなど、地球環境問題の深刻

化への対応が急がれるなか、新しい潮流が生まれつつあることである。

その特徴は、風土や設備などの諸条件を勘案し、温湿度変化や生物反応のモニタリングといった日常的な点検をはじめ、定期的な清掃や曝涼など、環境共生型のさまざまな防除手段を複合した予防管理を強化することと、被害が出た場合はそれを最小限にとどめ、きめ細やかな個別的対応を行なうこと（予防のための定期薫蒸は問題であり、最善の策は温湿度管理と定期点検）である。これは IPM（Integrated Pest Management：総合的有害生物管理）の提唱となって広がりを見せつつある。

ここで予防の一例として、経済的かつ効果的である小規模な環境管理＝箱（保存容器）に入れる効能をあげてみたい。大気汚染物質を含んだ塵埃や光、温湿度変化からの保護には、簡単にみえて、中性紙箱の威力は絶大である（中性紙にも様々な種類があるが、一般的にパルプ純度の高い弱アルカリ性のものが推奨される）。史料の損傷を抑え、劣化させないためには、先の4原則を前提としながら、クリーニング（埃や汚損物質を除去）したのち箱に収納し、必要に応じて簡単な整理や保存処置を行ない、さらに本格的な整理や修復へと、全体を俯瞰しながら、段階的に整理・保存を進めていくことが肝要である。なお、高温多湿下での箱収納は、かえって逆効果となる場合があるため、調湿紙を併用するなどの配慮が必要である。

このほか、史料保存には、災害への対策や災害マニュアルの措定、原史料保護のためマイクロフィルムや電子媒体などの複製史料による情報提供も含まれるが、これらの点については、参考文献およびデジタル・アーカイブの項を参照されたい。

3.2 修復

史料の劣化や損傷が進み、利用や保存に耐えないと判断した場合、最終的な手段として、前掲の保存4原則にたった修復を行なうことになる。その際、図書館側には、「とりあえず裏打ち」といった形で修復業者任せにするのではなく、業者と適切な方針を協議し、方法を選択する力量が求められる。

ここでも重要な点は、歴史段階的に考えることである。経年変化が起こるような措置は論外であるが、長期保存に耐えられるよう現在最善と考える措置を

したとしても（安全性の原則）、100年後、200年後に問題が発生するやもしれない。そうした場合にも対処（復旧）可能なように、可逆的な措置にとどめることが肝要である（可逆性の原則）。また、史料の素材・構造・概観なども重要な歴史情報であるため、その原形を変化させるような過剰な修復は、できるだけ避けなければならない（原形保存の原則）。また、原形とともに修復過程を正確に記録・保存し、史料の利用・分析や将来の修復に備えることも欠かせない（記録の原則）。

〈参考文献〉
アーカイブズインフォメーション研究会編訳『記録史料記述の国際標準』北海道大学図書刊行会，2001，178p.
安藤正人『記録史料学と現代』吉川弘文館，1998，352p.
「記録史料の保存・修復に関する研究集会」実行委員会編『記録史料の保存と修復』アグネ技術センター，1995，230p.
国文学研究資料館史料館編『アーカイブズの科学』柏書房，2003，上巻446p，下巻440p.
全史料協監修『文書館用語集』大阪大学出版会，1997，172p.
日本図書館協会『IFLA図書館資料の予防的保存対策の原則』2003，155p.（同協会による「シリーズ本を残す」「資料保存シンポジウム講演集」も参照）
松尾正人編『史料保存と文書館（今日の古文書学12）』雄山閣，2000，307p.

〈関連ホームページ〉
元興寺文化財研究所　http://www.gangoji.or.jp/
記録管理学会　http://wwwsoc.nii.ac.jp/rmsj/
国文学研究資料館　http://www.nijl.ac.jp/
国立公文書館　http://www.archives.go.jp/
歴史資料ネットワーク　http://www.lit.kobe-u.ac.jp/~macchan/
全国歴史資料保存利用機関連絡協議会　http://wwwsoc.nii.ac.jp/jsai2/
東京文化財研究所　http://www.tobunken.go.jp/
日本アーカイブズ学会　http://www.jsas.info/
日本図書館協会資料保存委員会　http://www.jla.or.jp/hozon/index.html
国際文書館評議会（ICA）　http://www.ica.org/

索引

ア行

アーカイブ　93, 135, 172
アーカイブズ　209, 210
アーキビスト（文書士）　184, 210
Arts and Humanities Data Service gateway (AHDS)　73
RLG　→研究図書館グループ（Research Libraries Group）
RDF　74
RIDING　73, 74
ISI社　172
ISAAR (CPE)　215
ISAD (G)　215
ISO11620　193
ISO15836　72
ISO2789　202
ISO2789：2003　201
ILL流動統計（館種別）　133
ICOLC　→国際図書館コンソーシアム連合 (International Coalition of Library Consortia)
ICA（国際文書館評議会）　215
ISAAR (CPE)　215
IPM (Integrated Pest Management：総合的有害生物管理)　217
IPL (Internet Public Library)　91, 117
アウトカム（成果）　195, 196
アウトカム指標　192
アウトカム評価　195
アウトソーシング　177, 178-189
アウトプット　201
アウトプット指標　192, 193
青空文庫　144
アカデミック・パーミッション・サービス (APS)　147
アグリゲーション・サービス　147, 148
アグリゲーター　148
UTLAS　12

Amazon.com　94
アミーゴス (Amigos)　166
アメリカ図書館協会（American Library Association：ALA）　44, 89, 117, 164
アリソン (Graham T. Allison)　194
Unqualified Dublin Core (Simple Dublin Core；Dublin Core Simple)　72
ANSI/NISO Z39.85-2001　72
安全性の原則　218
案内指示的質問　121
EAD (Encoded Archival Description)　70, 71
e-SERVQUAL　203
eJUSt (ejournal user study)　203
eScholarship Repository　106
E-CIPレコード　92
EDItEUR　94
E-TOPIA教育総合データベース　88
eVALUEd　203
eブック　141
ebrary　148
Eprints　108, 109
ePrints UK　109
eプリント・アーカイブ　110
eラーニング　52, 144, 145, 146, 148
eラーニング図書　143, 146
eLibプロジェクト　73
委託　177-179, 180, 183, 185
IFLA　→国際図書館連盟（The International Federation of Library Associations and Institutions）
IFLA-PAC（国際図書館連盟資料保存コアプログラム）　216
意味 (semantics)　69
イリノイ図書館コンピュータ・システム機関 (Illinois Libraries Computer Systems Organization：ILCSO)　165
インターネット学術情報インデックス (IRI)　88

インターネット資源選択的蓄積実験事業（WARP） 92
インターネット授業　144
＜indecs＞　94
インプット指標　192
Ulrich's Periodicals Directory（*Ulrich's*） 127,128
WebCT　148
Web情報検索　88
ウォーカー（William D. Walker）　86
英国図書館貸出部門（British Library Lending Division：BLLD）　12
英文論文誌　136
ARL　→研究図書館協会（Association of Reseach Libraries）
AACR2　72
AAT（Art & Architecture Thesaurus）　70
ALAのコンピュータ支援レファレンス・サービス部門（Machine-Assisted Reference Section: MARS）　121
APPM（Archives, Personal Papers, and Manuscripts）　71
EQUINOX　202
NII　→国立情報学研究所（National Institute of Informatics）
NII資源タイプ　78
NIIメタデータ記述要素　76
NPM（ニュー・パブリック・マネジメント）195
FRBR（Functional Requirements for Bibliographic Records）　73
FAIR（Focus on Access to Institutional Resources）　106,109
エミュレーション　109
MODS（Metadata Object Description Schema）　71
LC American Memoryプロジェクト　71
LCSH（Library of Congress subject headings）　70
エルゼビア（Elsevier）　130
Elsevier Electronic Subscriptions（EES）130
エルゼビア・サイエンス（Elsevier Science）

社　171
遠隔教育　27,145
ENGEL（ENhancing Gateway of Economic Library）　88
横断検索　88
応答性（responsiveness）　197,204
OeBF（Open eBook Forum）　94
OAIS information model　93
OAIS（Open Archival Information System）reference model　93
OAIメタデータ・ハーベスティング・プロトコル（Open Archives Initiative Protocol for Metadata Harvesting：OAI-PMH）　76,81,93,108,109
OCLC　12,73,92,94,117,148,164
オーバーレイ・ジャーナル　110
オープン・アーカイブズ・イニシアティブ（Open Archives Initiatibe：OAI）　108
オープン・アクセス　103
OpenCourseWare（OCW）　61,145,146
オープンソース　108,146
オープン・ソフトウェア　61
オックスフォード大学出版会（Oxford University Press）　173
ONIX（Online Information eXchange）71,92-94
オハイオネット（OhioNet）　166
オハイオリンク（The Ohio Library and Information Network：OhioLINK）170,199
OPAC　53,201
オンデマンド印刷　146,147
オンライン教材　148
オンライン出版　141
オンライン・データベース　115,116,187
オンライン目録　89
オンライン履修登録　61

カ行

海外学術雑誌の価格高騰　15
外国雑誌センター　13,15,129
外部基準値（standard）　194
外部情報資源　191
外部マネジメント　194

索　引

COUNTER (Counting Online Usage of NeTworked Electronic Resources)　137
科学技術・学術活動の国際化推進方策について（報告）　136
科学技術・学術審議会研究計画・評価分科会情報科学技術委員会デジタル研究情報基盤ワーキング・グループ　74,103,136
科学技術・学術審議会国際化推進委員会　136
科学技術刊行物の電子化　135
科学技術振興事業団（JST）　135
化学的劣化　216
価格　128,130,138,171
可逆性の原則　218
学外者利用　156
学習アウトカム評価　195
学習環境の提供　32
学習管理システム（LMS）　148
学習指導要領　54
学術コミュニケーション　102,105,112,140,142
学術雑誌　101,102,111,127,128,136
学術雑誌総合目録　15
学術雑誌の電子化　102,127,135,143
学術情報　81
学術情報基盤　60,61
学術情報資源　15
学術情報システム　11,12
学術情報の収集　32
学術情報の流通基盤の充実について（審議のまとめ）　14,74,103,136
学術情報発信　14,74
学術情報リテラシー教育担当者研修　49
学術情報流通システム　11
学術情報流通体制の改善について（報告）　11
学術情報流通の拡大方策について（報告）　12
学術審議会　11
学術振興に関する当面の基本的施策について（学術審議会第3次答申）　11
カスタム出版　146,147
学科関連指導（course-related instruction）　46
学科統合指導（course-integrated instruction）　46
学協会出版者協会（The Assosiation of Learned and Professional Society Publishers：ALPSP）　127
カナダ研究図書館協会（Canadian Association of Research Libraries：CARL）　106
紙媒体史料　216
カリフォルニア・デジタル図書館　71,106
環境管理　216,217
館長　33
館内情報資源　191
管理的（administrative）メタデータ　68,71
機関協力委員会（Committee on Institutional Cooperation：CIC）　164
機関別認証評価　191,195
機関リポジトリ　61,78,81,101,103,107,110
機関リポジトリ・ポータル（NII Institutional Repository Portal：NII-IRP）　80
機関リポジトリ擁護論：SPARC声明書（Case for Institutional Repositories：A SPARC Position Paper）　106
記述形式（syntax）　69
記述的（description）メタデータ　68
記述フォーマット　71,72,73
記述要素　74,89
基準となる測度（normative measures）　199
機能的リテラシー（functional literacy）　44
Gapsモデル　196
Campus Computing Project　60,65
キャンパス情報ネットワーク　8,58
QuIP (Question Interchange Profile)　90
QAT (Question/Answer Transaction) プロトコル　90
旧式な技術の保存　109
教育研究の支援　32
教育研究評議会　33
教育的機能　43,45,50
教科書　25
教科書・教材の電子化　140
共感性（empathy）　197

221

行政機関の保有する情報の公開に関する法律（情報公開法） 156
行政文書 156,157
協同デジタル・レファレンス 117,122,125
京都精華大学 185,186,189
業務分析 185
協力委員会（Cooperation Committee） 164
協力レファレンス 90,122
局面（dimension） 197
記録史料学（Archival Science） 209
記録史料記述の国際標準 215
記録の原則 218
キング（Donald King） 129,165
近現代史料 210
近世史料（古文書） 213
Google 86,92
クールソ（C.C.Kuhlthau） 53
QuestionPoint 90,117,122,125
Questia 148
グラウンデッド・セオリー 198
Clumps プロジェクト 73
クロー（Raym Crow） 103
グローバル・コミュニケーション・センター 88
クロス・アクセス（cross access） 170
クロスウォーク 70,72
経営協議会 33
経営計画 192
経営戦略 185
慶應義塾大学三田メディアセンター 184,185
経年劣化（obsolescence） 123
ケータイノベル 144
ゲートウェイ 88
研究図書館 20,25,27,28
研究図書館協会（Association of Research Libraries：ARL） 7,63,198,202
研究図書館グループ（Research Libraries Group：RLG） 164
原形保存の原則 218
検索語彙集 95
研修 182
兼職問題 33
原秩序尊重 214

限定子（qualifier） 72
コアサービス尺度（scale） 204
コアジャーナル 134
CORES Registry 69
コアリション（coalition） 166
恒久的識別子（ハンドル） 109,110
交渉性（contact） 204
構造（structure） 69
構造的（structual）メタデータ 68,71
高等教育のための情報リテラシー能力基準 50
合同情報システム委員会（Joint Information Systems Committee：JISC） 106
購読データ 130
公文書館法 210
効率性（efficiency） 204
公立大学図書館改善要項 9
コースパック 146-148
ゴーマン（Michael Gorman） 95
顧客満足 196
国際学術情報流通基盤整備事業 136
国際図書館コンソーシアム連合（International Coalition of Library Consortia：ICOLC） 138,171
国際図書館連盟（The International Federation of Library Associations and Institutions：IFLA） 73
国際標準記録史料典拠記録（団体・個人・家族） 215
国際標準書誌記述（International Standard Bibliographic Description：ISBD） 71
国際標準記録史料記述（General International Standard Archi？ 215
国際符号化文字集合（Universal Character Set） 79
国立学校設置法 10,15,31
国立国会図書館 90,92,117,122,135
国立情報学研究所（NII） 12,13,49,62,68,74,80,81,107,133,135,136
国立情報学研究所目録所在情報サービス総合目録データベース（NACCIS-CAT） 76
国立大学図書館 155,172
国立大学図書館改善要項 9
国立・大学図書館協会（Standing Conference

on National and University Libraries：SCONUL) 199
国立大学図書館協議会電子ジャーナルタスクフォース 61
国立大学における施設等の運営に関する行政評価・監視調査結果 157
国立大学法人 31
国立大学図書館協会（国立大学図書館協議会） 130,135,171,172
個人購読 134
コスト削減 178,180
国家情報基盤政策（NII） 23
Connexion 73,91
CONNEXIONS 61
Connecting people with technology and human expertise 161
コミュニケーション・チャネル 118
Community Dublin Cores 72
古文書 209,210,211,213
古文書調査ハンドブック 213
コレクション指標 5
コレクション・レベル記述 74
今後における学術情報システムの在り方について（答申） 11,12
コンソーシアム（consortium） 102,163-174
　ミシガン図書館コンソーシアム（Michigan Library Consortium） 166
　メガコンソーシアム（megaconsortium） 164
　山手線沿線私立大学図書館コンソーシアム 174
コンピュータ・リテラシー（computer literacy） 45

サ行

サーチャー 116
サービス指標 5
サービス品質 196,197,199,200
SERVQUAL 196,197,198-200,203
財政モデル 168
SAKAI Project 61
冊子体雑誌 133
雑誌の寡占体制 30
査読誌 127

XanEdu 147,148
サブジェクト・ゲートウェイ 80,87,88,95
ザイタムル（Valarie A. Zeithaml） 196
産学連携 153
CRM（Conceptual Reference Model） 215
CIMI（Consortium for the Computer Interchange of Museum In formation） 70
GILS（Government Information Locator Service） 71
CEDARS プロジェクト 93
CNRI（Corporation for National Research Initiatives） 110
CODA（Collection of Open Digital Archives） 105
CDSware（CERN Document Server Software） 108
CiNii（NII論文情報ナビゲータ） 135
J-STAGE 135,136
SHERPA プロジェクト 111
資源 54,199
資源共有 15,54,164,166
自己評価 191,194
事実検索質問 123
事実検索用情報源 116
JIS X0812（ISO11620） 193,194,197
JISC　→合同情報システム委員会（Joint Information Systems Committee）
視聴覚メディア 53
質的分析 200
質問回答サービス 115,116,119,123
質問回答方式のデジタル化 116
指導サービス（instruction service） 50-53,55
指導体制（組織作り） 51
指標（indicator） 192,202
Shibboleth 61
シュウ（Hong Xu） 165
JuNii 88
主題案内 90
主題探索質問 123
出所原則 214
出版情報 93
シュプリンガー（Springer）社 171
生涯学習 27,155,161

商業出版社　105
情報（文献）の探索法　53
情報関連組織　31,35,36,37
情報基盤　65,66
情報源　121
情報検索　87
情報公開法　156
情報サービス　117,188
情報資源　67,87
情報処理教育センター　35
情報の整理法　52
情報の表現法　52
情報発信機能　14,102
情報リテラシー（information literacy）　43-45,47-55,195
情報リテラシー指導の目標：モデル文案　50
情報利用行動　58
書誌コントロール　89
書誌データベースの横断検索　72
書誌ユーティリティ　12,164
書誌レコード　71,92
シリアルズ・クライシス（Serials Crisis）　23,30,101,102,129,138,170
私立大学図書館改善要項　9
私立大学図書館協会　91,182
史料　209,210,211,212
史料整理　213,214
史料保存　213,217
資料保存の原則　216
シングル・サインオン　60,64
人材派遣　180,185
新制大学　21
信頼性（reliability）　197,204
スエッツ・インフォメーション・サービス（Swets Information Services）　128
スエッツ・ブラックウェル（Swets Blackwell）社　128
Scholarly Publishing Practice:the ALPSP Report on Academic Journal Publishers' Policies and Practices in Online Publishing　127
優れたデジタル・コレクション構築の手引きのフレームワーク　70
スタンフォード大学　36,203

SPARC（Scholarly Publishing and Academic Resources Coalition）　106,136,172
SPARC機関リポジトリ・チェックリストおよびリソースガイド（SPARC Institutional Repository Checklist & Resource Guide）　106
SPARC Europe　136
スローン（B.Sloan）　121
政策に対するアカウンタビリティ（政策選択の責任）　195
生産と消費の不可分性　196
生物的劣化　216
整理の原則　214
Z39.50　72,88
セルフ・リライアンス　198
潜在的利用者（未利用者）　45
セントラル・イングランド大学　203
専任職員　38,181,182,183,184,185,189
専任職員の専門職化　184
全文データベース　142
全米科学財団（National Science Foundation：NSF）　203
専門職　124
専門職制度　184,189
総合サブジェクト・ゲートウェイ（NII Union Subject Gateway：NII-USG）　80,81
総合情報センター　35
相互運用性　93,108
測定（measurement）　193
即答質問　121
ソリネット（Solinet）　167

タ行

ダーントン（Robert Darnton）　143
大学院重点化　23
大学Webサイト資源検索（JuNii大学情報メタデータ・ポータル試験提供版）　62,79,88,107
大学改革　19,22,23,24,25,26,27,28,33
大学行政管理学会　179
大学（カレッジ）・研究図書館協会（Association of College and Research Libraries：ACRL）　50,195

大学設置基準　10,22,31,144,145
大学図書館機能の強化・高度化の推進について　13,16
大学図書館実態調査　3
大学図書館組織論　29
大学図書館における指導プログラムのためのガイドライン　50
大学図書館における電子図書館的機能の充実・強化について　13
大学図書館の組織　31,32,38
大学図書館標準．2000年版　195
大学における電子ジャーナルの利用の現状と将来に関する調査　131,172
大学評価基準（機関別認証評価）（案）　195
タスクグループ制　38
タスクフォース　130,135,172
ダブリンコア（Dublin Core：DC）　69,70-73,90,94,214
ダブリンコア・メタデータ要素セット（Dublin Core Metadata Element Set：DCMES）　72,74,88
段階的整理　214
探索質問（search question）　121
探索的調査　203
地域貢献　153,154,158
地域センター図書館　154
地域連携　35
知的コミュニティ情報システム　87
知的所有権　94
千葉大学学術情報リポジトリ計画　107
中央教育審議会　154
中核的業務（コア・コンピタンス）　185
中性紙　217
長期保存　109
調査支援サービス　154
調査質問（research question）　121
著作権　111
著作権集中処理機構（Copyright Clearance Center：CCC）　147
著作権法　147
TEI Headers（Text Encoding Initiative Headers）　71
DARE（Digital Academic Repositories）　106

DOI（Digital Object Identifier）システム　94
TOC（Tables of Contents）プロジェクト　92
DCS（Dublin Core Simple）　93
DCQ（Qualified Dublin Core）　72
DCメタデータ・イニシアティブ（DCMI）　72
Dspace　61,105,108,110,112
DTD（Document Type Definition）　90
Deep Love　144
データフォーマット　90
データベース　51
データベース共同構築　81
データベース構築　78
データベース利用法　53
テキサスA&M大学チーム　198
テクニカル・クオリティ　200
デジタル・アーカイブ　73,147
デジタル教材　145
デジタル・コレクション　103
デジタル・コンテンツ化　211
デジタル著作権管理（digital rights management：DRM）システム　94
デジタル・デバイド（digital divide）　48,172
デジタル・メディア　145,148,149
デジタル・レファレンス・サービス　90,118
テノピア（Carol Tenopir）　134
デュバル（E. Duval）　68
典拠コントロール　89
典拠ファイル　76
電子化資料　70,71
電子雑誌（ジャーナル）　140,141,143
電子辞書　141,143
電子ジャーナル　16,27,102,127,169,172,201
電子ジャーナル・コンソーシアム　130,131,169,171,173
電子ジャーナル・サーバ（Repository of Electronic Journals and Online Publications：NII-REO）　135
電子ジャーナル・サービス　135,169
電子ジャーナル出版社　170

電子ジャーナル・タスクフォース　130,171
電子ジャーナル導入　131
電子ジャーナル導入経費　14,15,130,135
電子ジャーナルの価格モデル　128
電子出版　102,140,141,142,143
電子商取引　94
電子情報資源　67,71,72,73,134,165,169
電子的ネットワーク　23
電子的パスファインダー　73,91
電子図書　141,144,147,148,149
電子図書館　13,25,154
電子図書館化推進経費　8
電子図書館機能整備　14
電子図書館サービス　202,203
電子図書館システム　13,135
電子図書館的機能　8,13
電子図書館ネットワーク・リソース・データベース（TDL）　88
電子図書館の新たな潮流－情報発信者と利用者を結ぶ付加価値インターフェース　80
電子図書館のサービス品質　203
電子図書館連合（The Digital Library Federation：DLF）　134
電子図書教材　144
伝統的なレファレンス・サービス　119,120,121
24/7 Reference　117,125
東海地区図書館協議会　160
投稿審査システム　135
統制語彙集　70
都会型の大学　158
ドキュメント・デリバリー・サービス　166
読書専用端末機　144
独立行政法人等の保有する情報の公開に関する法律　156
図書　141,145,148
図書館　62,92,104,149,161,183,187
図書館員　51,54,118,125
図書館ウェブサイト　62
図書館オリエンテーション（library orientation）　46
図書館サービス　58,123,125,187,188,199
図書館システム　163
図書館情報資源振興財団（The Council on Library and Information Resources：CLIR）　134
図書館政策　9
図書館相互貸借(ILL)　5,8,12,15,129,133,182
図書館統合システムの共同購入　165
図書館の情報化の必要性とその推進方策について－地域の情報化推進拠点として－（報告）　154
図書館の存在意義（使命・目的）　54
図書館パフォーマンス指標（Performance Indicators）　193
図書館法　10
図書館ポータル　58,59,62,63,64,65
図書館目録　89,92
図書館利用教育　49
図書館利用教育ガイドライン大学図書館版　49
図書館利用指導（library instruction）　46
図書教材　145
図書と情報の館　36
トライアングル図書館ネットワーク（Triangle Research Library Network：TRLN）　164
Transcription 限定子　76
図書館リテラシー（library literacy）　45
トレードオフ　193

ナ行

内部マネジメント　194
NACSIS-ILL　12
NACSIS-ELS　13,14,135
NACSIS-CAT　12
ナショナル・リソース　15,16,129
奈良先端科学技術大学院大学　8,13,154
二次情報データベース　129,187
NISO Committee AZ　90
ニテッキ（D. Nitecki）　199
日本医学図書館協会　173
日本図書館協会　49
日本薬学図書館協議会　173
New Measures Initiative　198
ニューメディアブーム　142
認証団体（accrediting agency）　195

認知品質（perceived quality） 196
netLibrary 148
ネットワーク資源 27
ネットワーク出版 141
ネットワーク情報資源のメタデータ・データベース（仮称）に関する小委員会 74,80
ネットワーク・プロトコル 72
NEDLIB プロジェクト 93
ネリネット（Nelinet) 167
ノン・コア業務 178

ハ行

パーソナル・コントロール 198,200
バーチャル・レファレンス・デスク（Virtual Reference Desk：VRD） 118,119
ハーノン（Peter Hernon） 199
ハーベスティング実験 81
ハーベスト（収集） 109
ハイブリッドな図書館 9
ハイブリッド・ライブラリー 29
ハイブリッド・ライブラリー・プロジェクト Agora 74
High Wire Press 203
派遣職員 182
箱（保存容器） 217
パスファインダー 53,90
パスファインダーバンク 91
パッケージ系情報源 116
パッケージ系資料 141
パトリック（Ruth Patrick） 163
パフォーマンス（経済的な手段の能率的な運営） 195
パフォーマンス指標 193
パフォーマンス評価 202
パラシュラマン（A. Parasuraman） 196,197
ハリス・インタラクティブ 203
「value for money（支払った金額当たりのアクセス可能情報量）」 102
バンドル価格 128
ピア・レビュー 110
BeCites[+] 92
PDCA（プラン・ドゥ・チェック・アクション） 192

BEAT（Bibliographic Enrichment Advisement Team） 92
非常勤職員 180,183
ヒストリー・Eブック（Histroy E-Book) 143
ビッグ・ディール（Big Deal） 128,129,137,138,170
ビッグ・トゥエルブ・プラス（Big Twelve Plus） 164
ひと・もの・かね 195
非有形性 196
評価 191,192
ファカルティ・ディベロップメント（FD） 26
ファンクショナル・クオリティ 200
フォクシング 216
付加価値 188
不均一性 196
普通教科「情報」 54
物理的劣化 216
プライバシー（privacy） 204
ブラウジング 133
ブラックウェル（Blackwell）社 171,173
Blackboard 148
フリーライダー 22
フルフィルメント（fulfillment） 204
ProQuest 147
プログラム・アカウンタビリティ（目標達成度（有効性）の追求） 195
プロセス・アカウンタビリティ（適切で有用性の高い手段の使用） 195
プロセス指標 192,193
プロフェッショナル・ライブラリアン 184,185
文献検索質問 123
文献探索法 46,53
文献利用指導（bibliographic instruction） 46,50
分散リポジトリ構築計画 106
分担収集 15
米国学術団体協議会（American Council of Learned Societies：ACLS） 143
米国議会図書館 71,89,91,92,94,117,164
米国議会図書館ポータル・アプリケーション検

討グループ（The Library of Congress Portals Applications Issues Group：LCPAIG） 63
米国国立科学電子図書館（National Science Digital Library：NSDL） 203
平成15年通信利用動向調査 58
ペイ・パー・ビュー（pay-per-view） 128
ベスト・プラクティス(最善実践例) 193,200
ベリー（Leonard L. Berry） 196
ベンダー 171
ベンダーが提供する電子ジャーナルの利用統計の改善について（提言） 172
ベンチマーキング 193,200
法的アカウンタビリティ（法律や会計規則の遵守） 195
Pew Internet&American Life 203
ポータル 59,61-64,66,103,107
保証性（assurance） 197
補償性（compensation） 204
ボスティック（Sharon Bostick） 163
保存 109,213,215
保存（preservation）メタデータ 68

マ行

MARC 71,72,73
マイグレーション 109
マサチューセッツ工科大学 105,108,110,112,144
マドリッド原則 215
満足度調査 198
Minervaプロジェクト 71
宮川繁 146
ミュージアム・図書館サービス振興機関（Institute of Museum and Library Services：IMLS） 70,71
Music Libraries Online 74
メタデータ 68-76,81,88,90,95,104,107,215
メディア 141,147
メディア教育開発センター 145
メディア・センター 36
メロン財団 112
目次情報 92
目録記述の国際標準化 214

文書館（史料館） 210

ヤ行

有形性（tangibles） 197
UK Research Support Libraries Programme（RSLP） 74
UGE1000 49
Use and Users of Electronic Library Resources: an Overview and Analysis of Recent Research Studies 134
European Library（TEL）プロジェクト 73
ヨーロッパ連合（Europe Union：EU） 202
European Commission 94
予防管理 217
4因子モデル 200

ラ行

ラーマン（S.Lerman） 146
ライセンス交渉 169
ライブラリアンの専門性 37
ライブ・レファレンス（live reference） 116,117,120
ランカスター（F.W.Lancaster） 142
利害関係者（stakeholder） 195
リカバリー・サービス尺度 204
利用者研究（情報探索・利用行動研究） 53
Resource Discovery Network（RDN） 72
LibQUEL＋™ 198,199,200,203
リベラル・アーツ教育 22
リポジトリ 110,111
利用環境 187,211
利用者教育（user education） 16,43,45,46,47,48,49,50,52,53
利用者調査 53,95
利用者の個別性 124
利用者満足度 197
臨時職員 38
リンチ（Clifford A. Lynch） 103,111
歴史情報資源 211,215
レジストリ 69
レファレンス 116
レファレンス・インタビュー 117
レファレンス協同データベース実験事業 90,

228

117
レファレンス・サービス　7,116,117,119,
　122,124,181
レファレンス質問　120,124
レファレンス資料　115,116
レファレンス事例データベース　123,124
レファレンス事例DBシステム　90
レファレンス担当者　124
レフェラル・サービス　119
レフェラル・システム　122

レベル（粒度 granularity）　69
ROADS Metadata Registry　69
RoMEOプロジェクト　111

ワ行

WorldCat　91,92
ワイリー（Wiley）社　171,173
ワシントン図書館ネットワーク（Washington Library Network；WLN）　164

執筆者紹介（執筆順）

竹内　比呂也（たけうち　ひろや）（第1章）
　1961年生
　慶應義塾大学文学部卒、慶應義塾大学大学院文学研究科修士課程（図書館・情報学専攻）修了、愛知淑徳大学大学院文学研究科博士後期課程（図書館情報学専攻）単位取得退学
　現在　千葉大学文学部准教授
　主要著作　『ブラジル人と国際化する地域社会』（明石書店，2001，共著）、『情報学基本論文集Ｉ』（勁草書房，1989，共訳）、『情報学の理論と実際』（勁草書房，1995，共訳）

土屋　俊（つちや　しゅん）（第2章）
　1952年生
　東京大学教養学部卒、東京大学大学院人文科学研究科修士課程（哲学専攻）修了、同博士課程（哲学専攻）単位取得退学
　現在　千葉大学文学部教授、国立情報学研究所客員教授
　主要著作　『AI事典　第2版』（共立出版，2003，共著）、『情報倫理の構築』（新生社，2003，共著）、『電子ジャーナルで図書館が変わる』（丸善，2003，共著）、『情報倫理学：電子ネットワーク社会のエチカ』（ナカニシヤ出版，2000，共著）

伊藤　義人（いとう　よしと）（第3章）
　1952年生
　名古屋大学工学部卒、名古屋大学大学院工学研究科土木工学専攻博士課程前期課程修了、工学博士
　現在　名古屋大学大学院工学研究科教授・附属図書館長・評議員、経営協議会委員
　主要著作　『電子図書館と電子ジャーナル』（丸善，2004，共著）、『なごや平和公園の自然』（なごや平和公園自然観察会，2005）、『最適設計ハンドブック』（日本機械学会，2003，共著）、『環境負荷低減型土木構造物設計ガイドライン』（土木学会，2001，共著）、Life-Cycle Cost Analysis and Design of Civil Infrastructure Systems（ASCE，2001，共著）、『Quick BASIC 実用グラフィックス』（山海堂，1991，共著）

野末　俊比古（のずえ　としひこ）（第4章）
　1968年生
　東京大学教育学部卒、東京大学大学院教育学研究科博士課程修了、同博士課程単位取得退学
　現在　青山学院大学文学部准教授、国立情報学研究所客員准教授
　主要著作　『情報探索と情報利用』（勁草書房，2001，共著）、『図書館利用教育ハンドブック　大学図書館版』（日本図書館協会，2003，共著）、『社会教育と学校』（学文社，2003，共著）

逸村　裕（いつむら　ひろし）（第5章、第12章）
　1957年生
　慶應義塾大学文学部卒、慶應義塾大学大学院文学研究科修士課程（図書館・情報学専攻）修了、愛知淑徳大学大学院文学研究科博士後期課程（図書館情報学専攻）単位取得退学
　現在　筑波大学大学院図書館情報メディア研究科教授、文部科学省研究振興局学術調査官
　主要著作　『明日の図書館情報学を拓く』（樹村房，2006，共著）

執筆者紹介

伊藤　真理（いとう　まり）（第6章、第7章）
　1962年生
　エリザベト音楽大学卒、ニューヨーク州立大学バッファロー校大学院修士課程（図書館情報学専攻および音楽学専攻）修了、愛知淑徳大学大学院文学研究科博士後期課程（図書館情報学専攻）単位取得退学
　現在　愛知淑徳大学文学部図書館情報学科准教授
　主要著作　『サブジェクトゲートウェイ-ネットワーク上の知識集積-』（筑波大学知的コミュニティ基盤研究センター，2003年，共著）、*The Twentieth-Century Composer Speaks: An Index of Interviews*. (Fallen Leaf Press, 1993)

杉田　茂樹（すぎた　しげき）（第7章）
　1967年生
　東京大学文学部卒
　現在　北海道大学附属図書館
　主要著作　『図書館目録とメタデータ』（勉誠出版，2004，共著）、"Automatically editing book reviews on the web" (*Proceedings of the 3rd international workshop on Web information and data management*, 2001, 共著）、「日本における学術機関リポジトリ構築の試み-千葉大学と国立情報学研究所の事例を中心として-」（『情報の科学と技術』54(9)，2004，共著）

尾城　孝一（おじろ　こういち）（第8章）
　1957年生
　早稲田大学第一文学部卒、早稲田大学大学院文学研究科修士課程（美術史専攻）修了
　現在　情報・システム研究機構国立情報学研究所学術基盤推進部学術コンテンツ課長
　主要著作　「図書館コンソーシアムのライフサイクル」（『カレントアウェアネス』283，2005）、「電子情報資源管理システム-DLF/ERMIの取り組みを中心として-」（『情報管理』47(8)，2004）、「日本における学術機関リポジトリ構築の試み-千葉大学と国立情報学研究所の事例を中心として-」（『情報の科学と技術』54(9)，2004，共著）ほか

齋藤　泰則（さいとう　やすのり）（第9章）
　1958年生
　慶應義塾大学文学部卒、東京大学大学院教育学研究科修士課程（図書館学専攻）修了、同博士課程（図書館学専攻）単位取得退学
　現在　明治大学文学部准教授
　主要著作　『情報探索と情報利用』（勁草書房，2001，共著）、『デジタル時代の大学と図書館：21世紀における学術情報資源マネジメント』（玉川大学出版部，2002，共訳）

藏野　由美子（くらの　ゆみこ）（第10章）
　1951年生
　慶應義塾大学文学部卒
　現在　東京大学附属図書館情報サービス課長
　主要著作　「東京大学附属図書館における「電子ジャーナル導入実験」について」（『大学図書館研究』63，2001，共著）

中元　誠（なかもと　まこと）（第10章、第13章）
1958年生
早稲田大学政治経済学部卒
現在　早稲田大学図書館事務副部長兼総務課長
主要著作　「早稲田大学における図書館組織の再編：現状と課題」（『大学図書館研究』70，2004）

植村　八潮（うえむら　やしお）（第11章）
1956年生
東京電機大学工学部卒、東京経済大学大学院博士課程修了、博士（コミュニケーション学）
現在　東京電機大学出版局長、IEC TC100 E-Book 標準化国際議長
主要著作　『情報は誰のものか』（青弓社，2004，共著）、『インターネットと〈世論〉形成』（東京電機大学出版局，2004，共著）

加藤　信哉（かとう　しんや）（第13章）
1954年生
図書館短期大学卒
現在　東北大学附属図書館総務課長
主要著作　「電子情報資源の利用統計-COUNTER プロジェクトと実務コードを中心に」（『情報の科学と技術』54(4)，2004）

鈴木　正紀（すずき　まさのり）（第14章）
1961年生
法政大学文学部卒、図書館情報大学大学院図書館情報学研究科修士課程修了
現在　文教大学越谷図書館業務主管
主要著作　「大学図書館員論の枠組みと大学職員論-世紀の変わり目から見えること」『論集・図書館情報学研究の歩み　第20集　21世紀の図書館と図書館員』（日外アソシエーツ，2001）、「大学図書館の業務委託-業務の外部化問題はわれわれに何を突きつけているのか」（『図書館雑誌』97(3)，2003）

佐藤　義則（さとう　よしのり）（第15章）
1955年生
山形大学人文学部卒、図書館情報大学大学院情報メディア研究科博士後期課程（情報メディアマネージメント専攻）修了、博士（図書館情報学）
現在　東北学院大学文学部教授
主要著作　「大学図書館の"サービス品質評価"を構成する局面」（『情報メディア学会誌』2，2004，共著）、「図書館サービスの品質測定について：SERVQUAL の問題を中心に」（『日本図書館情報学会誌』49(1)，2003，共著）、『図書館の価値を高める：成果評価への行動計画』（丸善，2005，共訳）

秋山　晶則（あきやま　まさのり）（第16章）
1960年生
名古屋大学文学部卒、名古屋大学大学院文学研究科博士課程（史学地理学専門）単位取得退学
現在　岐阜聖徳学園大学教育学部教授
主要著作　『愛知県史　資料編18』（2003，共著）

変わりゆく大学図書館

2005年7月20日　第1版第1刷発行
2008年3月10日　第1版第3刷発行

編　者　　逸　村　　　裕
　　　　　竹　内　比呂也

発行者　　井　村　寿　人

発行所　　株式会社　勁草書房
112-0005 東京都文京区水道2-1-1 振替 00150-2-175253
（編集）電話 03-3815-5277／FAX 03-3814-6968
（営業）電話 03-3814-6861／FAX 03-3814-6854
三協美術印刷・牧製本

©ITSUMURA Hiroshi, TAKEUCHI Hiroya　2005

ISBN978-4-326-00029-6　Printed in Japan

JCLS ＜㈱日本著作出版権管理システム委託出版物＞
本書の無断複写は著作権法上での例外を除き禁じられています。
複写される場合は、そのつど事前に㈱日本著作出版権管理システム
（電話 03-3817-5670、FAX03-3815-8199）の許諾を得てください。

＊落丁本・乱丁本はお取替いたします。
http://www.keisoshobo.co.jp

津田良成編

図書館・情報学シリーズ　全9巻／Ａ５判／上製カバー／平均280頁

①	情報の発生と伝達	上田修一・倉田敬子	3,570円
②	情報探索と情報利用	田村俊作編	4,305円
③	情報検索の理論と技術	岸田和明	4,725円
④	図書館・情報センターの経営	高山正也編	3,780円
⑤	図書館・情報学のための調査研究法	緑川信之他	3,150円
⑥	情報システムとデータベース	上田修一	近刊
⑦	大学図書館の運営	高鳥正夫	2,415円
⑧	理工学文献の特色と利用法	上田修一	3,045円
⑨	目録の歴史	澁川雅俊	2,625円

津田良成	図書館・情報学の創造	5,040円
津田良成編	図書館・情報学概論　第二版	2,940円
原田　勝	図書館／情報ネットワーク論	2,625円
三田図書館・情報学会編	図書館・情報学研究入門	2,835円
情報探索ガイドブック編集委員会編	情報探索ガイドブック	4,620円
緑川信之	本を分類する	3,360円
根本　彰	文献世界の構造	3,780円
上田修一編	情報学基本論文集Ⅰ・Ⅱ	各3,360円
原田　勝・田屋裕之編	電子図書館	2,940円
倉田敬子	学術情報流通とオープンアクセス	2,730円
薬袋秀樹	図書館運動は何を残したか	3,360円
ブレイビク，ギー／三浦他訳	情報を使う力	3,885円
バックランド／高山他訳	図書館サービスの再構築	3,150円
バーゾール／根本他訳	電子図書館の神話	3,570円
ウォーナー／高山・柳監訳	本とコンピュータを結ぶ	3,360円
ヴィッカリー／村主朋英訳	歴史のなかの科学コミュニケーション	3,990円

＊表示価格は2008年3月現在。消費税は含まれております。